-파문을 각오하고 쓴 한국판 95개조 항의문-

대형교회가 망해야 한국교회가 산다

이계선 지음

들소리

파문을 각오하고 쓴 한국판 95개조 항의문
대형교회가 망해야 한국교회가 산다

지은이 이계선

초판 1쇄 인쇄 2009년 3월 13일
초판 1쇄 발행 2009년 3월 20일
　　 2쇄 발행 2009년 5월 20일

펴낸곳 들소리
펴낸이 조효근
등록번호 제9-116호
등록일 1987.11.27.

주소 서울특별시 종로구 연건동 195-21
전화 (02) 3676-3082~6
팩스 (02) 3676-3087
전자우편 deulsori@chol.com
홈페이지 www.deulsoritimes.co.kr

값은 뒷표지에 있습니다.

ISBN 978-89-91654-24-2 00230

좋은 독자가 좋은 책을 만듭니다.
들소리는 독자 여러분의 의견에 귀 기울이고 있습니다.

머리말

"고양이 목에 방울달기"

 책이 나오기까지 어려움이 많았습니다. 제목이 핵폭탄처럼 무시무시하기 때문입니다. 대역무도한 불온문서처럼 보입니다. 출판을 의뢰받은 서울의 출판사들은 펄쩍 뛰었습니다.
 "출판사 망하려고 그런 책을 출판합니까? 저자인 목사님이야 멀리 미국에 떨어져 있으니 빈 라덴처럼 안전하겠지요. 자살테러비행기로 쌍둥이빌딩을 폭파케 하여 알카에다 테러범들은 모두 죽게 하고 자신은 아프칸 산속에 숨어서 불타는 9.11의 비극을 즐기는 빈라덴처럼 말입니다. 그러나 서울에 있는 우리출판사는 대형교회 교인들이 몰려와 집기를 때려 부수고 테러데모를 할 텐데 그런 위험한 출판을 누가합니까?"
 겁이 나기는 미국에 있는 나도 마찬가지였습니다. 서울에 있는 대형교회 결사대가 미국으로 날아와 진주만 폭격을 하면 어쩌나? 뉴욕 뉴저지에도 대형교회를 꿈꾸는 목사님들이 수백 명이 넘는데 그들이 가만히 있을라고? 초등학교 때부터 70이 가깝도록 부부싸움 말고는 단 한 번도 싸움을 해 본적이 없는 나는 여간 무서운 게 아닙니다. 밤마다 부부싸움을 해봤지만 한 번도 이겨 본적이 없는 겁쟁이이기 때문입니다. 불발탄이 되고 마는구나! 전전긍긍하고 있는데 원군援軍이 나타났습니다.

미주문학동우회 회원들, 뉴욕 문인들, 동료 목사님들, 고향친구들, 독자들이 몰려와 후원회를 만들었습니다. 군자금軍資金도 넉넉하게 들어와 출판비 걱정을 안 해도 됐습니다. 출판기념회를 한 후 후원의 불씨가 남아 있다면 교회갱신운동을 벌이자고까지 했습니다. 그러자 출판해 보겠다는 출판사가 나타났습니다. 필마단기匹馬單騎로 외롭게 떠도는 나에게 백만 원군百萬援軍이 생긴 셈입니다. 이렇게 고마울 수가 없습니다. 모두가 후레데릭 3세와 같은 분들이라고 생각합니다. 후레데릭 3세의 도움이 있어서 마르틴 루터의 종교개혁은 외롭지 않았습니다. 나는 루터의 흉내도 낼 수 없는 무명 필객筆客에 불과합니다. 그러나 루터의 후예後裔인 건 분명합니다. 모든 개신교 목사님들이 그렇듯 말입니다. 종교개혁을 끝낸 루터가 이런 말을 남겼습니다.

"교회는 개혁운동을 계속해야 한다. 그게 종교개혁정신이기 때문이다."

이 책은 잔잔한 호수에 장난기로 던지는 어린아이의 조약돌에 불과 합니다. 그래도 나는 고양이 목에 방울을 달아야 하는 생쥐처럼 두려운 마음으로 썼습니다. 누군가 뒤를 이어 천하의 문장으로 최치원의 황소격문 같은 책을 펴내어 한국교회를 크게 울려줬으면 합니다.

이 책에는 가시 같은 글만 있는 게 아닙니다. 아름다운 소형교회 이야기, 고향의 봄 타향의 봄 이야기, 그리고 이민 살이 미국풍경도 심심찮게 나옵니다.

들소리신문사의 조효근 목사님의 용기가 있어서 출판이 쉬워졌습니다.

2009년 3월
이 계 선

축시

베어마운틴 등산
-등산의 최종은 내려가는 것이다

장 석 렬

베어마운틴을 여러 번 올랐지만
산 밑 골짜기 까지 내려가 본적은 없다
바람은 귀를 때리며 정상에서나 불고
산의 포근한 숨소리는 이곳에만 있다
작은 잎들의 몸 비비는 소리와
풀벌레 뒹구는 소리가
바위 밑 여린 뿌리 새에서 무성하게 들린다
언제나 꼭대기만 향하여 오르던 날들
어쩌랴, 발치에 걸리던 아랫것들의 손짓이
이제야 절실해 지는 이 겸손을
처음부터 나무들은 골짜기 밑으로 뿌리를 내리고
작은 샘물도 아래로만 흘러
생명의 축제는 언제나 낮은 곳에서 불을 밝힌다
물마시고 돌아가던 산 노루들이 어깨 비비던
검은 바위 언저리 엷게 번진 이끼 속엔
세월이 놀다간 자리 남아 아직 빛깔 푸르고
굵은 도토리 깍지 몇 개 굴러 내려와

피었다 이우는 한 시절의 옷자락을
무상으로 깔고 누워 뒹군다
언덕에서 곧은 목 세우고 찬바람 맞던 몸이
이제 골짜기로 내려와
한 여름 펄럭이던 옷섶 여미고 서서
패랭이 꽃 줄기 노랗게 사위는 모습을
눈여겨보고 있다.

* 서울사람들이 북한산을 오르듯 베어마운틴은 한인동포들이 즐겨 찾는 뉴욕의 명산.

장석렬 박사
시인. 치과의사 한미문학가협회고문
저서 시집 「뉴욕 죄수」

후원사

오히려 대형교회가 사는 길

몽은蒙恩 **신 재 영**

포트리한사랑교회 목사

　중세기의 교회가 개혁되지 않으면 안됐던 큰 이유는 로마천주교회가 신약성경에 나와 있는 교회의 본질과는 너무나 상이한 모습을 하고 있었기 때문입니다. 그러나 개혁자들은 새로운 교회를 세우지 않았습니다. 오직 교회가 본래의 모습으로 다시 돌아가야 한다고 믿었습니다. 그것이 개혁이었습니다. 그리고 그 개혁은 과거 완료형으로 끝난 것이 아니라 앞으로도 계속 개혁되어야만 하는 것입니다.

　개혁자들은 하나님의 말씀의 재발견과, 인간에게 보다는 하나님께 복종하고, 인간에 의해서 좌우되는 교회가 아니라, 하나님에 의해서 다스려지고, 인간이 아니라 하나님만이 영광을 받으시고, 인간은 단지 그분의 도구로 사용되는, 교회로서의 본질을 회복하고자 한 것입니다. 교회로 하여금 진정한 교회가 되게 하는 것이 종교개혁의 핵심이었습니다.

　그러나 개혁자들의 도전을 받은 로마천주교회는 하나님의 공의에 대하여 '믿음으로 만'이 아니라 '인간의 업적'을 추가했고 '성경만 으로'에 대하여는 '성경과 전통'으로 맞섰습니다. 이른바 교황무오 설, 화체설, 연옥설 그리고 외경의 인정과 성지 순례를 하는 것이 구원에 보탬을 준다고 가르친 것들이 바로 그들이 만든 법입니다.

요즘의 대형교회들이 초대교회와는 달리 지탄의 대상이 되는 까 닭은 대형교회는 생리적으로 교회의 양심세력이 결코 될 수 없기 때문입니다. 그들은 진리의 수호나 공의구현이나 예언자의 사명 따 위에는 아예 관심조차 없습니다. 대형교회에 나가는 동기가 유명인 사와 사귈 수 있고 신분적인 상승이 되는 것으로 믿고 있기 때문입 니다. 대형교회는 비리의 온상이 되고 있으나 자정장치가 없습니 다. 그리하여 장로들은 헌금을 가지고 장난을 치고 있지만 담임목 사도 이것을 제어할 수가 없습니다.

재치와 유머가 번뜩이며 패러독스의 웃음과 파토스의 비애가 숨 어있는 글을 쓰는 등촌이 대형교회를 향하여 붓을 들었습니다. 많 은 분들이 후원해주셔서 책이 나오게 됐습니다. 이 책이 높은 하늘 을 나는 봉황鳳凰의 울음처럼 만인의 가슴을 적시어 교회가 본래의 모습으로 되돌아가는 계기가 되었으면 하는 바람입니다.

2009년 3월

등촌 후원회 발기인
이성철 목사 기독문우회회장　**유정출** 의사 노스탈지어회장
변천수 영문학자　**서황석** 약사　**최광남** 향우 호텔사장
장석렬 시인 치과의사　**신재영** 목사 기독문우회총무

차례

머리말 … 3
축시 … 5
후원사 … 7

제1장 소형교회 목사 이야기

- 넥타이 선물 … 15
- A급 B급 C급 목사 … 17
- 칠장사를 찾아서 … 20
- 연주암을 찾은 목사 … 24
- 라면과 박사님 … 29
- 친구 정송의 목사의 죽음 … 33
- 홍도야 울지 마라 … 39
- 목사와 박사 … 43
- 가난한 행복 … 46
- 한국교회의 큰 별 강원용 목사 … 50
- 오리지널 목사와 라이센스 목사 … 53
- 나무 베고 벙어리 된 목사 … 57
- 송장안수기도 … 61
- 팔복산의 악령들 … 64
- 전설의 고향에서 만난 여인 … 69
- 망자(亡者)의 혼령을 만난 목사 … 75
- 뉴라이트 목사님들 … 78
- 목사와 정치 … 81

제2장 눈으로 보는 성령

- 물에 빠진 생쥐 -성령의 물 … 87
- 교회에 불이 났어요 -성령의 불 … 93
- 보슬비가 소리도 없이 -성령의 비 … 99
- 권사님이 방귀 꿨지요? -성령의 기름 … 104
- 술 취한 목사님들 -성령의 술 … 107
- 바람둥이 목사님 -성령의 바람 … 111
- 비둘기 같은 성령 … 115
- 성령의 인 … 120
- 성령의 보증 … 125

제3장 대형교회가 망해야 한국교회가 산다

- 망쪼(亡兆)든 한국교회 … 133
- 한국교회를 잡아먹는 공룡 … 136
- 대형교회의 원조 … 141
- 이단 출신들이 참 많네요 … 146
- 이단 닮기-부자세습 … 150
- 이단 닮기-성경공부 … 153
- 이단 닮기-헌금 … 156

- 이단 닮기-전도와 선교 … 163
- 대형교회의 특징 … 167
- 고양이 목에 방울달기 … 170
- 결론: 공룡을 죽여라! … 174

제4장 이민 살이 미국풍경

- 브르크린 브릿지 … 187
- 렉서스를 사게 된 사연 … 190
- 도깨비 집 … 194
- 나체촌을 찾아간 목사 … 199
- 나이아가라 … 202
- 베어마운틴 새벽등산 … 206
- 흑인들의 "마미" 김유순 할머니 … 210
- 마피아 고티의 무덤 … 213
- 월드시리즈와 남북전쟁 … 217
- 황금의 도시 샌프란시스코 … 220
- 올림픽 도시 '애틀랜타' … 224
- 파드레의 도시 샌디에고 … 228

제5장 고향의 봄

- 고향의 봄, 타향의 봄 … 233
- 솥뚜껑 안수기도 하신 어머니 … 235
- 영생 길로 가신 아버지 … 241
- 대통령 구두 … 246
- 누나가 시집가던 날 … 249
- 현옥이의 죽음 … 252
- 소라의 추억 -제주도 여행기 … 256
- 청와대 대통령 봉하마을 대통령 … 262
- DJ의 로맨스 … 266
- 한나라당을 구한 왕팔채 … 269
- 청와대 동창회 … 272
- 김재규 장군 추모회 … 276
- 이순신을 좋아하는 사람들 … 280
- 물밥과 비빔밥 … 283
- 서동요 스캔들 … 288
- 감옥에서 만난 박동선 씨 … 292
- 목련화와 동백아가씨 … 298
- 한국식 애비와 미국식 아들 … 302

제1장
소형교회 목사 이야기

아하! 그렇구나. 그래서 스님들이 목탁만 두드려대도 신자들이 꼼짝 못하고 합장을 하는구나. 새벽 2시부터 아침까지 하는 기도생활, 평생 독신으로 살면서 일체 고기를 안 먹는 금욕생활은 대단한 경건훈련이다.
나는 관악산을 내려오면서 심각한 고민에 빠져 버렸다. 스님들처럼 목회를 하고 싶었다. 조직으로 묶고 제도로 다스리고 세뇌로 훈련시키는 인위적인 목회가 아니라 영력 목회를 하고 싶었다. 초대교회시절의 사도행전 목회처럼 말이다.

넥타이 선물

 젊은 시골교회 목사시절 나는 단벌신사였다. 양복은 물론 와이셔츠와 심지어 속옷까지 모두 단벌이었다. 그런데 단벌 넥타이가 문제였다. 주일 낮이나 삼일(수요일) 밤이나 늘상 똑같은 넥타이만 매고 설교하는 것까지는 괜찮은데 결혼식, 장례식까지 똑같은 모습이니 보는 눈초리들이 이상했다. 그러던 어느 날이었다. 서울을 다녀온 장로님이 넥타이 선물을 한 보따리나 갖고 오셨다. 눈물겹도록 고마웠다.

 '역시 장로님이 최고야!'

 그런데 넥타이 때깔이 좀 이상했다. 상표가 없는 놈, 색깔이 바랜 놈, 해어진 놈… 알고 보니 중고품 넥타이었다. 중고품 자동차 소리는 들어봤지만, 중고 넥타이 선물을 받아 보기는 난생 처음인지라 당황해 하는 날 보고 장로님이 사연을 설명했다. 옛 면장을 지낸 그 장로님이 현대그룹 간부로 있는 아들을 만나러 서울 여의도 아파트로 찾아가니 쓰레기통에 넥타이가 한아름 처박혀 있는 게 보였다. 개 눈엔 X만 보인다더니 자나 깨나 목사님의 단벌 넥타이 생각이었는지라 눈이 번쩍 띄었다. 저걸 우리 목사님이 매면 얼마나 근사할까?

 "얘야, 저 넥타이 나 좀 다오."

 "아버지, 저건 낡고 오래된 구식 넥타이라 버리는 거예요. 창피하게 저걸 매시려고 그러세요?"

 "아니야. 목에 매려고 그러는 게 아니라 빨랫줄로 쓰려고 그래."

 떼를 쓰다시피 사정사정해서 갖고 온 거란다. 눈물이 핑 돌았다.

 '이럴 수가 있을까. 제 자식이 매다 버린 넥타이를 담임목사에게

선물하다니?'

나는 장로님이 보는 앞에서 그 넥타이로 목을 매고 꽥 죽고 싶은 심정이었다. 선물 고맙다고 넥타이 보따리에 손을 얹고 기도하는데 눈물이 철철 흘렀다. 고마워서 울었는지 억울해서 울었는지 난 지금도 그 때 흘린 눈물의 소속을 헤아리지 못하고 있다.

장로님이 돌아가자 부엌에 대고 소리를 질렀다.

"당신, 이리 와 봐!"

"여보 왜 그래요. 장로님과 싸웠어요?"

"아 글쎄 장로가 제 새끼가 매다버린 쓰레기 넥타이를 나보고 매라는 거야, 이거 당장 아궁이에 처넣어버려!"

"그건 안돼요. 넥타이 불태워 버린 거 장로님이 알면 당신 쫓겨나요."

맞는 말이다. 나는 화가 나서 넥타이 보따리를 장롱 속에 처박아버렸다.

그런데 다음 주일부터 문제가 생겼다. 설교시간이면 장로님이 굳은 표정으로 내 목을 뚫어지게 노려보고 있었기 때문이다. 눈치 빠른 아내가 서둘렀다.

"여보, 장로님 눈치가 심상찮아요. 선물 넥타이 맸나 안 맸나. 설교 때마다 체크하고 있어요."

겁이 덜컥 났다. 에라, 모르겠다, 그렇다면 실컷 매 주자! 나는 장롱 속에 처박아뒀던 넥타이 보따리를 꺼내 주일 낮에는 빨강, 밤에는 파랑, 심방 때는 노랑으로 매일 돌려가며 바꿔 맸다. 그랬더니 장로님 얼굴에 금방 화색이 돌고 입에는 함박웃음이 가득했다. 그때부터 내가 무슨 설교를 하든지 선물 넥타이만 맸다 하면 장로님은 무조건 은혜를 받고 "아멘"하는 것이었다.

나는 주위에 아무도 없을 때면 은밀하게 소원 기도를 하는 버릇이 생겼다.

"하나님, 소원입니다. 한 보따리까지는 필요 없습니다. 더도 덜도 말고 딱 하나, 그러나 한 번도 안 매어 본 새 넥타이 하나만 선물로 주십시오."

그 후로 나는 선물 중에 넥타이 선물을 최고로 치는 버릇이 생겼는데 철저하게 새 넥타이라야만 하는 것은 물론이다.

A급 B급 C급 목사

목사도 권투선수처럼 등급이 있다고 한다. 권투선수는 몸무게에 따라 플라이급에서 헤비급까지 등급을 매기지만 목사 등급은 '알코올 농도(?)'에 따라 A급, B급, C급으로 나눈다는 것이다.

A급 목사는 Alcohol(알코올) 목사, 혹은 빼갈(중국산 독한 술) 목사라고 하는데 신자 수만 명 이상 모이는 대형교회 목사라야 한다. 목사님이 회장으로 있는 당회에는 대학총장·재벌·장관·장군 출신 장로님들이 수두룩한데, 비자금을 물 쓰듯 하는 재벌장로님들이 교회를 좌지우지 한다. 월요일 밤이면 재벌장로님들의 호출전화가 울린다.

"목사님 오늘 밤에 삼청각 파티가 있습니다."

보나마나 기생파티라서 딱 질색이지만 장로 눈에 어긋났다간 당회장 자리가 위태한지라 억지춘향으로 참석해야 한다. 정계·재계·실력자들이 중원의 패자들처럼 위세를 부리며 자리를 잡고 사이사이에는 미녀 탤런트·모델들이 꽃향기를 흘리고 앉아있다.

3백만 원짜리 양주라는 '루이 13세' 술잔을 높이 들고 누군가 "건배!"를 외쳤는데 마시는 척하며 슬며시 내려놓으려는 목사님을 장로님의 독수리눈이 쫓고 있었다. 목사님이 먼저 마셔야 장로님이 마음 놓고 마실 수 있기 때문이다. 눈앞이 캄캄했다.

'오, 주여! 할 수 있으면 이 잔을 피하게 하여 주소서! 그러나 주의 몸된 교회를 지키기 위하여 어쩔 수 없나이다.'

소크라테스가 독배 마시듯 눈 딱 감고 술잔을 털어 넣었는데, 이상도 하여라. 금방 취기가 돌아 자신도 모르게 한 잔 한 잔 또 한 잔 아홉 잔이 또 한 잔! 하다 보니 나와 세상은 간 곳 없고 아가씨들은 천사로 보이는데 좌우에 7선녀를 거느린 신선이 된 듯 즐겁기만 하니 예가 바로 천국이 아닌가 싶다. 이게 바로 A급 목사다.

B급 목사는 Beer(맥주) 목사인데 교인이 5백 명 정도 모이는 중형 교회다. 중소기업사장이 장로님이지만 주일학교 때부터 그 교회에서 자라나 대학을 졸업하고 큰 회사의 과장이 된 30대 집사들이 교회 실세들이다.

월요일 저녁이면 젊은 집사들이 한일관으로 목사님을 모신다. 불갈비 백반에 맥주가 곁들인 식사기도를 목사님이 해야 한다.

"이 사람들아, 집사가 술을 마시면 되나?"

"아이구 목사님, 이러시면 곤란합니다. 맥주는 술이 아닙니다. 독일에서는 맥주를 숭늉처럼 마신다구요. 목사님이 시골에서 올라오셔서 아직 세계화가 덜 되셨군요."

더 이상 금주를 고집하다가 늙고 무식한 구닥다리 시골목사로 낙인찍혀 버리면 이 교회에서 배겨날 도리가 없을 것 같다.

'오 하나님! 맥주가 술인 줄 알지만 주의 몸된 교회를 지키기 위하여 어쩔 수 없나이다.'

1000CC짜리 대형 컵으로 맥주를 쭉 들이키고 갈비를 뜯으니 절

로 가라오케가 흘러나올 것 같은 기분이 들었다. 이게 B급 목사다.

C급 목사는 Cola(콜라) 목사라고 하는데 50명 남짓 모이는 개척교회이다. 월요일이 돼도 식사 한 끼 같이 하자는 사람이 없어 하루 종일 심방길이다. 주일예배 빠진 교인을 찾아다닌다. 십일조헌금 설교에 시험 들어 몇 주일 째 안 나오는 박 집사를 찾아가 말라기 성경 얘길 하고 아무리 축복간증 설교를 해도 따끔도 않는다. 목사가 무릎 꿇고 세 시간 빌다시피 사정사정을 하고 나서야 겨우 "한번 기도해 보고 응답 주시면 나가겠다."는 반승낙을 받아낸다.

어린이 시설이 나빠 큰 교회로 옮겨야겠다는 부부, 자녀 입시 떨어져 교회 집어 치우겠다는 교인, 부부싸움하고 안 나오는 가정을 찾아다니며 울고불고 달래다 보니 오후 4시가 훌쩍 넘었다.

종일 물 한 모금 못 넘긴 빈 배를 달래며 집으로 돌아가는 길에 그래도 일편단심 믿음 좋은 조 집사 집을 들른다. 새벽기도 개근생인 조 집사는 은혜는 충만한데 가난이 원수라서 목사님 대접할 길이 없다.

"목사님 잠깐 앉아 계셔요."

조 집사는 동네 가게로 달려가더니 콜라 한 병을 사다가 연거푸 두 잔 가득히 따라 드린다. 허기진 뱃속에 콜라가 들어가니 속은 쓰리고 얼굴은 콜라빛으로 검게 물들어 버렸는데 콜락 콜락 기침을 하시더니 목사님은 그날 밤 감기가 들어버렸다. C급 목사 얘기다.

하나님은 A급, B급, C급 목사 중 어느 목사를 제일 좋아하실까? 성도들이 좋아하는 목사는 어느 급 목사님일까? 아, 참? 당신 교회 목사님은 무슨 급 목사님이신지?

칠장사를 찾아서

12일간 고국방문 중 가장 인상 깊었던 일은 갓바치 대사의 목불상을 보러 안성 칠장사를 찾은 일이었다. 갓바치 대사는 400년 전 조선시대에 살았던 임꺽정의 스승이다. 양주백정 주팔이는 연산군의 박해를 피해 다니는 조정대신을 구해준다. 병조판서의 처숙부가 되지만 양반길을 마다하고 효자동 골목에 움막을 치고 가죽신을 꿰매는 갓바치 생활을 즐긴다. 천하인재들이 갓바치의 움막을 찾았다. 명재상 조광조는 한번 만나보고는 십년지기가 될 정도로 그의 학문과 인격이 대단했다.

사색당쟁의 사화로 의인들이 속절없이 죽어가자 갓바치는 홀연히 서울을 떠나 세월을 떠돌아다니다가 후일 거지늙은이가 되어 안성 칠장사에 나타난다.

"애들아, 내가 이 절의 조실로 왔으니 방을 하나 치워 놓거라."

"웬 미친 늙은이야?"

십 여 명의 젊은 중들이 몽둥이를 들고 달려들자 늙은 걸인은 눈을 감았다. 이 때 하늘에서 들려오는 듯한 조용한 음성이 그의 입에서 떨어져 나왔다.

"너희들 꿈쩍 말고 저 아래 무릎 꿇어."

대사의 손가락 가리키는 곳에 중들은 최면에 걸린 듯 오금을 펴지 못한 채 무릎을 꿇었다. 대사의 불력이 대개 그러했다. 손가락 하나로 경천지 동귀신 했고, 좌견천리 입석만리를 내다봤다. 서산대사 사명대사도 그의 불력에는 미치지 못했다. 후일 병해대사로 추앙받은 대사는 부귀영화를 마다하고 평생을 갓바치 정신으로 가난하게 살았다.

산천을 울리는 깊은 학문을 갖고 있는 대사였지만 평생 그의 제자라곤 청석골의 도둑패들인 임꺽정파 9명이 전부였다. 천하도적 임꺽정 일당이 불원천리하고 칠장사를 찾아오면 법화경 금강경은 커녕 나무아미타불 하나 가르쳐주질 않았다. 삼장법사는 짐승만도 못한 손오공 저팔계 사오정 무리들을 서천서역국까지 끌고 다니며 득도의 길로 인도했건만 병해대사는 임꺽정 패들이 찾아오면 그날로 청석골로 내모는 것이었다.

　"중은 절을 찾고 도둑놈은 소굴을 찾아야 하는 게 진리야. 꺽정아 너는 어서 절간을 떠나 청석골로 돌아가거라!"

　오랜만에 찾아 온 제자들을 도둑놈 몰 듯 호령하여 내쫓아 버렸다. 그러면 욕을 바가지로 얻어먹은 임꺽정파들은 무에 그리 시원한지 득도한 파계승처럼 대웅전이 쩌렁쩌렁 울리도록 한바탕 껄껄껄 웃어젖히고는 신바람 나게 칠장사 아랫길로 내려갔다. 임꺽정의 모습이 숲속 길로 사라져 버리면 대사는 그제야 한바탕 통곡을 하고는 돌아앉아 조용히 나무아미타불을 염불하는 것이었다. 이조 최대의 영각자 병해대사는 평생을 갓바치처럼 살다 간 기인이었다.

　10여 년 전 콜로라도스프링스에서 목회 할 때였다. 안성이 고향이라는 중년여인을 만났다. 불교신자라면서 전도 받기를 거절하기에 슬쩍 절 이야기를 끄집어 내봤다.

　"칠장사를 아시나요?"

　"알구말구요. 내 고향 안성에 있는 칠장사는 병해대사 갓바치가 계신 절이지요?"

　"갓바치 대사가 계셨지만 그건 400년 전이고 돌아가셔서 지금은 안 계시지요?"

　"아녜요. 갓바치는 생불이기에 죽어서도 목불상으로 영원히 살아계셔요."

"뭐라구요? 죽은 갓바치가 목불상으로 살아있다구요?"

그녀는 이런 얘길 했다. 중이 되기 전에 가죽신만 꿰매던 갓바치는 대사가 된 후에는 염주를 굴리며 염불을 외우는 대신 길가에서 주워 온 나무토막만 만지작거렸다고 한다. 이 나무토막을 평생을 두고 깎고 다듬어서 목불상 하나를 만들었다. 그 목불상은 갓바치가 세상에 남긴 유일한 재산이요 흔적이었다.

대사가 죽자 대사를 그리워한 사람들은 그가 남긴 목불상을 찾았다. 그런데 놀랍게도 갓바치 대사의 목불상이 석가의 돌부처보다도 효험이 더하여 대사생전의 기사이적이 나타나곤 한다는 것이다. 대사는 생불이었기에 죽어도 목불상으로 살아있어서 그렇다는 것이다.

정말 그럴까? 그렇다면 내 고국 가는 길에 고향 평택 옆에 있는 안성 칠장사를 들러 역사책에서 읽은 병해대사를 한번 만나 봐야지!

내가 하도 진지하게 절 이야기를 잘 들어주는 게 고마웠던지 그녀는 답례로 교회를 찾아줬다. 지금은 아예 교회집사가 돼버렸다.

1998년 11월 10일 10년 만에 고국을 찾은 나는 선배 장세한 목사님과 함께 칠장사로 가는 길을 찾아 나섰다. 밭에서 가을걷이를 하고 있는 농부에게 물었다.

"칠장사를 아시나요?"

"임꺽정패들이 드나들었던 안성 칠장사 말인가요? 저기 진천가는 길 옆 산속에 있습지요."

농부가 일러준 길을 따라 산길을 달리니 부채꼴처럼 아름답게 퍼져 있는 산자락 중턱에 칠장사가 있었다.

7세기 신라시대에 세워진 칠장사는 그리 큰 절은 아니지만 인목대비를 비롯하여 역대 대왕비들이 불공을 드렸던 궁중 사찰로 유명했다. 7명의 악당들이 개과천선改過遷善하여 세웠기에 칠현 칠장사 七賢七丈寺라고 한다. 그렇다면 어찌하여 병해대사는 9명의 임꺽정 도적들을 회개시켜 구장사로 만들지 않았단 말인가?

대웅전 뒤에는 수백 그루의 단풍나무가 붉은색 비단병풍처럼 겹겹이 둘러싸여 있었다. 절의 왼쪽 자락으로는 방금 그려낸 동양화처럼 곱게 피어오르는 솔밭이 그림처럼 뻗어가고 있었다. 오른쪽 산등성이에는 참나무 밤나무 소나무가 크게 우거져 바람을 막아주고 있었다. 아름다운 산세를 타고 내려오다가 삼태기처럼 조용한 장소에 쉬어가는 자세로 명상하고 있는 칠장사는 절 자체가 갓바치 대사 생전의 모습이었다.

주지스님을 찾아 갓바치 대사의 목불상을 보여 달라고 청해봤다.
"세인들이 꺽정이 목불상이라고 부르는 병해대사 목불상 말씀이라구먼요. 그건 너무 귀한 것이라서 일반에게 절대로 공개하지 않는답니다."
"스님, 이분은 멀리 뉴욕에서 오신 목사님입니다. 목사님이지만 병해대사를 존경하여 여러 번 대사의 글을 썼고 방송을 하시기도 했지요."

선배 목사의 간청에 못 이긴 스님이 우리를 별실로 인도했다. 합장을 하고 난 스님이 석가여래상 뒤에 있는 커튼을 조용히 열었다. 그러자 그곳에 갓바치 대사가 목불상으로 조용하게 좌정하고 있었다. 그건 40센티미터 크기의 나무로 깎아 만든 부처였다. 아기부처처럼 순진해 보였다.

아하! 이게 바로 그 유명한 병해대사의 목불상이로구나.

눈을 감았다. 나는 목불상에서 병해대사의 신통력을 확인하려는 게 아니었다. 대사 생전의 모습을 생각해 보고 싶었을 뿐이다. 아무것도 보이지 않았다. 아무 생각도 떠오르지 않았다.

'무애 무심. 아하! 이것이 바로 갓바치의 모습이로구나.'

명상을 끝내고 뒤돌아보니 이게 웬일인가? 임꺽정을 비롯한 양산박의 도둑두령 아홉 명이 갓바치 대사를 둘러싼 채 나를 노려보고 있는 게 아닌가! 눈을 비비고 다시 보니 그게 아니었다. 텔레비전 인기드라마 "임꺽정"의 출연자들이 주지스님을 뫼시고 찍은 대형사진이 크게 벽면을 덮고 있었던 것이다.

그 사진을 보는 순간, 생전에 갓바치 대사를 흠모했던 임꺽정 패들이 혼백으로 여기 어딘가에 몰려와 있는 것 같은 느낌이 들었고 나는 청석골의 졸개라도 된 듯 우쭐한 기분이었다.

일몰서산日沒西山 낙조의 그늘이 조용히 산사山寺를 찾아들고 있었다. 하산하는 속인의 발걸음은 무겁기만한데 솔밭에서 졸던 꿩 한 마리가 낯선 방문객의 발자국 소리에 놀라 꿩꿩! 하고 외치며 서쪽 하늘로 날아가고 있었다.

'중은 절을 찾고 목사는 교회를 찾는 게 진리라오. 그대는 칠장사를 떠나 어서 뉴욕교회로 돌아가시오!'

꺽정이를 훈계하던 갓바치 대사의 음성이 들리는 듯 했다.(1997)

연주암을 찾은 목사

"형이 미국 가서 살게 되면 고향이 그리워도 못 가는 신세가 될 거요. 그땐 고향 하늘이 있는 쪽만 바라봐도 눈물 날 겁니다. 그러니 이민 떠나기 전에 부지런히 조국의 산하를 밟아두세요."

이민을 앞둔 나에게 후배 현해춘 목사가 월요등산을 제안했다.

그래서 나는 일 년 동안 부지런히 산을 올랐다. 어느 때는 2명 어느 때는 10여 명의 목사들이 동행했다. 그러나 혼자 갈 때가 더 많았다. 남한의 명산은 거의 다 올라가 봤다. 서울 근교의 산들은 뒷동산 오르듯 자주 찾았다. 20년이 흘러가고 사진 한 장 안 남겨졌지만 나는 지금도 그때 오른 산들을 고향집 뒷동산처럼 생생히 기억한다. 그중에 혼자서 오른 관악산 등산을 잊을 수 없다.

때는 여름이었다. 무더운 여름 등산이라서 좀 가볍고 쉬운 코스를 찾아봤다. 서울대학교 뒤로 완만하게 기어 올라가고 있는 관악산이 만만해 보였다. 높아보이지도 않아 단숨에 오를 수 있을 것 같았다.

'암소 등처럼 부드럽고 완만하니 아주 쉽겠지.'

나는 암소 등에 올라타고 피리를 불면서 냇가를 건너는 소년이 된 기분으로 관악산을 오르기 시작했다. 그런데 어찌된 셈인지 올라도 올라도 관악산은 그 자리였다. 한 시간을 걸어도 두 시간을 걸어도 나는 산중山中에 갇혀 있었다. 7월의 무더위는 바위를 녹이려는데 나는 땀으로 수영을 하고 있었다. 문득 이런 생각이 났다.

'그 옛날 임진왜란 때 이런 일이 있었다지? 한국을 도우러 5만 대군을 이끌고 온 명나라 장수 이여송이 왜군과 싸울 생각은 않고 한국의 아녀자를 잡아들여 계집질만 즐기고 있었지. 모두 못 본 체 하는데 웬 노승老僧이 암소를 타고 나타나 이여송을 개돼지로 욕하고 물러갔지. 화가 난 이여송이 단칼에 목을 베려고 말을 달려 쫓아 가는데 이상도 하여라. 아무리 달려도 암소를 타고 가는 노승은 여전히 열마장 앞에 있는 거야. 이여송이 말에서 내려 무릎을 꿇자 노승은 빙그레 웃고는 연기처럼 사라져 버렸지. 홀연히 깨달은 이여송은 평양으로 달려가 왜군을 대파하고 조선을 구했지!'

나는 말을 타고 달리는 이여송이 아니라 암소를 타고 유유자적

하는 노승의 기분으로 마음을 바꾸기로 했다. 그러자 갑자기 득도한 고승高僧이라도 된 듯 아주 기분이 좋아졌다. 산 아래로 내려다보이는 서울대학교가 유치원처럼 시시해 보였다. 청와대와 삼성빌딩이 있는 서울 장안이 '하늘아래 뫼이로다' 이였다.

아하! 이게 바로 천상천하 유아독존이로구나. 등산길이 한결 유쾌해지자 몇 발자국을 걸으니 금방 정상이었다. 그래도 세 시간을 걸어 올라가느라 내 몸은 땀으로 미역을 감고 있었다. 정상에 올라 보니 턱밑으로 천 길 낭떠러지가 아슬아슬하게 떨어져 내려가고 있었다. 그 낭떠러지 위 모퉁이에 석굴암이 대롱대롱 매달려 있었다. 부잣집 처마 밑에 매달려 있는 제비집처럼 아름다웠다.

'호랑이를 잡으려면 호랑이굴로 들어가야지.'

암굴 속으로 들어가 보니 돌부처가 앉아 있었다. 부처와 마주앉아 명상을 즐겼다. 난생 처음 부처 앞에서 해보는 기도라서 그런지 기분이 이상했다. 분명히 나는 예수님에게 기도했는데 내가 부처와 예수의 대화를 주선한 것 같은 기분이 들었기 때문이었다. 석굴암을 나와 심호흡을 하면서 산지사방散之四方을 둘러보는데 발아래 골짜기 숲속에 10여 채의 기와집이 숨어있는 게 보였다.

'아니 이 심심관악산골에 웬 청석골 임꺽정 패들의 도둑 산채가 숨어 있단 말인가?'

내려가 보니 관악산 연주암이었다. 청와대 본관만한 대웅전을 필두로 대궐만한 기와집들이 사찰마을을 이루고 있었다. 늙은 중 하나가 졸면서 마당을 쓸고 있었다.

'아하! 세 시간을 등산으로 올라와야 하는 이 산속 절간에 어느 불심 많은 불교신자가 있어서 고생하며 올라올까? 찾아오는 사람이 없어 텅 빈 절간을 늙은 중 혼자서 마당을 쓸고 있구나.'

나는 갑자기 연민이 동하여 그 중이 불쌍하다는 생각이 들었다.

"나는 기독교의 목사입니다. 이 연주암 사찰에는 몇 분의 스님이 계시나요?"

"동자승까지 20명이 상주하고 하안거夏安居 동안거冬安居같은 프로그램이 있을 때는 수백 명 넘게 있지요."

"나는 텅 빈 절간으로 봤는데요? 그러면 그 많은 생활비용은 어떻게 충당합니까? 등산코스로 세 시간이라서 찾아오는 신자가 별로 없을 텐데요."

"이 연주암에는 매월 1만 원씩 시주(월정헌금)하는 정회원 신자(세례교인)가 1만 명이 넘는 답니다."

와! 1만원 월정헌금신자 1만 명이면 매월 1억이다. 20여 년 전 1억은 당시 여의도순복음교회 십일조헌금보다도 많은 액수였다. 어떻게 그렇게 많은 헌금 신자를 확보할 수 있을까?

기독교 교회는 신자확보를 위하여 사람이 많이 다니는 교통 요지에 교회를 세운다. 그것도 모자라 교회버스를 몰고 다니면서 교인을 실어 나른다. 주일 낮 예배, 밤 예배, 수요예배, 매일 새벽기도회, 금요철야기도회, 기도원 금식기도회로 교인들을 몰고 간다. 그것 말고 구역예배 성경공부 제자화 전도훈련으로 쉴 틈을 주지 않는다. 그래도 교인이 주일예배에 빠지면 구역장이 전화하고 전도사가 심방하고 그래도 안 되면 목사가 특별 심방하여 꼼짝 없이 나오게 한다.

그렇게 하여 50만 명이 모인다는 여의도 순복음교회를 만들었고 금란교회가 생겼다. 그러나 천하의 조용기 목사라 해도 세 시간을 걸어 올라와야하는 관악산 꼭대기에 여의도 순복음교회를 세운다면 만 명이 모일 수 있을까? 천만에! 단 천 명 모이기도 힘들 것이다.

목사와 스님이 나눈 현문우답.

"연주암은 무슨 재주로 1만 원짜리 1만 신도를 모았습니까?"

"불교의 절에서는 기독교회처럼 주일예배나 구역예배가 없습니다. 전화도 심방도 없지요. 초파일이면 절에 올라와 주지스님(당회장 목사)의 설법(설교) 한 번 듣는 게 전부이지요."

"얼마나 기막힌 설법을 하기에 일 년에 딱 한 번 듣고 매월 꼬박꼬박 헌금을 냅니까?"

"그게 엉터리지요. 불교신자들은 초파일이면 마른 오징어와 소주 한 병 들고 산에 올라와 병을 비운 후에 대웅전 마당에서 설법을 기다립니다. 목을 빼고 30분쯤 있으면 주지 스님이 눈을 비비고 나타나지요. 헛기침을 한번 한 스님이 '똑똑 또도 똑똑' 목탁을 한 번 두드린 후 '나무 관세음보살… 산은 산이요 물은 물이로다.…' 한 마디 내던지면 좌중은 자지러지도록 감동을 하지요. 그게 전부랍니다."

"그렇군요. 그런데 궁금한 게 있어요. 엉터리 설법 한 번 내던지고 나서 스님들이 일 년 내내 하는 일이 도대체 무엇입니까? 우리 목사들은 30분 동안 만담처럼 재미있고 철학처럼 심오한 설교를 연기하듯 하고도 매일 전화, 매일 상담, 매일 심방을 합니다. 그래도 속썩이는 교인들로 골치를 앓지요."

"스님들은 전화, 심방, 상담 같은 게 거의 없습니다. 낮에는 채소나 가꾸고 사슴을 따라 칡범을 따라 어슬렁거리며 산행을 즐기지요. 그 대신 매일 새벽 2시면 일어나 목욕재계하고 아침이 밝아 올 때 까지 정진기도를 합니다. 그리고 평생 독신으로 살면서 고기를 안 먹어 몸속에 있는 음욕을 제거하여 좌견천리坐見千里하는 영안靈眼과 경천지동귀신驚天地動鬼神하는 영력靈力 배양에 힘쓰지요."

아하! 그렇구나. 그래서 스님들이 목탁만 두드려대도 신자들이 꼼짝 못하고 합장을 하는구나. 새벽 2시부터 아침까지 하는 기도생활, 평생 독신으로 살면서 일체 고기를 안 먹는 금욕생활은 대단한 경건훈련이다.

나는 관악산을 내려오면서 심각한 고민에 빠져 버렸다. 스님들처럼 목회를 하고 싶었다. 조직으로 묶고 제도로 다스리고 세뇌로 훈련시키는 인위적인 목회가 아니라 영력 목회를 하고 싶었다. 초대교회시절의 사도행전 목회처럼 말이다. 그래서 미국 와서 생각해 낸 것이 사랑방교회다. 그런데 나는 아직 사랑방교회를 제대로 못하고 있다. 관악산 연주암의 승려들만큼 기도생활을 못하고 있기 때문이다. (2002년)

라면과 박사님

김영삼 대통령의 청와대 단골 메뉴가 칼국수였지만 우리 집 손님 접대 요리는 라면이다. 내가 라면으로 청와대 칼국수 흉내를 내려는 건 아니다. 쌀을 살 돈이 없어서 어쩔 수 없이 라면을 끓여 손님을 대접하는 건 더욱 아니다. 김영삼 대통령은 90년대에 칼국수 잔치를 시작했지만 나의 라면 사연은 청와대 칼국수보다 훨씬 길고 긴 역사를 갖고 있다.

시골중학교를 나온 나는 17살에 낮에는 농사일을 하고 밤에는 술로 울분을 달래고 있었다. 1950년대 말이었다. 그날도 친구들과 초저녁부터 술을 마시고 있는데 "땡당땡당"하고 교회 종소리가 들려 왔다. 동네 흙담집 교회에서 들려오는 수요일 밤 종소리였다. 종이라야 소나무에 매단 카바이드 산소통을 도끼로 때리는 건데 소리만은 에밀레종처럼 구슬프고도 아름다웠다.

　술독에 빠져 지옥연습을 하고 있는 불쌍한 10대를 향하여 마치 "천당 천당"하고 외치는 듯 했다. 우리는 술을 마시다 말고 종소리를 따라 교회로 달려갔다. 내 생에 처음 교회에 나가는 순간이기도 했다. 술이 너무 취해서 그랬는지 정문이 아닌 창문을 부수고 들어갔다. 교인들이 "예수여 비오니 나의 기도 들으사~" 찬송을 부르고 있었다. 우리들이 혀 꼬부라진 소리로 따라 부른다는 게 그만 "예수여 개 잡아 먹자……" 하는 바람에 수요일 밤 예배는 난장판이 돼버렸다. 다음 날 아침 나는 교회 다니는 형에게 늘씬하도록 얻어맞았다. 형은 나에게 술을 끊기 전에는 교회 근처에 얼씬을 말라는 금족령을 내렸다.

　그 교회는 너무 가난하여 목사님이 굶기를 밥 먹듯 했다. 교인들은 헌금 말고도 개인적으로 몰래 몰래 목사를 돕고 있었다. 아버지가 먼 길을 떠난 어느 날 어머니는 광에 들어가 쌀을 한 자루 가득 퍼내더니 장물 운반책으로 나를 지목했다. 취중에 교회에 들어가 예배를 방해한 천벌 받을 죄를 사함 받을 수 있는 찬스가 난 것 같아 아주 반가웠다. 나는 의적 홍길동이라도 된 양 쌀자루를 메고 신나게 교회로 달려갔다. 아니나 다를까? 목사님은 나를 재정집사처럼 반기는 것이었다. 감격한 목사님은 줄 게 있다는 듯 뒷방으로 날 데리고 들어갔다.

　'대단한 걸 주실 모양이지?'

　무릎을 꿇고 있는데 목사님이 입을 열었다.

　"내가 이 군에게 이야기 하나를 들려 줄 게 있소."

　그건 해방되던 해에 북한을 탈출한 형제가 38선을 넘는 이야기였다. 동생의 손을 잡고 사선을 넘으면서 형은 하나님께 서원 기도를 했다.

"하나님 저에게 배울 수 있는 길을 열어 주십시오. 그러면 이 몸을 주님께 바치겠습니다. 저는 새벽마다 이 기도를 드리겠습니다."

38선을 넘어 온 소년은 고학으로 고생고생 끝에 조선신학교를 졸업했다. 지금의 한국신학대학이다. 김포의 작은 교회를 목회하면서도 새벽마다 그 기도를 계속하고 있었다. 그렇게 10년 세월이 훌쩍 가버렸다. 그런 어느 날 웬 미군이 찾아오더니 느닷없이 루터교 계통으로 미국 유학을 보내주겠다는 놀라운 말을 꺼내는 것이었다. 50년대 미국 유학은 하늘의 별따기였다. 그는 미국에서 대학을 마치고 세계 최고의 상아탑으로 유명한 독일의 하이델베르크로 유학 가서 박사학위를 받았다. 세계적인 루터교 신학자가 되어 미국에서 교수하던 그는 미국 선교사 자격으로 한국에 왔다.

"그의 이름은 지원용 박사라네. 하나님은 38선을 넘으면서 시작한 지원용 소년의 새벽기도를 들어 주신 것이야."

나는 그 다음날 금요일부터 새벽기도를 시작했다. 일요일이 다가오자 자연스레 주일예배에 참석했다. 나의 공식적인 교회 출석은 새벽기도부터 시작한 셈이다.

"나에게 배울 수 있는 길을 열어주십시오. 그러면 이몸을 주님께 바치겠습니다."

새벽기도 1년 만에 신기하게 배움의 길이 열려 고 2로 편입하여 동도 공고를 졸업했다. 피어선 대학부에 들어가 성경을 공부하는데 눈 때문에 괴로웠다. 나는 태어나면서 눈이 정상이 아니었던 것이다. 특별기도 3개월 만에 생면부지의 은인이 나타나 눈 수술을 해줬다. 그는 이화여대 영어교수 미쓰 콘노 박사였다. 신학교에 갈 자신이 생기자 나는 비로소 지원용 박사에게 편지를 썼다.

"3년 전 박사님의 전설 같은 이야기에 감동받아 예수를 믿고 새벽기도를 해 온 청년입니다. 저의 작은 기도를 주님이 들어주셔서 고등학교를 졸업하고 눈 수술도 받아 정상이 됐습니다. 이제는 떳떳하게 신학교에 갈 수 있을 것 같아선지 박사님을 만나 뵙고 싶은 용기가 생겼습니다."

이렇게 하여 3년 동안 매일 새벽기도 하면서 그려본 지원용 박사를 루터교 센터에서 만나게 됐다. 이야기 끝에 점심때가 됐다.

"우리 점심을 무엇으로 할까?"

"박사님이 좋아하시는 걸로 해주세요."

"정말 내가 좋아하는 걸 먹고 싶어?"

"그럼요 그럼요."

"그럼 그렇게 하지."

'박사님의 런치 스페셜은 대단하겠지.'

미국 박사님이니 보나마나 스테이크 아니면 랍스터를 먹게 되는 줄 알고 그야말로 기대하시라 개봉박두!

그런데 잠시 후 식탁 위에 등장한 건 소고기 냄새가 맛있게 진동하는 웰던 스테이크도 포동포동 살찐 랍스터도 아니었다. 라면이었다. 정확하게, 삼양라면이었다. 박사님과 겸상으로 라면을 먹으면서 나는 별의별 생각이 다 들었다. 왜 천하의 지원용 박사님이 팔진미 오후청을 마다하고 라면을 잡수실까? 콩알이 어떻게 바위의 큰 뜻을 헤아릴 수 있으리오.

그러나 그때 내가 박사님과 함께 먹은 라면은 내 생에 가장 감격스러운 런치 스페셜이었다. 청와대 칼국수보다도 더 멋진 대접이었다. 그 때부터 나는 찾아오는 손님에게 라면 대접을 하는 버릇이 생겼다. 라면을 싫어하는 사람에게 라면과 박사님 얘기를 들려주면 박사라도 된 듯 맛있게 먹곤 했다.

지 박사님은 그 후 감신대를 들어간 나에게 학비와 기숙사비를 대주셨다. 감신 1년을 끝내고 나는 군에 입대했다. 백암산 GOP에서 용기와 배짱을 얻고 제대하자 더 이상 남의 신세를 지고 싶지 않았다. 몰래 신학교를 옮긴 후 인사 차 박사님을 찾았다. 그 후로 두 번 다시 박사님을 찾지 않았지만 나는 20년 동안 새벽기도를 하면서 단 하루도 지원용 박사님 기도를 빼놓은 적이 없었다. 박사님 기도를 그만 둔 지도 벌써 21년이 지났건만 나는 지금도 손님과 라면을 먹을 때면 박사님을 생각한다. 그래서 우리 집 손님 단골요리는 라면이다.

사람 노릇을 못하여 찾아뵙지 못하고 생각만 하면서 지나오다가 며칠 전에 내가 지은 책, 「멀고 먼 앨라배마」를 보내드렸다. 뵙지 못한 지 38년인데 기억하고 계실까? 세인트루이스로 전화를 걸었다.

"지 박사님 38년 전의 이계선을 기억하십니까? 여름에 오셔서 이틀 밤을 묵으셨던 글갱이 저의 집을 기억하시나요? 처음 만난 저에게 끓여 주셨던 라면도 기억하시나요?"

"아! 기억하고말고요. 고향의 추억처럼 아름답게 기억하지요. 어제 독일에서 돌아와 「멀고 먼 앨라배마」를 받고 반가웠어요. 북에 두고 온 나의 고향이야기처럼 재미있게 읽고 있어요. 라면을 또 끓여 줄 테니까 세인트루이스에 한번 놀러 오시라구요."

은퇴하여 명예교수로 계신 76세의 노 박사님인데도 38년 전의 바로 그 목소리가 정겹게 들려왔다.

친구 정송의 목사의 죽음

"송의가 가버렸어. 아우 정광훈 목사가 지난 여름 소천 했어

……."

　청암 세미나에서 만난 송무 정광호 목사가 조문弔文을 읽듯 중얼거렸다.

　"송무 형님 그게 정말이오?"

　"정말이야, 지난해 6월 4일 송의는 간암으로 61세의 생을 마감했지……."

　슬프고 억울했다. 친구를 잃었으니 슬펐고 천재를 잃었으니 억울했다. 61살을 살았으면 환갑을 넘겼으니 기본 수명은 채운 셈이다. 한번은 죽는다. 그러나 제대로 살지도 못하고 죽으면 그건 너무 억울하다. 교통사고나 안전사고로 불의에 당한 죽음처럼 억울하다.

　송의가 그랬다. 그는 천재였다. 그런데 그는 그의 천재성을 단 한 번도 발휘해 보지 못하고 죽은 것이다. 목회로도 학문으로도 단 한 번도 발휘해 보지 못했다. 대학 총장이나 작가는 물론 미국교회 감독도 할 수 있는 실력인데 그는 세상에 단 한 줄의 글도 단 한 번의 이름도 남겨 놓지 못하고 그냥 가버렸다. 그래서 그의 죽음은 더 안타깝다.

　오호 통재라! 송의가 가버렸구나. 나는 세상 사람들에게 송의의 이름을 알리고 싶다. 내가 송의를 알고 지낸 얼마 안 되는 추억이라도 이야기하고 싶다.

　1962년 감리교신학대학에 들어가 보니 전교 학생이 200명 정도였다. 그때는 일류신학교들이 모두 그랬다. 그런데 그 200명은 도둑촌 양산박에 모인 수호지의 주인공 108명 도둑들처럼 모두가 두령급이었다. 경기고 서울고 출신은 물론 서울대학을 다니다 편입한 학생, 산전수전 다 겪고 들어온 아저씨학생하며 모두가 개성이 뚜렷하고 자신만만해 보였다.

그런데 아침 등교시간이면 어깨동무를 하고 교문을 들어서는 쌍둥이 신학생이 있었다. 다 큰 신학생이 유치원생처럼 어깨동무를 하고 다니다니? 저런 바보 좀 보게. 그러나 그들은 남들이 뭐라 든 상관없이 어깨동무를 했다. 나폴레옹이 파리 개선문을 통과하듯 그들은 어깨동무를 한 채 보무당당하게 감신대의 아치형 교문을 들어서던 것이었다.

그런데 그 안하무인의 주인공은 쌍둥이가 아니라 형제였다. 3학년 정송무鄭松武 1학년 정송의鄭松義 형제였다. 그리고 바보가 아니라 천재였다. 형 송무는 배재중고 6년을 줄곧 수석으로 달려온 반장이었다. 동생 송의는 고교시절 영어회화를 자유롭게 하고 다닌 배재 총학생회장 출신의 스타였다. 친구들은 출세길을 찾아 서울대로 갔는데 송무 형제는 아버지 목사의 어명(?)을 받들어 신학교에 입학한 것이다.

신학교에 들어와 보니 유치원 수준처럼 보였다. 그래서 그들 형제는 유치원생처럼 어깨동무를 하고 다녔다. 점령군처럼, 아니 하나님 나라를 향해 형제가 연합하여 데모라도 하듯 어깨동무를 하고 등교했다. 형보다 동생이 더 똑똑했다. 송의는 입학만 해놓은 채 1년을 돌아다니다가 내가 입학하던 해인 62년에 돌아왔다. 그래서 나와 1학년 같은 반이 됐다.

송의는 외모부터가 달랐다. 서구형 미남이었다. 007의 주인공 숀 코네리와 람보 스타 실베스터 스텔론의 장점을 모자이크한 얼굴이었다. 키가 그렇게 컸고 얼굴의 윤곽 눈매 코가 닮았다. 면도를 해도 숨어 보이는 까칠한 수염이 그랬다. 송의는 반에서 언제나 안하무인이었다. 반말을 썼고 마구잡이로 대했다. 여학생들에게 개구쟁이였다. 그런데 워낙 외모와 실력이 뛰어나 별로 싫어하는 눈치가 아니었다. 자신을 국보라고 떠들어대는 기인奇人 양주동 박사의 안하무인에 시청자들이 매력을 느끼듯.

그러던 어느 날이었다. 학과시간이 끝나자 송의가 덥석 내 손을 잡는 것이었다.

"이형 나하고 같이 갑시다."

철수와 영희가 손을 잡고 눈길을 걸어가듯 송의는 내손을 잡고 감신監神 교문을 걸어 나갔다.

'아하! 등교할 때는 형 송무와 어깨동무로 왔지만 공부 끝나는 시간이 다르니까 하교시간에는 바보처럼 만만해 보이는 내손을 잡고 교문을 나서려는 구나.'

형 대신 대타로 끌려온 나는 이 도령 앞에 방자처럼 기가 죽어버렸다. 그와는 비교가 안됐기 때문이다. 그는 감리교 인텔리 목사의 아들인데 나는 아버지가 농사꾼인 흙의 아들이다. 그는 배재중 고를 일등으로 달려온 수재인데 나는 동도공고 야간부를 겨우 15개월 다닌 천학비재다.

그는 영화배우처럼 말쑥한 마스크에 영어마저 청산유수인데 나는 나무꾼 외모에 시골 사투리로 더듬거리는 촌뜨기이다. 그런데 송의는 학교가 끝나는 시간에는 거의 매일 내 손을 잡아끌고 다녔다. 우리는 돈키호테와 산초처럼 붙어 다녔다. 그는 천재기인天才奇人 돈키호테였고 나는 바보기인奇人 산초인 셈이다.

감신 정문 옆으로 호떡집이 있었다. 교도소 문을 나서면 죄수들이 꼭 두부를 사먹듯 감신교문을 나서면 우리는 꼭 호떡을 사먹었다. 5원을 내고 여섯 개를 사서 세 개씩 나눠먹었다. 우리는 서대문을 지나 문화방송국을 기웃거리며 이화여고 정문 앞까지 걸어왔다. 거기서 리어카 군밤장수에게 5원을 주고 군밤 열개를 사서 나눠먹으면서 되도록 시간을 오래 끌려고 머뭇거렸다. 교문 밖으로 쏟아져 나오는 예쁜 이화여고 학생들을 보고 싶었기 때문이다.

나는 일 년 후에 감신을 떠나는 바람에 이화여고생들과 연이 끊겨버렸지만 송의는 4년 내내 이화여고 교정 앞에서 군밤을 사 먹은 게 틀림없다. 후일 이화여고 이화여대 출신 마누라를 얻는데 성공했으니까.

군밤도 먹고 여고생도 보고 나면 우리는 덕수궁 돌담을 끼고 시청 앞까지 걸어가서 헤어졌다. 나는 시청 앞 덕수빌딩에 있는 루터란아워 사무실로 올라가 아르바이트를 했고 송의는 가정교사 집을 찾아 뚝섬 가는 시내버스를 탔기 때문이다.

송의는 천재 기인이었고 나는 바보 기인이었던 모양이다. 그래서 우리는 잘 어울렸던 것 같다. 돈키호테와 산초가 잘 어울리듯 말이다. 내가 군대를 다녀온 후 나사렛에서 송의의 흉내(?)를 내는 동안 송의는 감신에서 엉뚱하게 학생회장 노릇을 하고 있었다. 회장된 사연이 송의다웠다.

감신 학생회장 선거에 두 명의 입후보자가 나서서 정견발표를 했다. 송의는 기호 2번의 찬조연설자로 나섰는데 박수소리가 그만 송의의 연설로 몰려 버렸다. 투개표를 해보니 묘하게도 동점이 됐다. 2차 투표를 하려는데 누군가 소리쳤다.

"긴급동의요. 아까 연설하는 거 보니까 기호 2번의 찬조연설이 뛰어나던데 우리 재투표할 것 없이 기호 2번 찬조 연설자를 학생회장으로 뽑읍시다."

"재청이요 삼청이요 옳소 옳소… 와와 만장일치요."

"그러면 여러분의 만장일치로 정송의 씨가 감리교 신학대학 학생회장으로 선출됐습니다. 땅땅땅."

역시 송의답다. 감신을 졸업한 후 목사가 되면서 송무 형제는 이름을 바꿨다. 일본식이었던 정송무·정송의를 한국식 이름 정광호·정광훈으로 고친 것이다. 나는 먼저 이름이 아까워 송의·송무를 호로 부른다. 松武(송무)·松義(송의) 얼마나 멋진 호인가?

송의는 목사가 된 후 기인처럼 살았다. 철학자나 작가가 보면 멋져 보였겠지만 개인적으로나 가정적으로 보면 불행한 일이었다. 17년 전 내가 미국 이민 와서 보스턴에 있는 송의와 통화 한 적이 있었는데 그 목소리가 취생몽사 알쏭달쏭(?) 했다.

'역시 기인으로 살고 있구나!'

대학교에서 교목생활을 하다가 영어의 나라 미국으로 온 송의의 영어는 물고기가 물을 만난 듯 신바람이 났다. 미국 컴퓨터 회사를 다니고 미국교회에서 목회를 했는데 역시 기인답게 살다가 기인답게 간 것이다. 송무 형이 전해준 말.

"내 동생 송의는 죽는 것도 동생다웠어. 6개월 전에 간암 말기가 발견됐는데도 태연자약 명랑하게 지냈고 마지막 임종도 영생의 나라로 여행을 떠나는 어린애들처럼 장난스럽고 순진스럽게 죽음을 맞이하는 거야. 기인처럼 살다가 초인처럼 죽었기에, 송의는 삶과 죽음을 떠나 지금도 내 곁에 있는 것만 같아."

송의는 죽었다. 그러나 그가 나에게 준 우정은 죽지 않을 것이다. 기인으로 살다간 송의가 그리울 때면 나도 송의처럼 기행을 하고 싶은 충동을 느낀다. 큰말이 나가면 작은말이 대신하듯, 돈키호테가 죽으면 산초가 돈키호테 역을 대신 해야 하듯 말이다. 송무 형이 이런 말을 전해줬다.

"전에 송의가 이런 말을 한 적이 있었어. 형님, 이계선 목사는 기인 같아요. 촌스럽고 바보스러운 것 같은데 도시의 신사들을 감동시키는 매력이 있거든요."

그 말이 송의가 나에게 남겨준 유언처럼 들려온다.　(2003년)

홍도야 울지 마라

주간 기독교신문에 이런 제목의 성명서가 나 있었다.
"김홍도 목사 구속에 대한 대한민국 노무현 대통령께 보내는 성명서."

이 성명서에는 해외 유명 한인목사 50여 명의 이름이 기라성처럼 빛나고 있었다. 뉴욕출신 목사도 여덟 명이나 끼어있었다. 교회의 재정 비리와 스캔들로 구속된 서울 금란교회 김홍도 목사 석방을 촉구하는 성명서였다. 그런데 왠지 모르게 이 성명서가 목사님들이 합창하는 신판 "홍도야 울지 마라"처럼 느껴진다. 논조가 오라토리오 "마태 수난곡"처럼 비장하고 "황소격문"처럼 격렬해서 그럴까?

그런데 내용을 살펴보니 문제되는 구절이 눈에 걸린다. 성명서 "1항에 김홍도 목사에게 만약 윤리적인 문제나 금전적인 부정이 있다고 하여도 교회법에 의하여 결정하게 하여야 할 것이며…" 라고 항의하고 있다. 교회법이 있는데 왜 국법이 간섭하느냐는 것이다. 아주 위험한 사이비 이단종교의 사고발상이다. 옛날 각종 비리를 저지른 박태선이 감옥에 들어가자 그의 추종자들도 그랬었다.
"왜 우리 전도관 신도들이 문제 삼지 않는 걸 국가에서 문제 삼느냐."

국법을 어겼기에 검찰이 나선 것이다. 국법을 어겼는데도 교회법이 이를 문제 삼지 않았다면 그 교회는 이단이나 사이비종교이지 정상적인 교회가 아니다.

"제2항에 김홍도 목사는 김정일 정권이 무너지기를 기도하는 반핵 반김 운동의 애국목사"인데 왜 구속이냐고 항의다. 옛날 말에

똥 묻은 돼지가 겨 묻은 돼지를 욕한다고 했다.

다른 사람은 몰라도 김홍도 목사, 김선도 목사 형제는 김정일 욕할 자격이 없는 걸 알아야 한다. 김정일의 가장 큰 죄목은 아버지 김일성의 권력을 깡그리 물려받은 부자세습이다. 그런데 김 목사는 한술 더 떠서 형제는 용감하였다. 형님 먼저 아우 먼저 하면서 형제가 부자세습을 즐기고 있기 때문이다.

형 김선도 목사는 6만 명이 모이는 광림교회를 아들에게 물려주었고 동생인 김홍도 목사는 인구(?) 9만 명의 금란교회를 아들에게 양위한다는 것이다. 물론 김 목사 형제는 북한의 김일성처럼 독재로 한 게 아니라 민주적인 절차로 한 부자세습이니 문제될 게 없다고 우길 것이다. 그러나 조직적인 여론조작이나 카리스마를 이용한 군중심리로 얼마든지 가능한 게 종교계의 부자세습이다. 이는 박태선이나 문선명 같은 사이비 이단들이 즐겨 사용하는 수법이기도 했다.

"제3항 김홍도 목사 구속은 종교 탄압"이라는 항의다. 종교탄압은 과거 일제나 독재시절에나 가능한 일이다. 기독교, 불교, 무당교 할 것 없이 대한민국은 지금 세계가 알아주는 종교천국이다. 종교천국에서 종교탄압이 있을 리 없다. 종교탄압은 예배행위 금지 같은 신앙의 자유를 방해하는 걸 말한다. 종교인의 부정부패를 들춰내어 척결하는 건 종교탄압이 아니라 종교보호일 뿐이다. 종교가 부패하면 그 종교는 망하기 때문이다.

"홍도야 울지 마라"는 일제시절 우리 민족의 눈물을 담은 신파극이었다. 가난한 오빠를 공부시켜 출세시키려고 기루에 몸을 던진 홍도는 비록 기생의 몸이지만 몸도 마음도 청순한 한 떨기 꽃이었다. 세파를 꿋꿋이 이겨가던 홍도는 어느 날 악덕부자 영감의 겁탈을 결사적으로 피하다가 그만 살인을 저지르고 법정에 서게 된다.

그런데 살인범이 된 홍도가 법정에 나가 보니 놀랍게도 재판장이 오빠다. 동생 홍도의 도움으로 천신만고 끝에 고시에 합격하여 판사가 된 오빠가 재판장석에 앉게 된 것이다. 오빠는 울면서 홍도에게 사형을 구형한다. 후에 홍도가 자기방어로 어쩔 수 없이 살인을 저지르게 된 억울한 사연을 알게 된 오빠는 눈물을 흘리며 노래한다.

"사랑을 팔고 사는 꽃바람 속에 너 혼자 지키려는 순정의 등불. 홍도야 울지 마라 오빠가 있다. 여인의 나갈 길을 너는 지켜라."

가난하지만 청순한 여인 홍도는 삼천 만의 연인이었다. 36년간 일제에 짓밟혀 신음하면서도 독립하려고 몸부림쳐 온 가련한 내 민족 내 조국의 모습 또한 홍도였다. 그래서 오빠도 관객도 울면서 "홍도야 울지 마라"를 불렀다.

60년대 초까지만 해도 가난하고 초라한 한국교회의 모습이 바로 홍도였다. 오죽했으면 결혼 대상자를 고르는 여대생들에게 목사의 인기는 이발사만도 못했다고 한다. 그래도 목사는 존경을 받았다. 가녀린 여인 홍도가 그랬듯이.

그런데 70년대 초부터 한국교회의 홍도는 놀부 마누라처럼 뚱뚱해지면서 복부인 노릇을 하기 시작했다. 여의도에 78만 명이 모이는 세계 최대의 교회가 생기고 나서부터 한국에 대형교회시대가 활짝 열린 것이다. 교회가 기업화에 성공한 것이다.

재벌기업의 마케팅 전략이 교회성장에 그대로 적용됐다. 세뇌 교육식 성경공부, 공산당 세포조직을 방불케 하는 구역조직, 외판원식 전도 작전이 그대로 먹혀 들어갔다. 수만 명이 모이는 모 교회는 구역목사들이나 전도사들이 대기업 직원들처럼 아예 몇 퍼센트 성장률을 배당 받는다고 한다. 목표를 달성하면 두둑이 보너스를 받지만 목표달성에 실패하면 가차 없이 옷을 벗어야 한다는 것이다. 살아남기 위해 수단방법을 가리지 않고 목숨 걸고 뛰다 보니 교회는 무섭게 부흥하는 모양이다. 교회는 비영리단체가 아니라 폭리단체라고 욕하는 사람들도 생겨났다.

대표적으로 성장한 한국교회 중의 하나가 금란교회다. 그런데 공교롭게도 금란교회의 목사가 성은 "김"이요 이름은 "홍도"다. 한국교회 목사들은 너나 할 것 없이 금란교회 같은 대형교회의 꿈을 갖고 있어서 김홍도 목사를 부러워한다. 그런데 꿈의 상징인 김홍도 목사가 감옥에 들어간 것이다. 그래서 김홍도 목사 구출작전을 벌이려고 신판 "홍도야 울지 마라"를 합창한 것이다. 그게 김홍도 목사 구명 성명서이다. 미주 목사합창단(?)이 간절하게 부른 "홍도야 울지 마라"가 재판장의 완악한 마음을 녹인 모양이다. 김 목사가 불구속으로 석방됐으니 말이다.

신판 "홍도야 울지 마라"를 듣다보니 아무래도 구판 "홍도야 울지 마라"가 훨씬 낫다는 생각이 든다. 수만 신도를 거느리고 일 년에 수백 억 헌금을 거둬들이면서 감옥을 들락날락거리는 홍도보다는, 꽃바람 속에서 고생하는 가녀린 여인 홍도처럼 비록 가난하지만 만인의 사랑을 흠뻑 받았던 옛날 한국교회 목회자상이 그립기 때문이다. 나는 "김홍도 목사 구속" 성명서를 읽다 말고 흘러간 노래로 "홍도야 울지 마라"를 2절까지 흥얼거려 봤다.

"구름에 싸인 달을 너는 보았지. 세상은 구름이요 홍도는 달빛. 네 마음 네 행실만 곱게 가지면 구름을 거둬주는 바람이 분다."

(2003년)

목사와 박사

총장박사 E목사가 내 나이를 묻기에 60이라고 대줬더니 이런 현문우답이 이어졌다.
"아이구 목사님, 그럼 박사학위 하나 받으셔야죠. 뉴욕 목사님의 3분의 1이 박사이고 60넘은 목사님 중엔 3분의 2가 박사랍니다."
"나는 목사학위면 족하지 박사학위는 필요 없습니다."
"참 무식도 하셔라. 목사는 학위가 아니라 직위예요 직위. 목사 위에 박사 있고 박사 위에 모사 있다는 말도 못 들으셨나요?"
"그래요? 나는 목사는 하나님이 주신 학위요. 박사는 인간이 준 학위로 알았구먼요. 어떻게 하면 박사학위를 받을 수 있남요?"
대답 대신 두툼한 가방을 열어 보이는데 그 안에 금딱지 인장을 박은 박사학위증이 가득 차 있었다. 그는 박사장사를 하는 모모 통신신학대학교(?) 총장이었다. 얼마 전에는 한국에 가서 톡톡히 재미를 보고 왔다고 한다. 호텔을 빌려 박사학위 수여식을 했는데 전국회의원까지 참석하여 대영제국의 황제 제관식만큼 으리으리했다고 자랑이다. 한 번만 한국에 원정을 다녀오면 돈만 불은 거뜬히 벌어오는 모양이다.
60년대 초 한국교계를 망신시킨 '가짜박사' 파동이 있었다. 이름 있는 목사들이 거금을 주고 가짜박사를 사들여 이름을 더 빛내려다가 들통나버린 사건이었다. 당시 충격이 얼마나 컸던지 가짜 박사는 죄다 가짜 목사로 지탄받아 한바탕 곤욕을 치러야 했다.
그 후 박사바람은 잠잠하더니 90년대가 되자 '제 버릇 개 못 준다'고 한국교계의 개 버릇인 박사병이 되살아났다. 전에 된서리를 맞았던 가짜 박사 대신 이번엔 엉터리 박사 길이 뚫렸다. 엉터리 박사는 가짜 박사는 아니다. 질적으로 엉터리일 뿐이다. 그러나 따지고 보면 엉터리 박사는 가짜 박사만도 못하다. 60년대 가짜 박사는 그래도 총회장 목사, 교수 목사, 대교회 목사들로 실력만은 대단했는데 요즘 엉터리 박사는 나 같은 엉터리 목사도 얼마든지 받을 수 있다니 말이다.

사기꾼 천국인 이민 동포 사회에서는 엉터리 박사 따기가 길거리에서 개똥 줍기만큼이나 쉽다. 교육의 자율이 보장된 미국에서는 패밀리 하우스에다 '유니버시티' 간판을 내걸어도 대학교가 된다. 그런데 요즘은 유니버시티 세우기가 더 쉬워졌다. 사무실도 필요 없이 통신신학교를 만들기 때문이다. 신문에 아메리카 총신대학교란 광고를 내걸고 학생을 모집한다. 신학과 목회학과에서 시작하여 상담학과, 보육과, 문예창작과에 이르기까지 서울대학교보다도 화려한 종합대학교다.

목사안수는 물론 학사, 석사, 박사를 주는데 입학조건은 고맙게도 중학교만 나와도 박사학위를 받을 수 있단다. 괄호 안에 깨알만한 글씨로 "통신과도 동등 대우"라 써놓아 무더기로 통신신학생을 모집한다. 비디오로 수업을 받는다는데 "한경직 목사를 비롯하여 유명 목사들의 TV설교"를 비디오로 만든 것이다. 더욱 기가 찬 건 신학과도 문예창작과도 똑같은 "비디오 설교"로 수업을 받는다. "TV연속 드라마 대장금 비디오"를 보듯 공부하기가 이렇게 쉬울 줄이야! 4년제 대학이라 4년 동안 수업료를 받는데 박사과정은 권위가 있어 더 비싸다. 뉴욕만 해도 이런 엉터리 통신신학교가 헤아릴 수 없을 정도로 많다. 어느 통신신학교는 일 년에 40명씩 박사를 배출하여(?) 서울대학이나 하버드대학을 앞지를 정도다.

엉터리 박사의 주범은 목회학 박사이다. 엉터리 야간신학교에 적을 두고 조인(join)하고 있는 시골 미국신학교에 적당히 연락하면 학위가 온다. 얼마나 엉터리인지 박사학위 논문이라는 게 고등학생 에세이 수준도 못된다. 돈 내고 몇 년 만 기다리면 썩은 사과 떨어지듯 저절로 박사증이 굴러오게 돼 있다. 그래도 이 정도는 양반이다.

박사 장사꾼들은 한국에 가서 호텔을 빌려 박사증을 팔기도 한다. 미제를 좋아하는 한국 목사님들은 엉터리박사라도 미제가 더 좋다고 한다. 그래서 한국에서는 미제 엉터리박사가 인기다. 스님이나 신부 중에는 엉터리박사가 별로 없다. 부끄럽게도 엉터리박사는 거의 목사님들의 전유물이다. 왜 유독 목사님들에게 엉터리박사가 많은가?

첫째, 명예욕 때문이다. 목사님 수십 명이 모이는 한국의 어느 선교단체는 대대표 회장 1명, 대표회장 6명, 대회장 3명, 부회장 10명, 사무총장에다 협동총무는 무려 27명이나 된다. 그 규모가 5대양 6대주를 누빈 대영제국의 내각이 무색할 정도로 어마어마하다.

뉴욕의 모 인사는 목사요, 시인이요, 모모선교회장, 모모작가협회장, 한국모모문인협회 미국지부장 거기다 철학박사·신학박사다. 7관왕 목사인 셈이다. 그런데 그의 글을 읽어 보면 개들도 웃을 수준이다. 엉터리박사이기 때문이다.

"존귀영광 모든 권세 주님 홀로 받으소서. 멸시천대 십자가는 제가 지고 가오리다."

입이 마르고 닳도록 겸손을 찬송하는 목사님들이 왜 그리 명예를 좋아할까?

둘째, 없는 실력을 카무플라주(camouflage)하려고 박사학위를 노린다. 실력은 학력도 학위도 아니다. 독서하고 연구하고 견문을 넓히는 데서 실력이 쌓이는 것이다. 엉터리 박사 사진 걸어놓는다고 실력이 생기는 건 아니다.

이 글을 쓰면서 진짜 박사까지 도매금으로 욕을 먹을까 걱정이다. 뉴욕에는 엉터리 박사와는 구분해야 할 박사 목사님들도 있기 때문이다.

아 참! 당신교회 목사님은 삼위일체대학 박사인지? 유인대학 박사인지? 무인대학 박사인지? (2004년)

가난한 행복

만조백관을 거느리고 민정시찰을 나와 세상물정을 구경하던 소년 왕자가 거지 굴에 들렸습니다. 그런데 그곳에 꼭 자기처럼 생긴 소년거지가 거기 있었습니다. 거지소년은 여기저기서 구걸하여 온 밥 찌꺼기를 깡통에 넣고 썩썩 비벼서 비빔밥을 만들어 먹는데 그렇게 맛있어 보입니다. 배불리 먹은 거지소년이 역시 거지친구들하고 욕도 하고 씨름도 하고 싸움도 하는데 아주 신나 보였습니다.

'참 맛있겠구나! 내가 궁궐에서 매일 먹는 팔진미 오후청이 저 맛에 비교되랴! 또 얼마나 신나는 거지 놀음일까?'

생전 욕 한 번 싸움 한 번 못해 본 소년왕자의 눈에는 모든 게 아주 부러워 보였습니다.

한편 거지소년은 비단옷을 입고 만조백관을 거느리고 다니는 왕자가 한없이 부러웠습니다.

'아! 딱 3일 동안 왕자생활을 해봤으면 천만 번 죽어도 한이 없겠다!'

이때 왕자가 거지소년을 으슥한 곳으로 불러 옷을 서로 바꿔 입자고 흥정을 했습니다.

"얘, 거지야. 너와 나는 얼굴도 비슷하게 생겼으니 우리 한번 바꿔보는 게 어떠냐?"

거지소년이 말했습니다.

"왕자님! 저도 그 생각이 굴뚝같지만 우리는 얼굴만 닮았을 뿐 상대방의 생활이 서툴러서 금방 탄로 날 터인데요."

왕자가 거지의 귀에 대고 소곤거렸습니다. 거지소년이 고개를 끄덕거렸습니다. 둘은 3년 동안 바꿔 생활하기로 하고 사람들 몰래 서로 옷을 바꿔 입었습니다.

왕자가 된 거지소년은 신하들을 따라 궁전으로 돌아왔습니다. 그런데 돌아오자마자 앓아누웠습니다. 3일 동안 식음을 전폐하고 끙끙 거리기만 했습니다. 얼마나 아픈지 한마디도 말을 못합니다.

"어허! 우리 왕자가 바깥바람을 너무 쏘여 지독한 감기몸살이 들은 모양이군!"

왕은 걱정이었습니다. 대왕 대비마마 왕후마마, 대소신료가 매일같이 몰려와 간호하는 동안 영리한 거지 소년은 궁중법도宮中法道며 궁중사정을 죄다 익혀버렸습니다. 3일 후에 일어난 거지소년은 의젓한 왕자가 되어 신나게 궁중생활을 즐겼습니다.

'아, 행복하다 행복하다! 이게 꿈이냐 생시냐?'

왕자가 된 거지소년은 천상에 오른 듯 꿈같이 행복했습니다.

한편 거지소년이 된 왕자도 거지굴속에 처박혀 꿈쩍 않고 3일을 앓아누웠습니다. 부모형제 동무들이 달려와 위로해 주는 동안 영리한 왕자는 거지세계의 생리를 훤히 알게 됐습니다. 3일 후에 거뜬히 일어난 왕자거지는 익숙하게 거지생활을 시작합니다. 깡통을 두들겨 대며 문전걸식을 하면서 멋지게 품바타령을 불러댑니다.

"에헤이 에헤야. 작년에 왔던 각설이 죽지도 않고 또 왔네. 품바 품바 품바라 품바….”

밤이면 부잣집 닭장에 몰래 들어가 닭서리를 하여 친구들과 닭도리탕을 해먹는데 그게 의적 홍길동이라도 된 양 그렇게 재미있습니다. 거지 애들과 참외서리를 하다가 주인에게 붙들려 엉덩이가 터지도록 매를 맞았는데도 그게 그렇게 시원하기만 했습니다.

'아! 이게 인생이라구나! 아! 이게 행복이라구나!'

가난한 행복을 체험한 왕자는 눈물이 나도록 행복했습니다. 궁중에서 지낼 때보다도 더 행복했습니다. 왕자가 궁중에서 부귀영화를 누릴 때는 별로 행복하지 못했습니다. 권태롭기만 했습니다.

한편 궁중에서 왕자생활을 하는 거지는 엄청 행복했습니다. 거지 굴에서 거지생활을 할 때는 행복하지 못했는데 말입니다. 비참하기만 했었지요.

세상에는 두 가지 행복이 있나 봅니다. 부유한 행복과 가난한 행복입니다. 돈·명예·권세가 있는 부유한 행복이 여간 좋은 게 아닙니다. 그런데 부유한 행복은 아무나 누리는 게 아닙니다. 부자세습으로 김일성왕조를 계승한 김정일처럼 부모를 잘 만나야 합니다. 아니면 정주영 왕회장처럼 영웅호걸의 기상으로 타고나야 합니다. 또 설령 얻었다 해도 어느 땐가는 없어지게 마련입니다. 화무십일홍花無十日紅 권불십년權不十年이라고 했으니까요.

나는 부유한 행복이 없다고 낙심하지 맙시다. 나는 부유한 행복이 떠나가 버렸다고 몸부림치지 맙시다. 부유한 행복 말고 또 다른 행복이 있기 때문입니다. 그건 가난한 행복입니다. 가난한 행복은 마음만 먹으면 누구나 얻을 수 있습니다.

덮고 잘 이불만큼 작은 방만 있으면 됩니다. 굶지 않고 매일 세끼니만 먹을 수 있으면 됩니다. 연인이던 친구든 사랑을 나눌 수 있는 상대만 있으면 됩니다. 인생·철학·예술·영생을 대화할 수 있는 사랑을 말입니다.

가난한 행복은 부유한 행복에서는 체험하지 못한 인생과 철학과 아름다움이 있습니다. 가난한 행복은 부유한 행복보다도 더 아름답고 더 고차원적입니다. 가난이란 꼭 물질만을 가리키는 게 아닙니다. 억울함, 실패, 아픔, 늙음, 죽음, 약함, 돈 없음, 온유, 겸손 모두를 가난이라고 할 수 있습니다. 참 행복은 가난한 행복입니다. 가난한 행복은 한 떨기 들국화처럼 순수하고 아름답고 영생과 진리를 받아들일 수 있습니다. 동서고금의 현자들은 청빈낙도淸貧樂道를 즐거움의 으뜸으로 알았습니다. 가난한 자가 복이 있나니 천국이 저희 것이라고 예수님은 말씀했습니다.

약속된 3년이 훌쩍 지나가 버렸습니다. 왕자거지와 거지왕자는 서로 옛날의 원위치를 찾아가야 합니다.

"아바마마. 소자가 3년 전에 가봤던 민정시찰을 다시 한 번 다녀오고 싶사오니 윤허하여 주옵소서!"

"오! 왕자가 백성을 사랑하는 마음이 아주 깊구나. 이제 네가 곧 왕위에 오르게 됐으니 바깥세상에 나가 부지런히 백성들의 어려움을 살피고 오너라."

거지왕자는 만조백관을 거느리고 옛날 자기 집이 있는 거지마을로 돌아왔습니다. 거기에는 거지가 된 왕자가 땀을 뻘뻘 흘리면서 텃밭을 일구고 있었습니다. 왕자거지는 훌륭한 농사꾼 청년이 되어 있습니다.

거지왕자는 왕자거지를 불러내어 으슥한 곳으로 데리고 가서 서로 옷을 바꿔 입었습니다.

"왕자님! 고맙습니다. 저는 왕자님 덕분에 거지 주제에 3년 동안 꿈처럼 행복했던 궁궐생활을 즐겼습니다. 왕자님께서는 팔자에 없는 거지생활 하시느라고 얼마나 고생이 많으셨습니까?"

"아니요. 나는 거지생활 3년 동안 참으로 세상에서 가장 귀하고 값진 걸 배웠소. 궁중생활에서는 생각도 못한 인생과 철학을 체험하는 과정이었기에 나는 무척 행복했다오. 그건 가난한 행복이었소."

거지 옷을 벗어버린 왕자는 궁궐로 들어가 늙은 부왕을 이어 바로 임금 자리에 올랐습니다. 백성의 어려움을 잘 이해하는 성군이 된 건 물론입니다. 임금은 보위에 오르자마자 거지소년을 불러들여 정승자리에 앉혔습니다. 3년 동안 궁궐생활을 익힌 거지소년은 부지런하고 영리한 대신이 됐습니다.

거지왕자와 거지소년이 임금과 정승이 되어 손을 맞잡고 나라를 다스리니 그 나라는 크게 융성했습니다. 그 후로 두 사람은 두 번 다시 서로 옷을 바꿔 입지 않았다고 합니다. 이제는 왕자와 거지가 아니라 왕과 대신이 됐으니까요.

한국교회의 큰 별 강원용 목사

2006년은 한국개신교의 큰 별이 떨어진 해다. 지난 8월 17일 여해如海 강원용姜元龍 목사가 89세를 일기로 서거했기 때문이다. 제갈량이 죽자 오장원五長源 밤하늘에 큰 별이 떨어지고 삼국지를 읽던 나는 슬픔에 잠겨버렸다. 여해如海의 죽음은 나를 깊은 상념에 젖어버리게 한다. 강 전도사가 나를 처음 만나서 한말이 생각난다.

"이 목사님의 언행에서 풍기는 이미지가 강원용 목사와 비슷해요."

"강원용 목사를 큰 마귀元龍라고 싫어하는 강 전도사가 그런 말을 하니 나를 욕하는 셈이군."

그런데도 나는 싫지 않았다. 여해의 발가락만 닮아도 영광이기 때문이다. 여해는 나의 젊은 날의 우상이었다. 고 3때부터 경동교회에 다니면서 강 목사의 설교를 달달 외웠다. 외운 게 뭔가? 외운 것도 모자라 억양 체스추어까지 벤치마킹을 해서 방학이면 고향 시골교회로 내려와 설교를 했다. 할아버지 전도사의 구식설교를 듣던 시골교인들이 고등학생의 설교를 듣고 감탄 또 감탄이었다. 왜냐하면 내가 한 설교는 세계적인 설교가 강원용 목사의 명 설교였기 때문이다. 그런데 바보스럽게도 나는 내가 정말 설교를 잘 하는 줄 착각하고 신학교로 달려가 목사가 됐다.

1960년대에 고바우 만화가 김성환이 "한국인물 50인"을 그린 적이 있었다. 강원용 목사가 맨 앞에 나왔는데 성경책을 들고 있는 성직자가 아니라 칼과 방패를 든 무사의 모습이었다. 박정희시절 강 목사의 입에서 나오는 설교는 군사독재의 심장을 찔러대는 비수였다. 그런데 그는 공격일변도의 칼만이 아니라 정치라는 방패도 갖고 있었다. 전두환 시절 국정자문위원에 응하여 주변을 어리둥절하게 한 적이 있었다. 어용목사로 타락했다고 비난이 빗발쳤지만 여해는 담담했다.

"어느 날 전두환 국보위원장이 찾아와 넙죽 엎드려 큰절을 하더군… DJ의 목숨을 구하러 딱 한 번 국정자문회의에 참석했어… 내가 변절했다고 하지만 김대중 씨의 생명과 나의 명예를 맞바꾼 결단에 후회는 없어요."

군부세력이 득실거리는 호랑이굴에 단독으로 들어가 호랑이에게 잡혀있는 DJ를 구출해낸 게 여해였던 것이다. 여해가 없었다면 정권교체도 김대중 대통령도 가능했을까?

여해는 뉴욕 유니온신학교에 유학하여 세계적인 신학자 폴 틸리히과 라인홀드 니버를 만나 "Between & Beyond"(사이와 넘어)라는 대화의 신학을 배웠다. 그러나 여해의 일생을 지배한건 청년시절에 만난 몽양夢陽 여운형呂雲亨이다. 여해는 몽양의 웅변과 카리스마를 빼어 닮았다. 동양 제일의 웅변가요 쾌남아인 몽양은 승동교회에서 7년간 전도사 일을 하기도 했다. 조국의 독립을 위하여 중국의 손문, 미 국무성은 물론 일본군부와 소련의 레닌과도 대화를 나눈 몽양은 그릇이 큰 중도中道 통합론자統合論者였다.

8·15이후 해방정국解放政局에 두 명의 청년웅변가가 혜성처럼 등장하여 사자후를 토해내고 있었다. 한 사람은 몽양의 비서 강원용姜元龍이었고 다른 한 사람은 이승만 추종자 황성수黃聖秀였다. 황성수는 30대에 국회부의장이 되어 이승만의 후계자가 될 뻔 하다가 마카오 밀수에 걸려 퇴출당한다. 뒤늦게 목사가 됐지만 역사의 기억에서 사라진다. 강원용은 몽양이 암살당하자 정치를 떠나 성직자의 길을 걷지만 어느 정치가보다 영향력이 지대했다.

반독재 민주화에 앞장서고 크리스천 아카데미를 세워 대화를 설교했다. 여해의 대화는 기독교를 넘어 타종교는 물론 정치사회 전반을 상대했다. 김수환 추기경·성철스님을 비롯하여 한국의 종교인들이 모여 백가쟁명百家爭鳴을 벌일 때도 여해는 군계일학群鷄一鶴이었다. 여해가 일어나 입을 열면 청산유수처럼 흘러나오는 그의 지론에 압도당한 장내는 그저 묵묵부답默默不答이었기 때문이다.

일제강점기나 군사독재시절에는 일사각오一死覺悟를 외치는 순교자적인 성직자가 필요하다. 그러나 민주화 다변화된 디지털 시대에는 "Between & Beyond"를 이해 할 줄 아는 여해 같은 목사도 있어야 한다.

10월은 종교개혁의 달이다. 칼라일은 종교개혁자 루터를 "신앙의 용사"라 불렀다. 만화가 김성환은 여해를 "칼과 방패"로 무장한 용사로 그렸다. 여해가 갔다. 대륙의 정복자처럼 생긴 거인의 모습, 하늘을 울리는 봉황의 울음소리처럼 들리던 여해의 설교목소리가 그립다.

"큰 말이 가면 작은 말이 온다고, 여해가 갔으니 등촌이 나서야지."

젊은 시절 경동교회를 다니다가 목사가 되어 지금은 맨해튼에 살고 있는 해봉海峰의 농담.

"철부지 고교시절에는 곧잘 여해 설교 흉내를 냈지만 이제는 여해의 발가락 근처도 못 가겠는 걸…."

여해 강원용 목사의 설교를 듣던 경동교회시절이 그립다.(2006년)

오리지널 목사와 라이센스 목사

뉴저지에서 큰 교회로 알려진 모 교회에서 담임목사 배척운동이 일어났다. 목사의 죄목(?)이 특이했다. 유명목사의 설교를 도용했다는 것이다. 서울광성교회 김창인 목사 설교를 44건이나 도용했고 표절 폭로 후에도 이동원 목사 설교를 재차 도용했다고 한다. 냉면 싸움이 생각난다.

KBS TV프로 "원조를 찾아서"를 본적이 있다. 유명한 냉면쟁이들이 나와서 '나는 오리지널 평양냉면이요 너는 라이센스 평양냉면'이라고 우기면서 원조元祖를 다투고 있었다. 진짜냉면은 오리지널냉면 이어야 한다는 것이다. 냉면에 오리지널 냉면과 라이센스 냉면

이 있듯이 목사도 오리지널 목사와 라이센스 목사가 있는 것 같다.

오리지널 목사는 직접 하나님을 만나 권능을 받던가, 피눈물 나는 공부로 자아를 완성시켜 일가견을 이루려는 목사들이다. 잿밥을 외면하고 토굴암자에 틀어박혀 신령세계를 즐기는 고승이나 수도사들이 오리지널 목사와 비슷한 케이스일 게다. 일가견이 뚜렷한 한경직 목사, 강원용 목사, 조용기 목사가 대표적인 오리지널 목사들이다. 그런데 오리지널 목사는 위험부담이 많다. 득도得道에 성공하면 경천지동귀신驚天地動鬼神하는 권능을 받아 수만 신도를 거느리고 풍운조화를 일으키는 스타가 된다. 그러나 득도하지 못하면 처자식 먹여 살리기도 힘들 정도로 평생 가난뱅이 목사로 남는다.

라이센스 목사는 모로 가도 서울만 가면 그만이요 매가 아니라도 꿩만 잡으면 된다는 목사들이다. 그들은 신학교를 졸업하자마자 목회 성공사례만 쫓아 다닌다. 각종 세미나에서 설교비결, 성경비결, 전도비결을 배우는 건 기본이요 성공한 목사들의 음성, 표정, 손짓발짓, 기침소리까지 배운다. 대 교회 목사들의 설교집만 골라 읽는 데 한두 번 읽는 게 아니다. 안면이 지배를 철眼面 紙背 撤하도록 눈알이 빠질 정도로, 책이 달아 없어질 정도로 열 번이고 스무 번이고 내용을 달달 외울 때까지 읽고 또 읽는다. 흉내가 그럴 듯하면 라이센스 목사가 되는 것이다. 라이센스 목사만 되면 수백 명 교인 모으는 건 식은 죽 먹기요 흉내만 잘 내면 수만 명까지 긁어 모을 수 있다.

라디오에서 조용기 목사가 쌱쌱 소리를 내면서 설교하고 있었다.

"쌸랑하는 짜여 네 영혼이 짤댐가치 네가 뺌사예 짤데며 깡건 하기를 내가 깐구 하노라!"

'전보다 더 잘하시는구나. 기도를 많이 하신 모양이지?'

그런데 끝나고 보니 조용기 목사가 아니었다. 동생 J목사였다.

J목사는 흉내를 잘 낸 덕분에 이십여 개의 지교회를 거느리는 재벌목사가 됐다. 라이센스 목사로 성공한 케이스다.

 조용기 목사가 여의도에 수십만 명 모이는 순복음교회를 세우고 전국에 수많은 지교회를 운영하면서 교회 재벌시대를 열자 목사들은 너도나도 조용기 흉내를 내기 시작했다. 순복음파 목사들은 물론이요 장로교 목사들까지 조용기 흉내다. 부산의 모 장로교회 목사는 서울대학을 나오고 칼빈신학을 정통코스로 공부한 장로교 엘리트목사인데 완벽한 조용기 흉내로 교회를 크게 부흥시켰다. 칼빈이 지하에서 통곡할 일이다.

 어느 목사는 흉내로도 모자라서 예배시간에 조용기 비디오를 틀어놓는다. 비디오 드라마처럼 재미로 보나보다 했는데 그게 아니다. 비디오 앞에서 머리를 조아리며 기도하고 찬송하고 헌금을 하면서 아예 예배를 드리는 것이다. 구약의 모세가 그걸 봤다면 어쨌을까? 모르긴 몰라도 우상숭배에 해당하는 지옥감이라고 펄펄 뛰었을 것이다. 경상도 목사들이 경상도 출신인 조용기 목소리를 흉내 내는 건 그런 대로 이해가 간다. 그런데 사투리가 전혀 다른 충청도·전라도 심지어는 이북출신 목사들까지 조용기 흉내를 내는 건 해도 너무하다.

 모방은 창조의 시작이라고 했다. 목회초기에 성공한 목사들을 흉내 내는 건 그런대로 이해가 된다. 그러나 교인이 어느 정도 모여 먹고살기에 지장이 없으면 그때부터는 자기 목소리를 낼 줄 알아야 한다.

 P목사는 한경직 목사의 설교 흉내로 점수를 따서 영락교회의 후임목사가 될 수 있었다.

 "서울대 법대까지 나온 양반이 선임자 목사님의 흉내를 내는 건 아첨이 아닙니까?"

젊은 집사들이 항의하자 P목사는 영락없는 한경직 목사 음성으로 이렇게 말했다고 한다.

"나는 한 목사님의 흉-내도 낼 수 없을 정도로 턱-없이 부족한 사-람입네다. 한 목사님의 흉-내만이라도 제대로 낼-수 있다면 영-광이요 또 영-광이겠습네다."

감쪽같은 한 목사의 흉내로 크게 크레디트를 얻은 P 목사는 쉽게 당회장이 되는 데 성공했다. 그런데 몇 년이 지나 지위가 단단해 지자 P 목사는 슬그머니 자기목소리를 내기 시작했다. 그런데 그게 그만 괘심 죄에 걸려 쫓겨나고 말았다. 그는 쫓겨날 때 필마단기匹馬單騎로 삼십육계三十六計 줄행랑을 치지 않았다. 은밀히 자기를 따르는 신도들을 규합하여 일지군마一枝軍馬를 이끌고 나와 내친김에 자기 목소리로 모교회를 개척하여 크게 성공했다. 라이센스 목사가 오리지널 목사로 전향하기를 잘한 케이스인가? 장계취계將計取計에 능한 고도의 라이센스 목사인가?

60년대 초만 해도 시골교회는 목사가 부족했다. 방학 때면 나는 고등학교 학생복차림으로 어른예배 설교를 하곤 했는데 명설교로 인기가 대단했다. 그도 그럴 것이 내 설교는 강원용 목사의 설교였기 때문이다. 당시 지성과 비전 그리고 저항의 상징인 강원용 목사의 설교는 세계적으로 유명했었다. 나는 고등학교 때부터 열렬한 강원용 마니아라서 강원용 설교를 달달 외우고 다녔다. 성대와 제스추어까지 강원용을 빼어 닮은 완벽한 모방 설교를 했으니 시골 교인들이 감탄할 수밖에. 전도사 시절에는 나사렛의 강원용으로 날리다가(?) 대오각성하고 오리지널 목사의 길을 걷고 있다.

홍길동은 한사람으로 족하다. 홍길동 흉내를 내는 가짜 홍길동은 홍길동도 아니고 사람도 아니다. 홍길동의 주술에 불려 다니는 허깨비일 뿐이다. 조용기도 한 사람이면 족하다. 빤한 경기도 발음으로 쌕쌕거리며 조용기 흉내를 내는 목사들을 보면 강단에 서 있는 허수아비를 보는 것처럼 슬퍼진다.

　라이센스 목사 얘길 하다 보니 가슴이 답답하다. 한겨울이지만 뉴저지 평양냉면집을 찾아가 시원한 오리지널 평양냉면을 한 그릇 사먹었으면 좋겠다. 이 글을 읽는 독자들도 시원한 오리지널 냉면 한 그릇 사 잡수시고 말짱한 정신으로 당신교회 목사님의 설교를 들어 보셨으면 한다. 당신 교회 목사님은 오리지널 목사인지 라이센스 목사인지?　　　　　　　　　　　　　(2002년)

나무 베고 벙어리 된 목사

　나는 주역이나 풍수학을 읽어본 적이 없다. 그래도 웬만한 점쟁이나 지관보다 영험하다는 말을 듣는다. 2007년 정초에 버지니아에 부흥회 갔다가 수맥봉을 잡아본 적이 있었다. 그 교회 목사님은 10년 동안 풍수학을 연구했는데도 수맥봉이 말을 안 듣는다는 것이다. 그런데 나는 장난삼아 들고 있어도 수맥봉이 넓어졌다 줄어들었다 하면서 귀신같이 수맥을 알아맞히는 것이었다. 영안 영력이 있으면 목사도 저절로 가능한 것이다.

　서평택 안중 근처 길음리교회는 산 끝자락 끝에 교회가 서 있었다. 한눈에 봐도 용의 덩치 끝을 타고 앉은 형세였다. 양쪽으로 동네가 있었다.

　'터가 무척 세겠구나!'

　부흥회 첫날에는 철야기도 하던 학생들이 붙어버리는 난리를 치렀다. 셋째 날에는 자다가 소변을 보러 실외 화장실을 찾아가던 담임목사가 혼비백산을 했다. 교회 종탑위에서 연기가 꾸역꾸역 올라가는 게 보였기 때문이다. 아니 땐 굴뚝에 연기 나랴! 그 시간 교회 안에서는 교인들이 철야기도로 기도 불을 지피우고 있었던 것이다. 성령의 불이 임하면 손과 손이, 사람과 사람이 감전된 것처럼 붙어버린다. 벽에 붙기도 하고 나가떨어지기도 한다. 또 불이 보이던가. 연기가 보이기도 한다. 길음리교회는 집회기간에 성령역사가 강했다.

부흥회를 마친 토요일 아침 이계명 권사 댁으로 아침식사를 하러 가는데 그 집 앞에 아름드리나무가 장승처럼 버티고 서 있었다.

"김 목사님, 이 나무가 보통나무가 아니군요. 귀신나무 같소?"

"강사 목사님이 잘 보셨어요. 저도 이 나무속에 여자귀신들이 숨어 있는 꿈을 꾼 적이 있습니다."

나무를 노려보며 김 목사가 말했다.

아침 식사를 하면서 나는 권사에게 그 나무를 베어버리자고 했다. 교회 안 나가는 권사 남편이 펄쩍 뛰었다.

"아이고 목사님, 벼락 맞을 소리 마세요. 그 나무는 보통 나무가 아닙니다. 무당들의 떡을 먹고 사는 동네 수호신이랍니다. 베기는커녕 나무에 손만 대도 저주가 내리는 아주 영험 있는 나무라고요."

"그러기에 베어 버려야지요. 불신자에게는 수호신이 되지만 예수 믿는 권사님 댁에는 복이 들어오는 걸 문 앞에서 가로 막아버리는 저주의 나무랍니다. 이 나무를 베어버리면 무당들이 맥을 못 추고 그 대신 권사님 댁은 그저 대문만 활짝 열어놓고 있으면 저절로 복이 들어올 것입니다."

부흥강사의 개문만복래開門萬福來 설교를 듣자 권사 남편은 순순히 나무 베기를 허락했다. 그런데 어찌된 셈인지 부흥회 끝나고 열흘

이 넘도록 나무 베어 버렸다는 연락이 없다. 기막힌 사연이 벌어진 것이다.

김 목사가 교회청년들을 모아 벌목단伐木團을 만들고 나무를 베려 달려들었는데 어찌된 셈인지 톱질을 할 수가 없었다. 톱이나 도끼를 들기만 하면 별안간 설사가 나고 머리가 아프고 집에서 급한 연락이 오고 자꾸만 이런저런 일이 생겨나는 것이었다. 처음에는 무심하게 생각했다가 이게 나무가 요술 부리는 걸로 알게 되자 겁을 집어 먹고 모두 발을 빼버린 것이다. 그래서 못 베고 있다는 것이다.

나의 독촉을 받은 김 목사가 필마단기匹馬單騎로 덤벼들었다. 한나절 걸린 톱질 도끼질 끝에 드디어 나무가 쓰러져 버리고 말았다.

"아! 시원하게 베어버렸구나."

그런데 그 순간 이상한 일이 벌어졌다. 멀쩡하던 김 목사가 그만 벙어리가 돼버리고 만 것이다. 동네 사람들은 나무신의 저주가 내린 것이라고 수군거렸다.

하루가 지나고 며칠이 지나도 여전했다. 주일이 왔다. 벙어리가 된 채 주일을 맞이하는 김 목사의 심정은 참담했다.

'원수 마귀 모두 쫓겨 가기는 예수 이름 듣고 겁이 남이라는 찬송을 했는데 나는 나무귀신 하나 못 이기고 벙어리가 되다니! 오 하나님! 내 입은 벙어리 되어 한 마디도 할 수 없으나 당신은 내 마음의 기도 소리를 들이시겠지요? 오늘 주일 예배의 강단에 올라가 벙어리 설교라도 하겠습니다. 저를 지켜 주소서!'

강단에 오른 김 목사는 속으로 외쳤다. 나오든 말든 들리든 말든 전에 하던 대로 하리라.

'자 이제부터 주일예배를 시작하겠습니다. 다 같이 묵도합시다!'

안 들리지만 속으로 큰소리로 예배개회를 선언하면서 강대상 위에 있는 예배 종을 두드리려고 했다. 교인들의 눈에는 금붕어가 입을 벌리고 물 먹는 모습으로만 보일 뿐이었다. 그런데 땡! 소리가 울리는 순간 기적이 일어났다. 입이 열린 것이다. 황금종 소리에 하늘 문이 열리듯, 땡! 소리에 김 목사의 입이 열려 버린 것이다.

그날 주일예배는 자체 부흥회가 돼버렸다. 울고 웃고 성령을 체험하고 갖가지 은사가 충만했다.

그러자 길음리 동네에 이상한 일들이 벌어지기 시작했다. 무당들이 맥을 못 추고 사당이 절로 무너져 내렸다. 온 동네가 시름시름 앓기 시작하더니 교회로 몰려오기 시작했다.

"이 목사님, 부흥회 끝난 지 한 달 만에 꼭 갑절로 부흥됐습니다."

김 목사의 연락을 받고 나는 할 말을 잃어 버렸다.

'오 주여! 나도 벙어리 되게 하소서! 마귀를 이기고 권능이 내릴 때까지는 자랑도 불평도 삼켜버릴 수 있는 벙어리 목사 되게 하소서!'

용의 응치 끝에 매달려 마귀와 싸우던 길음리교회가 드디어 용을 정복해버린 것이다. 전설의 고향에 나오는 신화가 아니다. 1980년대에 있었던 이야기다. 28년 전을 회상하면서 이 글을 쓰고 있는데 멀리 샌프란시스코에서 김종철 목사의 전화가 걸려왔다.

"형님! 미국여행 마치고 한국으로 떠나기 전에 전화 드립니다. 제가 서울 연서천교회로 옮겼어요. 언제 오셔서 또 한 번 벙어리 되게 해주세요." (2006년)

송장안수기도

80년대 초였다. 선배 황원효 목사님이 신학교에서 설교하다 쓰러져 그대로 가버렸다. 20여 명의 목사들이 서울대병원 영안실로 찾아가 목사님의 시신을 집으로 옮겼다. 아직 40대의 한창인데 약 한 첩 진찰 한 번 받아볼 겨를도 없이 졸지에 가버리다니! 너무 억울했나 보다. 슬피 울던 사모님들이 나를 보더니 느닷없이 송장수기도를 해달라고 요청하는 것이었다.

"사모님, 별의별 안수기도를 다 해 봤지만 송장 안수기도는 경험이 없습니다."

내가 펄쩍 뛰자 선배목사 한 분이 당부했다.

"이 목사, 예수님도 나사로 살리셨고 바울도 죽은 청년 기도하여 살아나게 했으니 한 번 해봐요."

'나사로는 3일 동안 무덤 속에 있었지만 황 목사님의 시신은 병원 냉동실에서 24시간 동안 동태처럼 꽁꽁 얼어붙어 버렸는데?'

주위의 권유에 못 이겨 억지춘향으로 송장 안수기도 예배를 인도했다.

"목사님들은 시신을 가운데 두고 둘러앉아 '이 기쁜 소식'을 반복으로 찬송해 주십시오. 그리고 통성으로 합심 기도한 후 안수 하겠습니다."

찬송부터 어려웠다. 초상집에서는 '며칠 후 며칠 후 요단강 건너가 만나리'를 불러야 하는데 '이 기쁜 소식을 온 세상 전하세'를 하니 기쁠 리가 없고 찬송소리도 영 안 나왔다. 이 찬송은 손뼉을 쳐가면서 연거푸 서너 번을 불러야 은혜가 내리게 마련이다. 20여 명의 목사들은 울며 겨자 먹기로 손뼉을 쳐대면서 악을 쓰며 찬송했다. 네 번째 가서야 겨우 찬송소리가 힘을 얻기 시작했다. 초상집에서 이상한 찬송소리가 나자 지나가는 사람들이 빈정거렸다.

"예수쟁이들 참 한심하구나. 젊은 목사 죽은 게 뭐가 기쁘다고 이 기쁜 소식을 온 세상 전하세인가? 혹시 머리가 약간 돈 이단들 아냐?"

합심 통성기도를 하면서 나는 황 목사님 시신의 머리와 가슴에 손을 얹고 안수기도를 시작했다. 아무리 부르짖고 힘을 써도 헛바람만 날 뿐 기도가 되질 않는다. 영은 영에게 통하는 법이다. 신령 기쁨 은혜와 감사가 있으면 기도가 절로 나오면서 내 속에서 능력이 나가는 걸 알게 된다. 그러나 불신 문제 병을 상대로 기도할 때에는 방해의 영이 작용하여 여간 힘든 게 아니다. 더구나 죽은 송장을 붙들고 기도하는 데 방해의 영이 얼마나 강하게 역사할 것인가? 아무리 애써도 기도가 안 돼 지쳐 버렸다.

'에라! 끝내 버리자.'

송장의 가슴에 얹은 손을 떼려고 살며시 손을 들으려는 순간이었다. 손끝으로 이상한 신호가 오기 시작하는 것이었다. 송장의 가슴이 벌컥벌컥 뛰기 시작한 것이다.

'……?'

내가 잘 못 들었나? 정신을 가다듬어 봐도 분명히 송장의 가슴이 뛰고 있었다. 신기했지만 어떻게 해야 좋을지 몰라 망설이다가 기도 시간이 흘러가 버리고 말았다. 예배를 끝내고 목사님들과 이 얘기 저 얘기를 나누는데 내 속에서는 송장 가슴 뛰던 생각 뿐이었다. 혹시 내가 환각으로 잘못 들었는지도 모른다. 나는 남이 모르게 슬며시 송장의 손을 쥐어 봤다. 그런데 이게 웬일인가? 그 순간 "드르렁 드르렁" 이번에는 코고는 소리가 들려오는 것이었다. 분명 송장이 잠자면서 코고는 소리였다. 시험 삼아 손을 떼면 코고는 소리가 뚝 끊여지고 손을 대면 다시 송장의 코고는 소리가 들리는 것이었다. 깨우면 되겠구나!

"황 목사님, 일어나세요!"

나는 외치기로 했다. 그런데 목구멍까지 잘 올라온 그 소리가 입 안에서 뱅뱅 돌다가 그만 스톱해 버리는 것이었다. 송장이 살아나지 못하면 얼마나 망신이냐는 생각이 들었기 때문이다. 코고는 소리는 분명한데 일어나라고 깨워 볼까 말까를 수없이 반복하다가 그만 주저앉고 말았다.

일들을 끝내고 헤어지는데 마음이 답답하여 가까운 목사들과 다방으로 갔다. 내 얘길 들은 그들은 깜짝 놀라는 것이었다.

"이 목사님! 하나님이 황 목사님을 살려 내시려고 심장 맥박이 뛰게 하시고 잠자는 지경까지 회복해 놓으신 거예요. 목사님이 황 목사님 일어나세요! 한 마디만 하면 잠든 애 일어나듯 죽은 황 목사님이 벌떡 일어나 살아나셨을 거예요."

"이 사람들아, 그랬다가 만약 황 목사님이 안살아 난다면 얼마나 망신인가?"

"아이고 목사님도, 송장은 어차피 죽은 사람인데 죽은 황 목사님 안 살아난다 해도 밑져야 본 전 아니겠어요?"

"&@*??"

황금 찬스를 놓쳐 버린 나의 송장 안수기도는 그렇게 해프닝으로 끝나 버렸지만 나는 그 때 몇 가지 사실을 알게 됐다. 예수님은 죽은 자 살리기를 잠자는 애 깨우듯 하신다는 것이다. 그래서 죽은 야이로의 딸에게 소녀야 일어나라!(달리다굼) 하니 금방 살아났다. 또 사람이 죽으면 육체는 송장이 되고 영혼은 낙원에서 쉬지만 부활 천국시절이 오면 영육이 깨어 일어나 영광체로 부활한다는 사실이다. 마지막으로 이는 나에게 아주 중요한 일인데 세계적인 영권자가 되려면 죽은 송장 몇 명 정도는 살려낼 수 있는 권능을 받아야 한다는 것이다. 엘리야 엘리사가 그랬고 바울 베드로도 그랬으니까.

　나의 송장 안수기도 실력은 겨우 코고는 정도이니 이래저래 나는 아직 돌팔이 목사일 뿐이다.

팔복산의 악령들

　팔복산 기도원을 향하여 부산에서 출발한 자동차는 즐거움이 넘쳐흘렀다. 팔복산은 밀양 읍에 있는 600미터 높이의 화악산華嶽山인데 여름에도 얼음이 어는 얼음골이 있어 유명하다. 산중턱에 오르면 땅에서 김이 모락모락 올라오고 있는 웅덩이를 만난다. 그곳에는 한여름인데도 얼음덩이가 수북이 쌓여있다. 그 웅덩이 옆을 통과하면서 화악산 계곡을 흐르는 골짜기가 얼음골이다. 얼음골을 흐르고 있는 물은 신기하게도 날씨가 더울수록 더 차갑다. 흐르는 물 속에 발을 담그고 있으면 한여름의 무더위가 순식간에 달아나 버렸고 3분만 지나면 전신이 얼어붙는 듯 하다. 얼음골 흐르는 물에 한 시간쯤 수박을 담가뒀다가 꺼내 먹으면 천하에 그렇게 시원한 피서가 없다.

　얼음골 상류에 팔복산 기도원을 세우자 사람들은 화악산을 아예 팔복산으로 불렀다. 팔복산에서 은혜도 받고 얼음골에서 피서도 하면 얼마나 좋은가? 팔복산 가는 길옆으로 밀양강이 흐르고 밀양강 따라가다 보면 영남루를 만나게 된다. 고려 공민왕이 밀양 절경을 노래하려고 지었다는 영남루에 올라 고려 향가를 읊고 밀양 아리랑을 부르면 얼마나 멋진가?

1977년 내가 부산에서 목회하고 있을 때였다. 40일 금식기도를 한 부흥사 중심으로 부산복음선교회를 만들었는데 나는 35살짜리 막내였다. 그때 나는 두주일 후에 있을 천안 성거산기도원 교단연합집회 강사진으로 뽑혀 답답해 하고 있었다. 부흥회 경험이 별로 없었기 때문이다. 마침 산 기도를 떠나는 복음선교회팀에 끼어 팔복산 기도원으로 준비기도차 가게 됐다.

선교회 전용차를 탄 5명의 목사들은 소풍가는 어린애들처럼 즐겁기만 했다. 부산을 벗어나 신나게 산길을 달리는데 갑자기 병아리만한 꿩 새끼 5마리가 도로 위로 나타났다. 그대로 놔두면 차바퀴에 치일 판이다. 저걸 어쩌나! 하는데 어디선가 어미 꿩이 나타나 새끼들을 급히 도로 아래로 모는 것이었다. 그런데 그때 운전하는 목사가 어미 꿩과 새끼 꿩을 한꺼번에 잡겠다는 심보로 억세게 액셀을 밟아버렸다. 순간 퍼덕! 소리가 나면서 어미 꿩은 차바퀴에 깔려 죽어 나가 자빠져 버렸고 새끼들은 그 사이를 뚫고 용케 빠져나가 살아날 수 있었다.

목사들은 꿩을 잡았다고 좋아하는데 나는 우울하기만 했다.

'불길한 징조로다. 뱀에게 칭칭 감긴 꿩을 선비가 구해줘 장원급제 했다는 전설의 고향 같은 이야기가 있었지. 새끼들을 구하려고 차 앞으로 뛰어든 어미 꿩을 목사들이 잔인하게 죽여 버렸으니 이를 어쩐담.'

아니나 다를까? 얼마 안가 비가 억수로 내리더니 뻔한 길을 헤매이기 시작했다. 버스를 타도 1시간 30분이면 가는 길을 자가용으로 5시간 넘게 걸렸다. 밤늦게 겨우 얼음골로 들어섰다. 얼음골부터는 차를 타고 가는 게 아니라 밀고 가야 했다. 낑낑거리며 차를 밀고 있는데 어둠속에 숨어있는 얼음골 계곡에서 별안간 음습한 일진광풍이 올라오더니 내 등을 후려치는 것이었다.

'아하! 이 골짜기에 마귀 역사가 세구나!'

나도 모르게 소름이 끼쳐왔다. 악전고투 끝에 올라온 팔복산 기도원은 형편없었다. 8복은커녕 어느 것 한 가지 제대로 된 게 없었다. 원장 혼자서 폐가처럼 쓸쓸한 기도원을 홀로 지키고 있었다. 8년 전 기도원을 짓고 해마다 산상부흥회를 열었다고 한다. 첫해에는 400명이 모이더니 다음 해 부터는 200명, 100명, 40명으로 해마다 줄어들어 부흥회 그만 둔 지도 4년이 됐다고 한다. 다음주간에 산상집회를 하기로 했는데 몇 십 명이나 모여 줄지 태산 같은 걱정을 하고 있었다.

기도원 자리에는 원래 고려시대 큰절이 있었다고 한다. 주위 경관이 아름다웠다. 기암절벽이 얼음골 좌우로 늘어서 있고 크고 작은 폭포가 밤에도 천둥소리를 내며 흐르고 있었다. 폭포가 떨어지는 곳마다 손바닥만 한 호수가 떠있는데 그중 50평짜리 용지연龍池淵이 장관이었다. 수심을 알 수 없을 정도로 깊은 용지연은 물 속을 들여다보면 볼수록 물이 푸르고 맑아 보였다. 용이 살다가 승천하였다 하여 용지연이라 했다.

"아하! 이곳이 바로 손오공이 원숭이 시절에 뛰어들어 바다용궁으로 통했던 화과산의 바위호수 같은 곳이라구나. 손오공은 그때 용궁에서 여의봉을 얻어 제천대성이 되었다지!"

내가 손오공을 흉내내어 물 가운데로 헤엄쳐 나가는데 원장이 뒤에서 소리쳐 만류했다.

"목사님 위험합니다. 여기서 많은 사람이 수영하다 죽었어요. 이상하게도 목사님 장로님 자녀들이 많이 죽었답니다."

그 말을 들으니 깊고 푸른 물이 죽음의 아가리처럼 무섭게 보였다.

이틀째 날이었다. 밤 12시에 우리는 금식중인 한 명을 빼놓고 철야기도를 하러 얼음골 골짜기로 나갔다. 금식 중인 목사는 되레 가지 말라고 말렸다. 골짜기 위로 70미터 길이의 다리가 건너가고 있었다. 다음주간 산상집회를 그 다리위에서 한다고 한다.

목사들이 둥글게 다리 위에 모였다. 나는 호젓하게 기도하고 싶어 멀리 떨어져 혼자 무릎을 꿇었다. "주여" 소리 삼창 후 부르짖어 기도하기로 했는데 주여 소리가 들리지 않았다. 어찌된 셈인지 모두가 모포를 뒤집어 쓴 채 죽은 듯 엎드려 있기만 했다.

'나 혼자 부르짖자.'

두 손을 쳐들고 주여!를 외치려는데 이게 웬일인가? 팔이 갑자기 천근만근으로 무거워 지면서 올라가지 않는 것이었다. 한참 버둥거린 끝에 겨우 팔을 올렸는데 이번에는 입이 떨어지질 않았다. 그래도 억지로 주여!를 부르짖었는데 주여 소리를 듣고 뭔가 달려오는 게 있었다. 검은 구름 같은 힘이 덮쳐버릴 듯 몰려오더니 구름 속에서 갖가지 형상의 마귀가 나타나 내 목을 누르기 시작했다.

'아하! 이놈들 때문에 목사들이 기도를 못하고 있구나. 그리고 이놈들이 기도원을 장악하여 사람이 안모이게 하고 물에 빠져죽게 하는구나. 내 성령검으로 대결하리라!'

나는 높이 쳐들고 기도하던 손을 성령검으로 사용하여 마귀의 목이며 허리를 단칼에 잘라버렸다. 그러나 잘려도 잘려도 다시 붙는 손오공의 머리처럼 마귀는 죽여도 죽여도 다시 살아나기만 했다. 사천대왕, 중의화상, 물에 빠져죽은 귀신하며 얼음골의 악령들이 총출동하여 악머구리처럼 달려드는데 싸워도 싸워도 중과부적이었다. 퍼뜩 지혜가 떠올랐다. 옳지, 성령 검으로 울타리를 만들어 팔복산을 둘러 버리자.

두 손을 칼처럼 높이 세우고 주여! 소리를 외치자 금빛 검 한 자루가 팔복산 주위에 꽂이는 것이었다. 주여! 금빛 성령검. 주여! 금빛 성령검… 무려 30분 동안 마귀와 싸우면서 서울운동장 둘레만한 넓이로 성령검을 꽂고 또 꽂았다. 마지막 한 개를 꽂아 버리자 캄캄한 서울운동장에 야간조명이 들어오듯 얼음골 주위가 별안간 황금빛으로 환해지는 것이었다. 그러자 마귀도 검은 구름도 연기처럼 사라져 버리고 승리의 기쁨이 솟구쳐 올라왔다. 그 순간이었다. 날 잡아 잡수하고 엎드려있던 목사들이 여름철의 개구리들처럼 일어나 할렐루야를 외치며 힘차게 기도의 문을 열기 시작했다.

후에 안 일이지만 금식 기도하던 목사님이 본 환상대로였다. 목사들이 다리 위에서 엎드려 있는데 칼을 든 마귀가 나타나 목사들의 목을 뎅강뎅강 잘라 자루에 담더라는 것이다. 환상이지만 너무나 끔찍하여 내용은 이야기 하지 못하고 그저 밤 기도가지 말라고 말리기만 했던 것이다.

산 기도를 끝내고 부산으로 돌아가기 전에 원장을 찾았다.

"장로님, 다음 주간 팔복산 기도원집회에 사람이 많이 모이고 큰 은혜가 내릴 것입니다"

"웬 걸요. 하도 안모여서 그만 둔 지도 4년이나 된 걸요."

"그게 다 팔복산의 악령들 때문입니다. 얼음골에 숨어있는 악령들이 방해하는 바람에 목사·장로 자녀들이 골라가며 폭포수 물에 빠져 죽고 기도원 부흥이 안 된 겁니다. 어젯밤에 우리들이 마귀를 물리치고 팔복산을 성령검으로 울타리를 만들어 두르는 기도를 했습니다. 두고 보십시오."

2주일 후에 나는 성거산 연합집회 연합강사로 나갔다. 천 명 넘게 모였다. 목회자들만 70명이 참석했다. 70년대의 군소교단 노회급 집회로는 적지 않은 수였다. 영계靈界의 거물 이강산 목사와 계시록의 달인 김두환 목사 틈에 낀 나는 부흥회를 고작 2번 인도해본 35살짜리 애송이었다. 그런데 부흥회 기간 내내 신비한 향기가 나를 감싸고 있었다. 어설프게 설교하는데도 청중들은 물결치듯 몸을 흔들어 대면서 아멘을 하는 것이었다. 설교 끝에 목사님들을 불러내어 함께 안수기도를 실시하는데 내가 손을 머리에 얹기만 하면 사람들은 감전된 듯 쓸어져 버리곤 했다. 신유 은사자 캐드린쿨만이 말한 "성령의 베임" 역사가 일어난 것이다. 나는 그 후로 부흥사가 되어 이강산 목사처럼 전국을 누비며 이 강산 저 강산으로 집회를 인도하러 다니기 시작했다.

부흥회가 끝나고 부산으로 오니 팔복산 기도원에서 만난 사람이 찾아왔다.

"팔복산 집회에 몇 명이 모였습니까?"

"800명이요."

"목사님은요?"

"70명이 참석 했어요"

대단한 역사다. 나의 성거산 집회와 비슷한 은혜가 팔복산에도 내린 것이다.

진실의 고향에서 만난 여인

"목사님, 그녀는 참 불가사의한 여인입니다. 그녀는 제가 새벽 2시에 글을 쓰는 일까지 모든 걸 귀신같이 알아맞히는 거예요. 섬직했습니다. 저에게 글을 배우겠다고 해서 만나봤는데 아무래도 안 되겠다 싶어 영적 방면에 능한 이목사님에게 인계(?)하기로 했어요."

그렇게 해서 걸려온 그녀의 전화에 당황하기는 나도 마찬가지였다. 오랜만에 만난 연인처럼 그리움이 가득한 목소리였기 때문이다.

"제 이름은 서미령이지만 집안에서는 어렸을 때 마고라 불렀어요. 마고는 불란서 공주의 이름이지요. 아버지는 서울의 M호텔과 전국에 수많은 부동산을 소유한 갑부였어요. 1998년 아버지가 돌아가시자 수천억이 넘는 유산을 관리하던 친척들이 가로채 버렸습니다. 이를 해결하겠다고 한국에 나간 남동생은 청부깡패들을 만나 불에 탄 채 살해당했습니다. 어머니도 한국에 가시자 충격으로 돌아가셨구요. 한국에 가기만 하면 족족 죽는 거예요. 저도 한국에 갔다 생명의 위협을 받고 미국으로 돌아 왔어요. 모든 게 처참하게 박살나 버려 5년 동안 죽음보다 고통스러운 시간에 갇혀 몸부림치고 있는데 어느 날 마고부인麻姑婦人이 저를 찾아와 이런 말을 했어요. '내가 너를 만나기 위해 만년을 걸려 날라 왔다. 너는 이제 마고가 된다.' 마고부인麻姑婦人은 모계사회母系社會시절의 여왕이요 우리 민족의 어머니인 할미신이지요. 만년을 날고 날아서 찾아온 마고부인을 만나는 순간 시간과 공간이 꿰뚫어 보이고 모든 걸 용서 할수 있는 평안과 힘이 솟아나오는 거예요"

무당의 신접 비슷한 이야기였다. 그녀는 헤어졌던 그리움을 다시 찾은 듯 나를 만나보고 싶어 했다. 만나보고 싶은 건 나도 마찬가지였다. 통화를 계속하면서 그녀의 불행을 이해하다보니 연민이 생겼기 때문이다. 얼마나 처절하게 망했을까? 얼마나 불행한 모습일까? 나는 풍비박산으로 폐허가 된 거지소굴을 찾아가는 심정으로 차를 몰았다.

맨해튼을 지나 조지워싱턴 브릿지를 건너자 그녀가 사는 뉴저지

클로스터로 가는 길이 나왔다. 단풍이 붉게 물든 뉴저지의 숲속길이 아름다웠다. 그녀의 집이 가까워오자 나는 드라큐라 도성을 찾아가는 목사 피터카우싱처럼 갑자기 두려움이 몰려왔다. 혼자서 들어갔다가 신접한 여인이 귀신으로 돌변하면 어쩌지? 귀신 영화 좋아하는 아내를 데리고 오는 건데! 주저하는 마음과는 달리 나의 애마愛馬 렉서스는 어느새 그녀의 집 앞에 멈춰버렸다.

그런데 놀라운 광경이 눈앞에 전개됐다. 고풍스런 이층집이 눈앞에 서 있는 것이다. 차고에는 두 대의 벤즈가 빛나고 있었다. 다 망해버린 줄 알고 왔는데 이게 웬일인가? 벨을 누르자 어깨에 가운을 걸친 미녀가 나타났다. 모나리자의 미소를 닮은 여인이었다. 바이올린과 그림을 공부하고 무용과 승마로 균형 잡힌 국제사이즈의 미인이었다. 어깨 너머로 물결치며 늘어진 머리카락에는 촉촉이 물기가 젖어 있었다. 푸른 바다에서 올라온 인어처럼 싱싱하고 아름다웠다. 목욕을 하는데 벨소리가 들려 알몸에 가운을 걸치고 뛰어나온 것이다.

미녀는 나를 보자마자 바닥에 엎드려 큰절을 올렸다. 나도 맞절을 해야 하나? 그러면 신랑신부가 맞절을 하는 구식 결혼식이 돼버릴 텐데? 당황하고 있는데 그녀가 달려들어 포옹을 했다. 향기로운 여인의체취가 확! 가슴에 안겨왔다.

"전화를 걸때 들려오는 목사님의 음성이 분신처럼 느껴왔어요. 처음 만나 뵙지만 잃어버린 그리움을 만나는 것처럼 반가워요."

응접실이 아름다웠다. 집 구경을 하는척하면서 나는 집안 어딘가에 숨어있을지도 모르는 귀신을 찾아내려고 은밀히 내공內攻의 수사를 벌렸다. 무당 집이나 절간에 가보면 금방 귀신이 있는 곳을 알게 된다. 집에 들어가 눈을 감고 묵상하거나 소리 내어 기도해보면 더 쉽게 귀신이 나타난다.

그런데 그녀의 집에는 귀신 증후군症候群이 하나도 없다. 찬송을 부르고 그녀의 머리에 손을 얹고 안수기도를 해봐도 이상무異狀無. 보통 귀신들린 자에게 안수기도를 하면 귀신이 보이던가 기도 받는 자가 고통을 느끼던가 한다. 마고에게는 그런 게 없었다. 무서움 없이 평안하기만 했다.

"나사렛 예수 이름으로 명하노니 미령의 부모와 동생을 죽이고 4대에 걸친 재산을 빼앗고 미령이 마저 죽이려고 하는 더러운 귀신아! 너는 이 집에서 썩 나가거라!"

나는 단단히 준비하고 왔는데, 그럴 필요가 없어진 것이다. 신접하거나 마귀가 역사하면 세상일이 싫어지고 귀신흉내만 내다가 망하게 마련이다. 그런데 그녀는 성공적인 건강식품 사업가다. 그녀의 몸에서는 좋은 에너지가 나오고 있었다. 그래서 그녀는 좋은 집과 좋은 차를 갖고 열심히 살고 있다.

기독교 이외의 영적 현상은 모두 마귀역사로 싸잡아 판단해왔던 나는 그녀를 통해서 놀라운 사실을 발견했다. 마귀역사가 아니라도 인간의 영력만 개발하면 얼마든지 초능력이 가능하다는 사실이다. 미령이는 부모와 동생을 잃고 수천억의 재산을 잃었다. 그녀가 누리던 사랑 재산 기쁨 행복 등 땅과 육신에 속했던 모든 것이 뱀의 껍질을 벗겨 버리듯, 살을 도려내고 뼈만 남기듯 육과 혼을 모두 갈기갈기 찢어 벗겨버렸다. 덩그러니 영만 남았다. 그러자 그녀의 영이 살아난 것이다. 그래서 그녀는 만년전의 사람과도, 죽은 사람의 영과도 교신을 체험하고 좌경천리가 가능해진 것이다. 만 년 전의 할미신 마고가 찾아와 그녀에게 영력을 주었다고 그녀는 믿고 있었다. 그러나 내가 보기에는 재산과 가정을 잃어버리자 그녀의 영이 살아나 과거와 미래를 만날 수 있는 영권자가 됐다고 생각한다.

집안에는 초대대한민국 체육회장을 역임한 할아버지와 박정희의 측근으로 정부요직을 지낸 아버지의 사진이 영정처럼 놓여있었다. 장안의 미녀로 이름을 날리셨던 어머니와 죽은 남동생의 모습도 사진으로 남아있었다. 아래층에는 피아노 바이올린 거문고 나팔 장구와 북을 비롯한 동서양의 악기들이 진열돼 있었다. 그녀는 만능 예술인이었다. 미녀가 용을 타고 날라 다니는 그림이 눈에 띄었다.

"이건 마고가 그린 것 같은데…."

내가 중얼거리자 그녀가 설명했다.

"맞아요. 내가 두 번 용을 만나 용의 등을 타고 다녔어요. 지금 선생님이 앉아 있는 이 집 내실에서 그리고 제주도 호텔에서 용을 타고 날라 다닌 적이 있어요. 그걸 제가 직접 그린 거예요. 믿거나 말거나 이겠지만 나에게는 분명히 일어난 일이에요."

그녀의 말처럼 믿거나 말거나.

"목사님, 떠나시기 전에 어머니 좀 뵙고 가실래요?"

뒤뜰에는 작은 정원이 있었다. 대나무와 과실수들이 철을 따라 꽃을 피고 열매를 맺는 미니정원이었다. 들어가는 문門, 나가는 문門이 있는 산문山門이 귀엽다. 한국지도를 닮은 연못에 연꽃이 피어있어 연지당蓮池堂이라 했다. 연지당정원에는 골분을 묻은 그녀의 어머니의 묘가 있었다. 평분인데 할미꽃 무덤처럼 잔잔해 보였다. 묵념. 묵념을 끝내고 집을 나왔다. 조지워싱턴 브릿지를 건너 뉴욕으로 차를 모는데 그녀의 시詩가 떠올랐다. 어머니를 그리워하면서 연지당에서 하늘에 쓴 "하늘비"란 시를.

하늘비

소록소록 꽃비처럼
가을비 오시는 날
어머니 잠들어 누운

연지당蓮池堂 정원에 앉아
하늘을 바라 보네

어머니 가신 하늘
거기 계신 어머니
오묘한 어여쁨에
말을 잃어버린 채

그 모습 놓칠 세라
숨죽이고 고요히
사랑을 나누네

하늘 보고 있으면
내가 하늘 되고
하늘 내가 되어
그냥 이대로 살거나

달콤한 그대 향기
혀 속에 가득하고
부드러운 그대 손
내 마음 씻어주니
내 어이 신선이 부러울 거나
인간으로 태어나
하늘과 어버이의
큰 사랑 입었으니
그 감사함에
몸 둘 바를 모르노라.

　　　　　　　　　　　뉴저지 연지당 정원에서
　　　　　　　　　　　　　　　서 마고

망자亡者의 혼령을 만난 목사

"여보, 당신이 중앙일보에 쓴 칼럼 '전설의 고향에 사는 여인'을 읽은 목사님들 중에 당신을 귀신 들린 목사로 보는 이들이 있는 모양이에요."

인터넷에 올라와 있는 댓글을 아내가 본 모양이다. "전설의 고향에 사는 여인"은 친척에게 4천 억이 넘는 재산을 빼앗긴 호텔 재벌 상속녀 서미령의 이야기다. 재산과 더불어 남동생과 어머니를 잃고 절망을 헤매던 미령은 만년 전 모계사회母系社會의 할미 신神 마고麻姑를 만나 서마고가 된다. 그녀는 나를 영적 대가大家인줄 알고 잘 따른다. 뉴저지에서 생활하고 있지만 지금도 전설의 고향에서 사는 여인이다.

"그래, 그렇다면 이번에는 진짜로 '사자死者의 혼령을 만난 목사' 이야기를 써야겠군. 그러면 대교회 목사님들이 놀라 자빠질 껄."

"아니, 그러면 당신이 이참에 아예 나이트메어목사의 길로 나설 작정이에요?"

"천만에! 드라큘라 영화도 무서워하는 나 같은 겁쟁이가 어떻게 감히 밤마다 공동묘지를 찾아가 죽은 자의 혼령을 만날 수 있겠어? 나는 망자의 혼령을 끌어 낼만한 교령술交靈術이 없어요."

그러면 죽은 자의 혼령과 만나는 목사는 누굴까? 한국교회 목사님들이 그를 안다면 당장 이단으로 파문하여 지옥으로 던져 버릴 텐데. 그는 이단으로 몰리고 있는 문선명 김기동 이재록이 아니다. 놀랍게도 한국의 대형교회목사님들이 사부님으로 모시는 목사다.

한국의 대형교회들은 하나같이 조용기 목사의 "적극적 사고"를 목회에 적용하여 교회를 부흥시켰다. 그런데 조용기 목사에게 적극적 사고를 가르쳐준 사부師父는 로버트 슐러 목사요 로버트 슐러 목사의 사부는 노만 빈세트 필 목사다. 족보로 따지면 노만 빈세트 필목사는 한국 대형교회의 아버지가 되는 셈이다. "크리스천 다이제스트"의 발행인이기도 했던 필은 100수를 누리다가 몇 해 전에 별세했다. 그는 적극적 사고를 교회부흥에 접목시켜 맨해튼에 대형교회를 세운 적극적 사고의 원조다. 그런데 놀랍게도 필은 죽은 자의 혼령과 대화를 나누는 목사였다.

괴로움에 뒤척이며 잠 못 이루던 필 목사는 울적한 심정으로 공원 숲속을 걷고 있었다. 그때 달빛이 조요히 흐르는 나무사이로 웬 노인부부가 걸어오고 있었다. 놀랍게도 20년 전에 죽은 아버지 어머니다.

"오! 아버지 어머니."

필 목사가 수천 군중 앞에서 강연을 하고 있었다. 입구 쪽에 있는 문이 갑자기 열리더니 왕진 가방을 든 의사가 들어오고 있다. 의사로 일하다가 60세에 죽은 동생이었다. 필은 연설하다 말고 뛰어 내려가 동생을 부둥켜 안고 통곡한다.

"사랑하는 아우야! 네가 왔구나."

전설의 고향에 나오는 이야기가 아니다. 한국어로 번역된 필의 자서전에서 내가 읽은 대목이다. 필 목사의 저서를 교회부흥의 교과서로 알고 달달 외우고 있는 한국의 대형교회목사들이 이를 안 읽었을 리 만무하다. 그런데 왜 목사들이 그 책을 읽고도 모른 척 할까? 필을 죽은 자의 혼령과 만나는 목사로 인정했다가는 이단으로 몰려 교인들이 모두 달아나 버릴까봐 겁이 나기 때문이다.

한국교회의 귀신 알레르기는 가히 병적이다. 귀신이야기만 하면 이단으로 몰린다. 귀신이야기는 성경 곳곳에 숨어있다. 예수님은 귀신 쫓아내는 전문가다. 제자들에게는 귀신을 쫓아내는 권능을 주셨다. 그런데 한국교회는 귀신이야기만 나오면 펄쩍 뛴다. 영적으로 무지하기 때문이다.

영靈도 천사도 부인하는 사두개파처럼 한국교회는 세속적인 축복과 교인 늘리기 부흥에만 전념한다. 어떻게든지 교회를 성장시켜 헌금 잘 내는 교인만 많이 긁어모으면 부흥이요, 은혜다. 부흥되는 교회를 가보면 설교와 찬양이 순전히 감동 위주다. 영과 진리가 아니라 조용필 쇼의 감동과 비슷하다. 예수의 영을 받아 내적 자유자가 되는 게 크리스천이다. 그런데 한국교회는 교인을 교회의 도그마로 꽉 붙잡아 두어 교회에만 충성하게 한다. 그건 자유롭게 하는 예수의 영이 아니라 교회의 노예 만들기다. 부흥되지 않아도 영으로 예배하는 교회를 나는 고집한다.

얼마 전 뉴저지의 어느 장로집에서 하룻밤을 잔일이 있었다. 방이 열 개나 되는 호텔처럼 으리으리한 대저택이었다. 눕자마자 코를 고는 게 내 잠버릇인데 눈만 감으면 귀신이 달려들어 잠을 잘 수가 없었다.

'집터가 무척 쎄구나!'

일어나 무릎을 꿇었다. 20분 동안 성령의 화염검으로 그 집을 둘러버리고 귀신을 쫓아내는 기도를 하고나서 단잠에 푹 빠져 버렸다. 다음날 아침 주인 여 집사에게 물어봤다.

"전에 집사님께서는 사업가로부터 이 집을 샀다고 말씀하셨지요. 그런데 잠을 자보니 보통집이 아니던데요."

"사실은 이 집이 장 보살로 유명한 점쟁이 장 여사 집이었어요. 그걸 우리가 산 거지요."

아하! 이 집이 천하에 유명한 장 보살 집이였었구나. 그래서 귀신들이 득실거렸구나! 내가 비로소 간밤 애길 하자 그녀는 놀라며 머리를 갸웃거렸다.

"목사님, 그런데 이상해요. 우리 집은 주의 종들이 단골로 주무시는 집이예요. 유명 부흥강사님들, 한국에서 오시는 대형교회 목사님들의 단골 숙소예요. 우리교회에 부흥회 오시면 꼭 이 집에서 주무셨는데 이제까지 한 분도 그런 말씀 하신 적이 없는 걸요. 어젯밤만 해도 자마(Jama) 집회 강사로 7명의 목사님들이 오셨는데 모두 잘만 주무시던데요?"

"영도 천사도 모르고 세속적인 성공에만 눈먼 사두개파 목사들이 그런 걸 볼 리 없지요."

나는 그렇게 말해주고 싶었지만 꾹 참았다. (2004년)

뉴라이트 목사님들

"한국에서는 뉴라이트가 결성되어 전국으로 확대되고 있다는데 뉴라이트가 뭐예요?"

아내가 물었다.

"글쎄, 빈민 선교자 김진홍 목사가 회장인걸 보면 너희는 세상의 빛(라이트)이 되라는 성경말씀을 실천하는 구제운동이겠지."

"그런데 왜 그곳에 박근혜·이명박·손학규를 비롯한 보수 정객들이 새까맣게 몰려 있을까요?"

"그래요? 그럼 신문을 읽어봐야겠네."

나는 놀랐다. 수호지에 보면 풍류를 즐기는 강상의 호걸들이 모인 곳으로 알고 찾아간 양산박이 도둑놈들의 소굴인 걸 알고 송강이 놀란다. 뉴라이트의 실체를 알고 놀랐다. 나는 뉴라이트가 대교회 목사들이 앞장선 새로운 빈민운동 사랑나누기운동인 줄 알았는데 그게 아니었다. 뉴라이트는 정치운동이었다. 뉴라이트의 라이트는 Light(빛)가 아니라 Right(오른쪽)였다. 뉴라이트는 좌우로 편 가르기 하자는 있는 자들의 수구守舊운동이였다.

지금 한국을 망치고 있는 건 좌우 편 가르기다. 노무현쪽 사람들은 한나라당을 친일 군사독재의 극단적인 보수원흉으로 밀어부친다. 염라대왕이 살생부를 만들어 한 사람 씩 한 사람 씩 지옥으로 끌어내리듯 그들은 친일파 인명사전을 만들어 야당 보수진영을 아예 뿌리째 뽑아 버리려고 작심한 듯하다. 한나라당쪽 사람들은 열린 우리당 정부를 친북 좌파 빨간 정부로 몰지 못해 안달이다. 그래서 친북발언을 한 강정구 교수사건을 노 정권과 연계하여 규탄하고 대북지원을 빨갱이 돕기라고 비난한다.

공산당이 망한 지금 세상에 좌우는 없다. 실용주의만 있을 뿐이다. 한국만 좌우대립이다. 아내가 궁금해 한다.

"실용주의 시대라면 왜 한국의 보수주의자들이 뉴라이트 운동을 일으켜 갈등을 부추길까요?"

"여당이 참패한 10.26보선에서 한국인들에게 빨갱이 알레르기가 심하다는 걸 한나라당이 확인했기 때문이지요. 그래서 열린 우리당을 더욱 빨갱이 좌파로 밀어붙여 다가오는 총선과 대선에서 승리하겠다는 거겠지."

"그렇다면 정치인이 아닌 목사들이 왜 우르르 몰렸을까요? 김진홍 목사는 아예 회장이요 여의도의 J목사 망우리의 K목사를 비롯하여 잘 나가는 한국의 대형교회 목사들이 구름처럼 몰려오고 있대요. 다른 목사는 몰라도 뉴레프트의 선봉장인 김진홍 목사가 뉴라이트 회장이 된 건 가룟 유다의 배신만큼 이해가 안 되네요. 김진홍 목사는 빈민운동을 하던 대표적인 뉴레프트였으니까요."

김진홍 목사는 빈민목회를 시작한 대표적인 뉴레프트다. 교회 이름도 의적 홍길동의 "활빈당"을 흉내 내어 "활빈교회"다. 그는 행려병자, 거지, 넝마주이 청계천의 철거민을 이끌고 내 고향 평택 남양만으로 내려와 간척지에 집단농장 두레마을을 세웠다. 젖소들이 뛰놀고 황금들판이 넘실대는 이상촌을 세우겠다는 두레마을운동은 매스컴의 각광을 받아 세계로 퍼져나갔다.

중국연변, 북한, 나성, 얼바니를 비롯하여 세계 도처에 두레마을을 세웠다. 내가 사는 뉴욕에서 3시간을 운전하면 얼바니 두레마을이 있다. 나는 여러 번 얼바니의 두레마을을 찾아가 봤다. 한국에 갈 때면 남양만 두레마을을 찾았다. 그러나 두레마을들은 거의 실패해버렸다. 김용기의 가나안 농군학교는 김용기 장로 스스로 땀 흘려 땅을 파고 씨를 뿌렸기에 옥토로 번창할 수 있었다. 그러나 김진홍 목사의 두레마을은 그러질 못했다.

두레마을이 매스컴을 타자 하루아침에 유명인사가 된 김진홍 목사는 비행기로 전 세계를 누비며 강연을 다니느라 너무 바빴다. 두레마을을 지상낙원으로 알고 찾아온 자원 봉사자들만이 열심을 냈지만 나중에는 열이 식어졌다. 신앙촌의 전도관 신도들처럼 보수가 형편없는 노동을 하다가 슬금슬금 떨어져 나가버렸다. 그러니 실패할 수밖에. 두레마을은 꽹과리 소리만내고 만 것이다. 그런데 두레마을은 망해버렸어도 김진홍 목사는 망하지 않했다. 두레마을의 명성을 업고 김진홍 목사는 수천 명이 모이는 대형교회를 세울 수 있었기 때문이다. 그것도 가난한 청계천 철거민이 아니라 부자들이 몰려 사는 서울의 신흥타운에다 말이다. 뉴레프트(빈민운동가 목사)에서 뉴라이트(신흥부자 목사)로 변신하는데 성공한 것이다.

나에게서 뉴라이트 수업강의를 잘 받은 아내가 모범 답안지를 내놨다.

"정치인, 기업인 교수들은 뉴라이트를 해도 목사는 뉴라이트 하면 안 되겠네요. 목사는 가난한 자 편에 서서 세상의 라이트(빛)가 돼야지요. 목사마저 뉴라이트 하면 빨갱이 세상이 되고 말거예요. 돈 많고 부패한 제정(帝政) 러시아 교회가 권력과 결탁하여 부귀영화를 누리는 바람에 코민테른이 생겨나 소련 공산국가가 된 것처럼 말예요. 당신은 절대 뉴라이트 하면 안돼요."

"뉴라이트 목사는 아무나 하나. 최소한 수천 명 이상 모이는 교회 목사라야만 자격이 있다고. 난 영원한 뉴레프트 목사야."

목사와 정치

"여보, 지난번 뉴욕교회에서 있었던 서울시장 이명박 장로 환영만찬에 뉴욕 뉴저지 목사님들이 구름같이 몰려들었더군요. 그런데 왜 당신은 안 갔어요?"

"서울시장이 대통령 보다 높지 못한 것처럼 장로가 목사보다 높을 수야 없지. 장로가 목사에게 달려와야지 목사들이 장로에게 달려가는 법이 어디 있소? 그래서 안 갔소."

"에이그, 이명박 장로가 보통 장로인가요? 대통령에 당선되어 장로대통령 각하가 될지 모르는 정치장로님이라 목사님들이 달려가는 거라구요."

"아하! 그렇구나. 그래서 할렐루야 뉴욕전도대회에는 보통 400명의 목사님들이 참석하는데 이명박 장로 환영만찬에는 500명 넘게 참석했구나!"

나는 아내의 정치적 안목에 놀랐다. 아니 뉴욕에 사는 목사님들의 높은 정치적 안목에 놀랐다.

이명박 시장은 고사하고 김대중 대통령이 뉴욕에 왔을 때도 나는 안 갔다. 뉴라이트 회장 김진홍 목사가 뉴욕에 와도, 박세직 장로가 뉴욕을 방문해도 모른 체 했다.

"이 목사님은 '오직 예수'요 주님만 바라보는 성직자라서 그럴까?"

그건 아니다. 옛날엔 안 그랬다. 젊은 목사시절 나는 열심히 야당집회를 따라다녔다. 야당 중에도 강경파인 동교동을 좋아했다. 그래서 우리교단 목사들 사이에 내 별명이 "동교동"이다. 1974년 10월 전북 익산 시골에서 목회 할 때는 장준하 함석헌집회를 기획했다가 그 주간에 10월 유신이 발표되는 바람에 중단하기도 했다.

DJ가 사형언도를 받고 곤경에 처해있을 때는 새벽마다 기도했다. 동교동을 찾아 간 적도 있었다. 대통령선거에서 YS에게 패한 DJ가 영국으로 건너가 둔전(屯田)을 하고 있을 때는 위로의 편지를 교류하기도 했다.

그런데 막상 DJ가 대통령에 당선되고 민주화가 성공하자 나는 동교동 근처에 얼씬도 안 했다. 아내가 이상해 했다.

"DJ가 대통령에 당선되어 망명지인 뉴욕에 금의환향했다고 뉴욕 목사님들이 몰려가 환영입니다. 그런데 맹렬 DJ팬인 당신은 왜 모른 체하고 있어요?"

"군사독재시절이야 긴급조치가 무서워 찾아가는 목사님들이 없어서 나 같은 사람이라도 찾아간 것이지요. 외롭게 핍박받는 DJ에게 접근하기를 모두들 꺼려했으니까요. 그러나 대통령이 된 DJ에게는 그를 환영하고 싶어 하는 목사님들이 차고 넘치는데 뭣 하러 내가 그런 자리에 끼겠어요?"

민주화가 되고나자 한국 목사님들의 정치의식이 아주 높아진 것 같다. 군부독재시절에는 대통령에게 한마디도 못하던 대형교회 목사님들이 지금은 대통령규탄에 여간 용감한 게 아니다. 여의도의 J목사 망우리의 K목사 강남의 K목사를 비롯하여 수만 명이 모이는 대형교회 목사들의 반정부 설교는 야당 대변인 수준이다.

김진홍 목사는 뉴라이트를 만들어 아예 한나라당의 우군으로 깃발을 올렸다. 독재정부시절 김진홍 목사는 청계천 빈민구제에 앞장섰던 뉴 레프트(New Left)의 기수였다. 그런 그가 빈민구제로 명성을 얻어 서울부자촌의 대형교회 목사로 성공하자 잽싸게 뉴라이트 목사로 변신해버린 것이다.

목사와 정치는 어떤 게 좋은가? 목사는 정치에 참여하여야 하는가?

나는 이렇게 생각한다. 목사가 정치에 관여할 때가 있고 관여하지 않을 때가 있다고 본다.

첫째, 독재시절에는 목사가 정치를 해야 한다.

독재시절에는 정치가 불법이다. 야당도 언론도 탄압이 무서워 침묵일 뿐 정치를 하지 못한다. 그런 때는 목사라도 들고 일어나 반독재 민주화투쟁을 벌여줘야 한다. 그래서 독재에 시달리는 국민들에게 빛과 소금이 돼줘야 한다. 그래야 국민들이 위로를 받고 민주주의를 포기하지 않는다. 박정희 정권시절에 목사와 신부가 민주화운동에 앞장선 건 잘 한일이다. 일제시절 33인의 반을 넘게 차지한 개신교목사들이 3·1운동을 주동한건 아주 잘한 정치참여다.

둘째, 민주화가 됐으면 목사는 정치를 하지 말아야 한다.

민주화가 되고나니 한국은 너도 나도 정치참여다. 학교선생님들이 전교조를 만들어 정치교사로 나서는 바람에 학교교육이 병들어가고 있다. 정치노조 때문에 한국의 기업은 몸살이다. 정치바람을 탄 농민들도 소를 끌고 서울로 올라와 쇠똥 데모를 벌인다. 민주화가 되니 학교 선생님도 공장 아가씨들도 시골 농사꾼아저씨도 아니 우수마발牛溲馬勃까지도 정치데모다. 심지어 미국 이민 와서 살기에 투표권도 없는 뉴욕 한인사회까지 본국 정치참여로 열을 올린다.

한국은 지금 정치과잉 정치공해로 혼란에 빠져있다. 그런 마당에 목사님들까지 뉴라이트에 앞장설 필요가 있을까? 민주화 시절에는 정치가 차고 넘치기 때문에 구태여 목사들까지 정치에 끼어들 필요가 없다고 생각한다.

그 대신 나는 새벽마다 몰래 이런 정치기도를 한다.

"하나님, 금년 조국 대통령선거에 국민들이 좋은 대통령을 뽑을 수 있게 해주세요. 임기 내에 통일이 이루어지고, 젊은이들의 일자리, 서민들의 주택문제, 자녀들의 사교육비를 해결할 수 있는 대통령을 뽑아 주십시오. 같은 값이면 크리스천 대통령이 나와 이승만 장로, 김영삼 장로가 실추시킨 크리스천 대통령의 명예를 회복하게 해주세요. 아멘."

그런데 어느 날 내 기도를 엿들은 아내가 항의다.

"여보, 목사가 정치 참여 안하기로 했으면 안 해야지, 왜 정치기도는 하는 거요? 정치기도도 불법이에요, 불법!"

"알았어."

그래도 나는 아내가 없을 때는 몰래 정치기도를 한다.

(2005년)

제2장
눈으로 보는 성령

A급 성령은 Alcol 성령이다. 부흥회 때 은혜 받더니 죽을 때까지 성령 충만하여 내가 매일 기쁘게다. 원래가 빼갈에 한번 취하면 깨어나지를 못한다.
B급 성령은 Beer 성령이다. 부흥회 때 은혜 받아 새벽기도 하더니 한 달 지나자 술이 깬 맥주병으로 돌아가 버렸다. "그게 그런 거지 뭐! 새벽기도 빠이 빠이."
C급 성령은 Cola 성령이다. 원래 가뭄에 콩 나듯 교회 나오는 교인이다.

물에 빠진 생쥐
-성령의 물

수만 명이 모이는 대형교회라도 성령이 안계시면 인간의 군중심리만 작용할 뿐이다. 몇십 명이 모이는 소형교회라도 성령이 계시면 그게 참 교회다. 해마다 열리는 "뉴욕 할렐루야대회"는 한국대형교회의 일류강사가 인도하는 대형집회다. 그런데 성령이 기름으로 임하는 걸 본 집회는 이만신 목사가 인도할 때 뿐이었다. 성령은사 아홉 가지, 성령 열매 아홉 가지인 것처럼 성령임재를 알 수 있게 하는 성령 상징도 아홉 가지다.

성령 상징 아홉 가지는 물(요 4:14) 불(행 2:3) 바람(행 2:2) 비(호 6:3) 기름(요일 2:27) 비둘기(요 1:32) 술(행 2:13) 인印(고후 1:12) 보증(고후 1:12)이다.

꿈이나 생시나 기도 중에 위에서 말한 상징을 만나면 성령의 임재로 알고 영접해야 한다. 모세가 호렙산을 오르다가 가시떨기나무에 불이 붙은 걸 봤다.

"산불이겠지!"

하고 그냥 가버렸다면 하나님은

"이 멍청한 녀석아 내가 너에게 권능 주려고 성령불로 임재 했는데 산불로 알고 그냥 가버려? 그럼 나도 그냥 가버리마."

권능도 출애굽도 없었을 것이다. 그런데 모세가 확인하려고 덤벼들다

"모세야 모세야."

부르는 하나님음성을 듣고는

"아하! 이게 산불이 아니라 성령불이구나!"

알아차리고 무릎을 꿇었다. 그제서야 하나님은 권능을 주셨던 것이다. 성령의 상징 이해는 그래서 중요하다.

나는 아무런 준비도 없이 40일 금식기도를 시작했다. 지금이야 금식기도 안내 책자도 흔하고 금식 전문 기관도 있지만 1974년은 그렇지를 못했다. 나는 무조건 먹지 않으면서 기도하면 되는 줄 알았다. 물도 되도록 안 마셔야 효력이 높을 것으로 생각했다. 그래서 아주 견딜 수 없을 때 가뭄에 콩 나듯 어쩌다가 물을 마셨다.

일주일까지는 수월했다. 일주일 후부터는 밤에 잠이 제대로 오지 않아 하루가 천년처럼 길어지더니 3일 혹은 5일 간격으로 고통스런 고비가 찾아오곤 했다. 15일째부터는 입술이 타들어가고 얼굴과 몸이 까맣게 변색되기 시작했다. 20일째 되는 날은 하루도 견딜 수 없을 것처럼 괴로웠다. 고통 중에 목이 말랐다. 부엌에 나가 물을 마셔야지. 꼼짝하기 힘든 몸을 겨우 일으켜 문을 열었다. 그런데 부엌으로 나가다가 그만 마루 아래로 굴러 떨어지면서 의식을 잃어버렸다. 얼마나 지났을까? 사람들이 길을 걸어가면서 두런두런 거리는 소리가 희미하게 들려왔다. 내가 사는 목사관은 울타리가 없는 시골 길가 집이었다.

'목사가 금식기도 하다가 쓰러진 걸 지나가던 사람들이 보면 어쩌나?'

부끄러운 생각이 들어 얼른 일어나려고 발버둥쳐 봤으나 몸은 꼼짝도 안 해 줬다. 얼음판에 나뒹그러진 송아지처럼 눈만 멀뚱거렸다. 넘어지면서 머리를 돌에 부딪치는 바람에 피가 흐르고 있었다. 그런데 이상한 건 손가락 하나 움직일 힘이 없는데도 마음은 말할 수 없이 편안했다. 그렇게 괴롭혀 오던 금식의 고통도 전혀 없었다. 누워서 보이는 주변이 모두 평화롭고 아름다워 보였다. 아! 죽음의 평화가 이런 거로구나. 그리고 나는 이대로 죽어가는 거로구나!

 그런데 그 순간 한 살짜리 딸 진명이의 얼굴이 떠오르는 것이었다. 돌이 안 돼 아직 말을 못하는 진명이가 포도송이 같은 입술을 옴지락거리며 웃을 듯 울 듯 하는 눈빛으로 나를 보고 있었다. 금식기도 시작하는 날 아내는 딸애를 업고 서울로 가서 40일을 기다리고 있었던 것이다. 딸애의 얼굴이 스쳐가는 순간, 나는 살아야겠다는 강렬한 생각이 들었다.

 "진명아!"

 나는 딸애 이름을 부르면서 결사적으로 뒤척이다가 가까스로 몸을 뒤집어 엉금엉금 방안으로 기어 들어갔다.

 "하나님! 부엌으로 물 마시러 가다가 이 지경이 됐습니다. 생수를 주십시오. 세상 물은 안 되더라도 하나님의 생수는 괜찮지 않습니까? 엘리야처럼 나에게도 생수를 주십시오."

 울면서 한참 기도하고 있는데 그 때 어떤 손이 하얀 플라스틱 바가지를 내 눈 앞으로 내밀고 있었다. 우유와 오렌지를 섞은 듯한 뽀얀 음료수가 가득 담겨 있었다. 나는 앞뒤 안 가리고 단숨에 꿀꺽꿀꺽 마셔버렸다. 몸에 생기가 돌자 곧바로 후회가 됐다.

 '아! 물도 안 마시는 건데 우유 오렌지를 마셨으니, 그렇게 되면 금식은 도로 아미타불이 아닌가?'

 그러자 그 순간 그 손도 플라스틱 바가지도 사라져버리고 말았다. 이게 꿈인가 생시인가?

 그런데 그때부터 체내에 이상한 현상이 일어나기 시작했다. 머리가 상쾌해지고 피곤이 싹 가셔버렸다. 몸이 거뜬하고 힘이 넘쳐났다. 기쁨과 힘이 속에서 샘솟 듯 터져 나오기 시작했다. 그렇다면 꿈은 아니다. 성령의 물을 마신 것이다. 예수님께서 사마리아 여인에게 약속했던 성령의 생수를 마신 것이다.

성령의 물을 마시자 금식기도가 아주 수월해졌다. 새벽마다 울면서 부르짖었다. 새벽기도, 주일예배, 수요일 예배인도가 거뜬해졌다. 어찌나 머리가 명석해지는지 40일 금식기도 나머지 20일간에 10권의 책을 읽었다. 20일 사이에 무려 10권을 읽은 셈이다.

이남호 선생이 찾아와 동방박사 같은 얘길 했다. 60이 넘은 이 선생은 교회는 안 나오지만 30대 목사와 우국충정을 나눌 줄 아는 호남의 호족선비였다.

"목사님의 얼굴에 붉고 신비한 광채가 있습니다. 사람의 색깔이 완전히 달라졌어요. 전에는 그런 적이 없었는데 요즘 무슨 좋은 일이라도 있으셨나요?"

그 양반은 내가 금식기도 하는 게 아니라 보약을 먹고 있는 줄 짐작한 모양이다. 금식기간에 몇 번 더 성령의 물을 마셨다. 그런데 사람은 물만 먹고 살 수 없는 모양이다. 아무리 성령의 생수를 체험했어도 40일 금식은 힘들고 고통스러웠다.

"하나님 금붕어처럼 물만 먹고 살 수 없습니다. 광야에 메추라기를 주시듯, 엘리야에게 천사가 고기를 공급하듯 나에게 고기를 주십시오."

몇 시간 동안 고기를 달라고 떼를 쓰고 졸라댔다. 그러나 아무리 기도해도 메추라기는커녕 참새 새끼 한 마리 날라 오지 않았다.

"에라! 그런 기도는 그만하자."

그런데 기도를 끝내고 보니 내 배가 불러있었다. 배 속에 커다란 통닭 한마리가 통째로 들어가 있는 것처럼 가득하게 느껴졌다. 나는 금식하면서 허리에 역도 벨트를 매고 있었는데 너무 배가 불러서 벨트를 느슨하게 풀어야 했다. 며칠 동안 고기 먹은 것처럼 든든했다. 천사가 고기를 공급했던 것이다. 엘리야에게 고기를 공급했던 천사가 나에게 고기를 공급했다고 나는 지금도 믿고 있다.

나는 그 일 후 사막처럼 메마른 인생길을 걸어가면서 종종 성령의 생수를 체험하곤 한다. 견디다 못해 쓰러질 때가 있다. 차라리 죽음이 그리워진다. 기도할 힘조차 없다. 그냥 두어 시간쯤 엎드려 있다. 그럴 때면 소리 없이 물그릇이 나타난다. 어느 때는 커피 잔 만하게, 어느 때는 바가지 가득하게 물이 고여 있다. 그러면 마실 것도 없이 생기가 돌고 힘이 터져 나와 산을 옮길 것 같은 믿음으로 부르짖고 감격한다.

물은 물이다. 성령의 상징 아홉 가지 중에 물로 나타나는 성령의 역사가 있는데 그건 물로 보인다. 성령도 체험하지 못한 백색白色의 신학자들이 히브리어가 어떻고 헬라어가 어쩌고 하면서 성령의 물을 설명하려고 애쓰는데 이는 무식한 얘기다. 물은 해석할 것도 없이 물이기 때문이다.

'산은 산이요 물은 물이로다.'

중들도 물을 아는데 목사가 물을 몰라서야 말이 되는가?

광야를 헤매던 엘리야가 로뎀나무 아래서 마신 물은 성령의 생수였다. 쫓겨난 하갈과 이스마엘 모자가 물 없는 광야에서 하나님의 음성을 듣고 마신 물도 성령의 생수였다. 사마리아 우물가의 여인에게 예수님이 약속한 생수도 성령의 물이었다. 성령의 물은 두 가지로 나타난다.

첫째, 마시는 물로 나타난다. 기도 중에 말씀 중에 물그릇이 보이면 성령의 물인 줄 믿어라. 성령의 물은 죽어가는 사람을 살리는 치료의 능력이다. 더러운 병마를 깨끗이 씻어낸다. 아내를 서울에 두고 혼자서 익산 시골 첫 목회지에 내려갔다. 서옥길 권찰이 밥을 해주는 데 먹기가 힘들었다.

그분은 대학생 출신 엘리트와 결혼 했는데 남편이 6·25때 빨갱이 활동을 하다가 맞아죽었다. 첫 남편이 맞을 때 그녀도 심하게 매를 맞아 코가 일그러지고 그때 그녀는 심하게 매를 맞아 코가 일그러지고 썩어서 심한 축농증을 앓고 있었다. 전주 예수병원에 가봤으나 이마까지 썩어 수술할 수가 없었다. 그런 서 권찰이 밥상을 들고 오면 축농증 썩은 냄새가 방안을 진동했다. 밥을 먹기가 역겨웠다. 혼자 해먹겠다고 사정해도 막무가내였다. 서 권찰이 미워 견딜 수 없었다. 6개월 후에 아내가 합류했지만 서 권찰은 여전히 미워했다. 내가 40일 금식기도를 끝내고 철야기도를 하는데 교회 안에 축농증 냄새가 코를 찔렀다. 금식으로 쇠약해진 목사를 위해 서 권찰이 철야 기도하러 온 것이다. 나는 그녀를 내쫓아버릴 작정으로 안수기도를 해줬다.

"예수 이름으로 명하노니 서옥길 권찰을 괴롭히는 축농증 마귀는 물러가거라. 딸아 안심하고 집으로 돌아갈지어다."

그녀는 울면서 돌아갔다. 그런데 잠시 후에 또 축농증 냄새가 진동했다. 되돌아온 것이다. 나는 다시 내려가 기도하여 보냈다. 그러면 그녀는 울고 나갔다가 또 돌아왔다. 막을 도리가 없었다. 축농증 냄새 때문에 기도도 제대로 못하고 기분만 상해있는데 새벽에 음성이 들려왔다.

'이놈아 서옥길 권사는 너를 위해 눈물로 철야기도를 하려는데 너는 축농증 냄새 난다고 기도를 빙자해 쫓아내려고 했지. 네가 한번 축농증 걸려 볼 테냐?'

나는 내려가 서옥길 권찰을 껴안고 뒹굴면서 눈물로 범벅이가 된 채 안수기도를 했다. 점심때 그녀가 찾아왔는데 신기하여라. 축농증 냄새가 아닌 향수 냄새가 가득했기 때문이다.

"목사님, 새벽에 안수기도 받고 걸어가는데 머리에서 발끝까지, 몸 안에서 폭포수처럼 물이 떨어져 흘러내리는 거예요. 걸어가도 방안에 누워있어도 부엌에서 불을 때는 데도 말예요. 한나절 동안 그러더니 축농증이 깨끗이 사라져버렸어요. 못난이 남편 미워하던 마음도, 부자 미워하던 마음도 사라져 버렸고요."

둘째, 성령의 물은 수돗물 세탁물 혹은 냇가의 물로 보이기도 한다. 이런 경우 성령의 물은 죄악을 씻어내는 역할을 한다. 회개기도를 하고 '용서해 주신 줄 믿습니다' 했는데 얼마 후에 또 그 짓을 한다. 죄가 그대로 있기 때문이다. 또 엎드려 괴로워하는데 이번에는 목욕탕이 보이고 빨래하는 환상이 자꾸 보인다. 성령의 물로 더러운 죄를 흰 눈처럼 씻어 주신 것이다.

부흥강사가 설교하는데 강단 위에 맑은 호수가 보이고 팔뚝만큼 한 잉어가 뛰어 오른다. 하늘나라에만 생명 강이 있는 게 아니다. 성령이 물처럼 임하여 생수의 강이 넘쳐흐르면 우리도 물을 만난 잉어처럼 솟구쳐 오를 때가 있는 법이다.

교회에 불이 났어요
-성령의 불

박 대통령이 시해당한 다음해 다음해에 나는 부산에서 서울 영천교회로 목회지를 옮겼다. 영천교회는 한국 나사렛교회의 모 교회였다. 서대문 형무소 땅을 잡아먹고 서있는 영천교회는 마귀 역사가 대단했다. 혼자서 밤 기도하기가 힘들었다. 유난히 목회자 가족들이 자주 수난을 당하는 징크스가 있는 교회였다. 나도 그곳에서 목회하는 중 내 생애 가장 잔인한 시련을 당하고 미국으로 피난(?) 왔다. 내가 소설가로 등단한 것도 그때의 아픔 때문일 것이다. 6·25 전만 해도 교회 뒷마당을 쓸다보면 형무소에서 처형된 사형수들의 해골이 불거져 나오곤 했다고 한다. 억울하게 죽은 형무소귀신들 때문에 삼살 방이라도 됐다는 말인가?

영적으로 해결해 보려고 팔을 걷어 붙였다. 솔로몬의 일천제단을 흉내 내어 24시간 40일 릴레이기도를 밀고 나갔다. 그래도 안 되자 40일 철야기도 대작전을 벌였다. 별로 많지도 않은 교인들을 데리고 80일이 걸리는 기도의 대장정을 이끌다보니 선봉을 서는 목사는 파김치가 돼버렸다. 40일 철야기간에는 일체의 부흥회 요청을 거절하기도 했다.

40일 철야기도가 끝나고 그 다음주간에 동광교회에서 부흥회를 인도했다. 부흥회 마지막 날 금요일 밤이었다. 설교 전에 엎드려 기도하는데 교인들로 가득 찬 뒷자리에서 불이 터지는 듯한 느낌이 들어왔다. 퍼뜩 계시 같은 생각이 들었다.

'성령불이 내리는가 보다!'

기도를 중단하고 의자에 앉아 살펴봤다. 이 구석 저 구석에서 번쩍번쩍 꼭 사진기의 셔터에서 라이트 터지듯 불꽃이 터지고 있었다. 수류탄처럼 강하게 터질 때는 교인들이 놀라 어쩔 줄을 몰라 했다. 한두 번도 아니고 무려 수십 번이나 그랬다.

'아아! 성령불이다! 성령이 불로 임하시는구나!'

외치고 싶었다. 그러나 성령불이라고 했다가 만약 사진촬영이면 얼마나 개망신일까? 백문이 불여일견百聞不如一見이라 했지만 만에 하나 잘못 봤을지 몰라 우물쭈물 할 수밖에 없었다.

나는 성경을 읽으면서도 광야의 불기둥은 구약시대 이야기요, 갈멜산에서 엘리야가 내린 불도 옛날이니까 그랬겠지 생각하고 있었다.

오류동에서 개척하던 목회 초기에 이런 일이 있었다. 한번은 소사의 전도관파들이 성령불 앨범을 갖고 왔었다. 박태선 집회시에 성령불이 내리는 장면을 촬영하여 만든 사진첩이었다. 나는 완강하게 부인했다. 지금은 평신도 운동가로 유명해진 김경래 장로가 당시 경향신문 기자였는데 그는 맹렬하게 박태선 이단캠페인을 벌이고 있었다. 전도관의 성령불 사진은 조작사진이라고 폭로(?)한 김경래 기자의 기사를 나는 철석같이 믿고 있었던 것이다.

그런데 내가 부흥회를 인도하는데 내 눈앞에 성령불이 나타난 것이다. 터지기도 하고 튀기도 하고 퍼지기도 하면서 부흥회장에 불이 내린 것이다. 그날 밤은 얼마나 성령이 충만했던지 은혜의 도가니였다. 성령불만 아니라 성령기름도 충만했다. 안수기도를 하는데 어찌나 향취가 강했던지 숨이 막힐 지경이었다. 숨이 턱턱 막혀와서 교인 사이를 헤집고 다니기가 힘들었다. 그런데도 나는 하나님께 영광을 돌리지 못하고 꿀 먹은 벙어리처럼 속으로 끙끙거리기만 했던 것이다.

다음 주간 구로구에 있는 밀알감리교회에서 집회를 인도하는 마지막 날 밤이었다. 설교하는데 2~3미터 크기의 가느다란 불 막대기가 오른쪽에 앉은 교인들의 머리위에서 번쩍였다. 아차! 하는 사이에 이번에는 왼쪽에서 번쩍였다. 나는 설교하다 말고 외쳤다.

"지금 왼쪽 머리 위에 나타난 불을 본분은 손들어 보시오."

300명의 1/3 정도가 할렐루야!를 외치면서 손을 번쩍 드는 게 아닌가? 그날 밤은 다섯 번 정도 불이 내렸다. 불은 불이로구나! 나는 그때 비로소 성령불에 대한 확신을 갖게 됐다. 원색적인 성령주의자가 되는 순간이기도 했다. 나는 원래 배짱이 없어 남들처럼 '받은 줄로 믿습니다!'를 못한다. 몇 번 해봤는데 사기꾼 같고 위선자 같아서 여간 괴롭지 않았기 때문이다.

그 후로는 멀쩡한 주일 낮 예배 시간에도 성령불이 내리기도 했다. 그런데 재미있는 건 동광교회처럼 수류탄 터지듯 성령불이 강하게 내릴 때는 모두가 보게 된다. 밀알교회처럼 막대기만한 빛으로 나타날 때는 1/3 정도가 본다. 본 교회 낮 예배시간 경우는 겨우 몇 사람만 보는 것이었다. 그런데 불을 본 성도들은 불타는 부지깽이처럼 평생 믿음이 식을 줄 모른다. 낮 예배시간에 불을 본 최광식 청년은 지금 목사가 됐다.

　이런 일도 있었다. 전도사가 허겁지겁 달려와 뚱딴지같은 소리를 했다.

　"목사님! 목사님! 교회 안에 도깨비불이 났어요!"

　교회 뒤에 있는 전도사 방으로 가던 이중원 전도사가 교회 강대상에서 시뻘겋게 불이 타오르는 걸 본 것이다.

　'교회에 불이 났구나! 오래된 건물이라 전기누전이나 합선으로 불이난 모양인데 이를 어쩌지?'

　정문을 흔들어 봤으나 잠겨있었다. 강단 옆문으로 달려가 문을 열고 들어갔는데, 이게 어찌된 것인가? 멀쩡했던 것이다.

　'아니? 내가 대낮에 교회당 안에서 도깨비불을 봤구나! 아아! 큰일이다. 형무소 귀신들이 강단 위까지 올라와 이제는 도깨비불 장난까지 하다니!'

　그래서 전도사는 홍두깨에 놀란 얼간이가 되어 달려온 것이다. 멍청한 전도사 녀석 같으니라구! 성령불이 내린 걸 도깨비불이라고 놀라다니? 영청교회에 성령불이 내린 것이었다. 오순절 마가다락방에 불의 혀같이 갈라지는 성령이 내리듯 말이다.

　역사가 대단했다. 낮 예배설교시간에 불이 내리기도 했다. 주일마다 새 신자들이 몰려왔다. 대낮에 교회종탑 위에 부활하신 예수님의 모습이 나타난 걸 보고 잘나가던 교회를 버리고 찾아온 순복음파가 있지를 않나 서대문 깡패들이 목사님의 주먹에 녹아나지를 않나, 구걸하러 왔던 서대문 떼거지들이 목사님의 안수를 받고 36

계 줄행랑을 치질 않나, 교회가 여간 기세등등한 게 아니었다.

몇 년 전 텍사스에 갔더니 생면부지의 젊은이가 아는 체를 했다.

"목사님 때문에 목사가 된 이영주입니다."

고교시절 그가 다니는 부촌교회에서 내가 집회를 인도할 때였다고 한다. 내가 손바닥으로 강단을 치면서 '이 기쁜 소식을 온 세상 전하세' 찬송을 부르는데 손바닥에서 불이 확확 나오는 걸 두 눈으로 똑똑히 봤다는 것이다. 그때 성령불을 받아 신학교에 입학했는데 미국유학을 와서 나를 만나게 됐다고 반가워하는 것이었다. 이 목사는 지금 인천의 큰 교회에서 목회하고 있다.

성령이 불로서 임할 때 나타나는 여러 가지 현상에 주의해 보길 바란다.

첫째는, 불로 보인다. 오순절 마가다락방에 불의 혀같이 갈라지는 성령이 임했다. 모세의 광야시절에는 불기둥으로, 엘리야 시절에는 불로서 성령이 내리는 걸 만인이 볼 수 있었다. 무디는 불덩어리를 받고 떼굴떼굴 구르다가 너무 뜨거워 물속으로 뛰어들기까지 했다. 불성령 임하면 권능 변화를 크게 받는다. 성령의 아홉 가지 역사 중에 불성령이 가장 강하다.

둘째는, 연기로 보인다. 모세의 광야 제단에 연기가 타올랐다. 피상담자 머리 옆으로 한 가닥 연기가 피어오르는 게 보인다. 그런 사람은 문제없다.

길음리교회 부흥회 때였다. 담임 김종철 목사가 한밤중에 달려와 강사를 깨웠다.

"목사님! 종탑에서 연기가 꾸역꾸역 올라가고 있어요. 철야하는 교인들이 난로를 잘못 건드려서 불이 났나 해서 가보니 그것도 아니었어요."

잠을 자다 오줌이 마려워 뒷간으로 가던 김 목사가 오줌 놓다 말고 달려온 것이다.

"어허! 아니 땐 굴뚝에 연기 납니까? 성도들이 밤새워 철야기도 하니까 교회 안에 성령불이 타올라 종탑에 연기가 나는 건 당연한 일이지요."

셋째, 몸에 강한 전류가 생겨 서로 붙어 버리기도 한다. 요즘 잘 나가는 한나라당 심재철 의원의 어머니는 밀알감리교회 부흥회 때 두 손 들고 기도하다 불을 받아 두 손이 붙어버리는 체험을 한 후 건강과 권능을 받았다. 길음리교회에서는 남녀 학생 열댓 명이 서로 붙어버리고 입이 붙어버리는 소동을 벌이기도 했다.

독자들은 부흥회 기간에 성도들이 벽에 붙어버리기도 하고 쓰러져 버리기도 하는 최면술(?) 광경을 구경했을 것이다. 내 경우는 절대 최면술이나 쇼가 아니었다. 기도 많이 하던 시절의 기사이적이었다. 물론 이단들이나 최면 술사들도 그런 요술(?)을 벌인다. 모세가 지팡이로 뱀을 만들자 애굽의 술사들도 지팡이로 뱀을 만들었으니까.

넷째, 은혜 받을 때 얼굴이나 온몸이 가렵고 몸이 유난스레 뜨겁다. 배에 주먹만 한 종기가 돋아나고 속살이 연해지다 못해 터진다던가 정강이에 피가 흐른다. 부흥회에 매달리다가 악성 피부병 생겼구나! 걱정할 필요 없다. 당신 몸에 성령불이 임한 증상이다. 손바닥 가운데가 타들어가고 말려들어가는 신비한 아픔이 있다. 손가락 끝이 실금처럼 갈라져 기름 같기도 하고 피 같기도 한 것이 흘러나오는 데 손끝이 떨려온다. 그 정도가 되면 손을 얹는 대로 병자가 낫는다. 암환자의 환부를 손끝으로 긁어내리면 거뜬하게 암을 떼어낼 수 있다. 할렐루야 기도원의 김계화 전도사가 맨손으로 암덩어리를 떼어낼 때는 아마 그런 수준일 것이다.

불은 불이다. 성령의 불은 불 그대로를 체험하게 한다. 이 글을 읽는 독자들에게 성령의 불이 임하기를 바라면서 불 이야기를 끝낸다.

보슬비가 소리도 없이
-성령의 비

　요즘은 제대로 되는 일이 없다. 일마다 새끼줄처럼 꼬이기만 한다. 만사가 귀찮다. 성경도 손에 안 잡히고 기도하기도 싫어졌다. 간밤에는 잠도 설쳐버렸다. 새벽기도 하러 교회로 가는데 꾸벅꾸벅 졸면서 걸었다. 교회 안에는 아무도 없다.
　'다행히 아무도 안 왔으니 오늘은 잠깐 인사기도만 하고 가버리자!'
　못된 맘(?) 먹고 교회 안으로 들어서는데 교회 천정 위에 안개가 서려 있는 게 보였다. 강대상 쪽을 향하여 안개가 구름처럼 떠있다. 살찐 암소의 아랫배처럼 길게 늘어져 있다.
　'비가 오려고 밤새 거리를 헤매던 밤안개가 여명에 밀려 교회 안으로 스며들어왔나?'
　그러나 바깥 하늘은 별들이 총총히 박혀있는 청명새벽이다.
　아무튼 잠깐 엎드렸다 일어나야지. 그런데 웬일인지 일어날 수가 없었다. 나도 모르게 눈물이 흐르고 평안이 몰려왔기 때문이다. 잠깐 엎드리고 간다는 게 3시간을 넘겨 버렸다. 울다가 웃다가 부르짖어 기도하다가 독창회를 열듯 찬송을 불렀다. 은사가 터져 나와 세상을 뒤엎어 버릴 듯이 힘과 기쁨이 넘쳐흘렀다. 나와 세상은 간 곳 없고 주님을 만나는 황홀경 속에 빠져버린 것이다.

왜 갑작스레 이런 일이 일어났을까? 교인도 안 나와 기분이 엉망이었는데 왜 이렇게 미치도록 좋았을까?

그건 안개 때문이었다. 안개가 교회 안에 들어왔기 때문이다. 그 안개는 보통 안개가 아니었다. 현미가 부른 "밤안개"보다도 더 아름다운 성령의 안개였기 때문이다. 아니, 성령으로 임하는 비였기 때문이다. 안개, 구름, 이슬비, 보슬비, 소나기, 장맛비는 모두가 비에 속한다. 성령이 비처럼 임할 때 때로는 안개로 때로는 구름으로 때로는 이슬비로 때로는 소나기로 임하는 게 눈에 똑똑히 보이는 것이다.

독자들 중에도 이와 비슷한 체험을 한 분들이 있을 것이다. 부흥회장에 들어서는데 안개가 끼여 있는 게 보인다. 강대상 위 설교하는 목사님 뒷편에 보슬비처럼 진한 안개가 덮여있는데 부싯돌에서 불이 일듯 반짝반짝 스파크 현상도 보인다. 내가 눈병이 생겨 눈에 안개가 끼었나? 아니다. 비로 임하는 성령이 교회 안에 내려오신 증거다.

기뻐할진저! 당신에게 성령의 단비가 내리고 있는 것이다.

나는 무수한 성령의 단비를 맞아 가면서 작은 목회를 하여오고 있다. 교인이 안 나와 낙심하여 엎드리면 여지없이 성령의 단비가 내렸다. 그런 날은 도랑물을 뛰어 오르는 송사리처럼 펄펄 뛰면서 즐거워했다. 며칠 동안 좋은 일들이 줄줄이 사탕처럼 넝쿨에 매달린 고구마처럼 찾아왔다. 수만 명이 모이는 대교회가 부럽지 않다.

우리는 이렇게 찬송한다.

"빈들에 마른풀 같이 시들은 나의 영혼/ 주님의 허락한 성령 간절히 기다리네/ 가물어 메마른 땅에 단비를 내리시듯/ 성령의 단비를 부어 새 생명 주옵소서."

고급스런 목사들은 성령의 단비를 설명하기 위하여 메마른 이스라엘의 가뭄을 열심히 설명한다. 팔레스타인 땅에 잊은 비와 늦은 비가 온다느니, 헬몬산에 내리는 이슬비가 산을 적시고 요단강으로 흘러 들어가 메마른 사막에 백합을 꽃피우게 한다느니….

나의 단비체험은 교회 다니기 이전, 고향의 어린 시절부터 있었다. 그땐 왜 그리 비가 안 왔던지 년년세세年年歲歲 해마다 가뭄이었다. 어른들은 걸핏하면 소화 13년보다도 더 가물다고 탄식했다. 일제시대日帝時代인 소화昭和 13년에 전무후무한 가뭄이 들었는데 농작물은 물론 나무까지 말라 죽었다고 한다.

모내기 철이 와도 비가 내리지 않았다. 논 가운데 우물이 있거나 방죽 물을 댈 수 있는 옥수답玉水畓만 조양모早穰耗를 심을 수 있었다. 하늘에서 비가 내려야 모를 꽂을 수 있는 천수답天水畓은 마냥 하늘을 기다려야 했다. 뒤늦게 비가 내려야 심는 모내기를 만양모晩穰耗라 했는데 촌사람들은 마냥모라고 발음했다. 워낙 가뭄이 심해서 옥수답에 심은 조양모도 보름을 못 넘기고 논바닥이 쩍쩍 갈라지기 시작했다.

초등학생인 나는 형과 함께 아침 저녁으로 논 가운데 있는 우물물을 퍼야했다. 둘이서 푸는 걸 고리두레, 혼자서 푸는 걸 용두레라 했다. 고리두레로 3천 바가지를 퍼내고 나면 허리가 끊어질 듯 아팠다. 여름방학에는 한 달 내내 물푸기에 매달려야 했다. 가뭄이 계속되면 물푸기도 소용없었다. 우물 샘마저 말라 버렸기 때문이다. 그러면 조양모를 낸 옥수답의 모도 물이 없어 성장을 멈춰버리고 하얗게 마르기 시작했다. 못자리에 남아서 마냥모를 기다리던 모판 모들은 마르다 못해 붉게 타들어 가고 있었다.

비오기를 하늘에 빌던 아버지는 바싹바싹 타들어가는 당신의 가슴을 소주로 적셨다. 술이 들어가자 속에 불이 붙어 버린 아버지는 홧김에 못자리에 불을 질러버렸다. 바짝 마른 모판이 바지직 소리를 내면서 가랑잎처럼 타들어 가면 농민의 가슴도 함께 불타곤 했다.

그래도 죽으라는 법은 없는가 보다. 극심한 가뭄으로 농민의 애간장이 다 타버리고 나면 그때부터 슬슬 비가 내리기 시작하는 것이었다. 뒤늦게 내린 비는 폭우를 몰고 오는 장맛비로 변했다. 금세 도랑이 강이 되고 논은 물바다가 됐다. 하얗게 타들어가던 농작물들이 어느새 푸른색으로 바뀌었다. 산과 들이 논과 밭이 파란 생명으로 춤추기 시작했다.

어린 나는 양동이와 채를 들고 춤추듯 빗속으로 달려갔다. 위 논에서 아래 논으로 물이 흐르는 도랑마다 하얀 물줄기가 작은 폭포처럼 힘차게 뻗쳐 내리고 있었다. 붕어, 송사리, 피라미, 미꾸라지가 하얀 물줄기를 타고 춤추며 뛰어 오르고, 물방개 새우가 풀잎을 타고 기어올랐다. 웅크린 채 체질을 할 적마다 한웅큼씩 고기를 걷어 올렸다. 새우와 송사리는 버려도 버려도 걸려들었다. 일본은 지금 송사리가 멸종상태라 하고 한국 농촌도 송사리가 천연기념물처럼 귀하다고 한다. 그 시각이면 누나는 산에 올라가 비온 후에 지천으로 솟아오른 송이버섯 표고버섯을 따서 앞치마에 채우고 있었다.

"애들아, 가뭄도 끝났으니 오랜만에 별미를 만들어 먹자."

어머니는 내가 잡아온 붕어 송사리에 풋고추, 애호박을 설설 썰어 넣고 고추장을 뻘겋게 풀어 바글바글 끓였다. 송이버섯, 표고버섯은 참기름이 들어간 양념을 넣고 달달 볶았다. 쌀 구경하기 힘든 가난한 시절이라 꽁보리밥과 함께 먹어야 했지만 팔진미 오후청이 부럽지 않은 진수성찬이었다. 지금 생각하면 그때 그 식단이야 말로 순 자연식품으로 만든 가장 이상적인 스테미너 건강식품이었던 것이다.

비는 생명을 자라게 한다. 가뭄 땅에 비가 내리면 죽은 땅이 금세 생명의 땅으로 바뀌어 버린다. 빈들에 마른풀 같이 당신의 인생이 시들한가? 성령의 비를 맞아야 한다.

성령의 비는 비유가 아니라 문자 그대로 비다. 기도 중에 은혜 중에 비나 구름이나 안개를 눈으로 체험하게 되면, 오! 성령께서 비처럼 오시는구나! 영접해야 한다. 그러면 성령님은 기쁘게 우리를 축복해 주신다. 비처럼 보이는 성령의 상징은 허무맹랑히 아니다. 성경에 있는 이야기이다.

출애굽한 이스라엘이 죽음의 땅 광야에서 40년을 살았다. 그들이 법궤를 모신 진중 위에 구름기둥이 나타나곤 했다. 마른 하늘인데 비가 오려나 보다. 그러나 비는 아니었다. 그런데 이상한 건 구름기둥이 떠오르면 기사이적이 일어났다. 바위에서 샘이 터져 나오고 하늘에서 만나가 떨어지고 바다에서 메추라기가 날라 왔다. 싸웠다 하면 이겼다. 구름이 앞으로 가면 백성도 앞으로 갔고 구름이 멈추면 따라서 멈췄다. 그야말로 "구름 따라 세월 따라"이었다. 구름만 따라가면 만사형통이요 만년태평이었기 때문이다. 손오공은 근두운이라는 구름을 타고 다녔다고 한다. 출애굽기의 구름은 손오공의 근두운 보다도 더 신통했다. 그 구름은 바로 비로 임하는 성령이었기 때문이다.

부흥회를 인도하러 갈 때마다 나는 먼저 교회당에 들어가 본다. 교인들을 보기 전에 빈 교회당 안에 들어서 보면 그 교회의 영적상태를 쉽게 진단 할 수 있기 때문이다. 사람이 많이 모이는 대형교회인데도 교회당 안이 메마르고 적막강산이다. 그런 교회는 딱딱하고 은혜역사가 힘들다. 조직 선전 훈련 지적설교로 교인은 많이 끌어 모았는데도 성령이 역사하지 않는 교회이기 때문이다. 몇십 명이 모이는 2층 전세교회인데 교회당 안에 안개가 자욱하다. 사람은 없어도 대신 성령이 비로 임하는 교회다. 그런 교회에서는 부흥회 기간에 기사이적이 크게 일어난다.

작은 겨자씨라도 비를 맞으면 싹이 트고 크게 자라 60배 100배의 결실을 맺는다. 우리의 출발이 아무리 미미하고 피곤하다 해도 성령의 단비를 계속 맞으면 믿음이 성장하고 그릇이 자라서 때가 되면 60배 100배의 축복을 받게 된다. 당신의 심령이 메마른가? 당신의 삶이 물 없는 땅을 헤매는 카라반처럼 피곤한가? 이글을 읽은 후에 두 시간만 엎드려 볼 일이다.

주님! 빈들에 마른풀 같이 시들은 나의 영혼입니다. 단비로 내리는 성령을 내게도 부어 주사 물에 빠진 생쥐처럼 되게 하옵소서!

권사님이 방귀 꿨지요?
-성령의 기름

통성기도 시간에 방귀소동이 벌어졌다. 종알종알 기도하던 중학생 소녀가 벌떡 일어난 것이다.

"아이고 구린내야! 누가 기도시간에 예배당에서 방귀를 꾸는 거야!"

사냥개처럼 코를 벌름 거리며 냄새를 맡던 여학생은 범인을 잡았다는 듯 소리쳤다.

"권사님이 방귀 꿨지요?"

몸을 비틀며 회개기도를 하던 과부 권사님은 어이가 없었다.

"나 방귀 안 꿨어!"

"거짓말 말아요. 내 코는 절대로 못 속여요. 흠흠, 아유 냄새야,

권사님 몸에서 구린내가 펄펄 나는데도 딱 잡아떼요? 예수 믿는 사람이 거짓말 하면 못써요."

권사님이 악을 쓰며 화를 냈다.

"얘가 홍두깨로 생사람 잡네. 하나님 앞에 맹세하지만 난 절대로 방귀 안 꿨다고. 절대로!"

통성기도를 하던 교인들은 깔깔 거리며 재미있어 했고 권사님은 홍당무가 됐다. 나도 슬며시 웃음이 나왔다.

다음날 낮 공부 시간이었다. 이번에는 느닷없이 향수 소동이 벌어졌다. 기도하던 어제 그 여학생이 또 벌떡 일어난 것이다.

"아이고 향수냄새야 숨이 막혀 죽겠네. 누가 향수로 목욕을 하고 왔나 봐. 흠흠 권사님이네. 권사님! 늙은 권사님이 주책없이 웬 향수를 그렇게 처발랐어요?"

그때 권사님은 기도삼매경을 즐기는 중이었다. 복숭아꽃이 만발한 과수원에서 사르르 눈을 감고, 봄바람을 나르는 나비가 뿌려대는 꽃향기를 맡고 있는 소녀처럼 희색이 얼굴에 가득해 있었다. 그런데 어제 방귀소리에 놀란 권사님은 오늘은 향수소리에 놀라야 했다.

"얘가 어제는 내가 방귀 꿨다고 덮어씌우더니 오늘은 또 향수를 바르고 왔다고 시비하네. 애야, 우리 집은 가난해서 향수는커녕 구리무(크림)나 로션도 없단다."

어리둥절해 하는 교인들에게 나는 방귀와 향수 현상을 설명해야 했다. 여학생이 맡은 방귀와 향수냄새는 권사님이 뀐 게 아니라 성령의 기름부음 현상이었다. 여학생이 성령의 기름을 체험한 것이다.

나는 부흥회 낮 시간에 성령의 상징 아홉 가지를 가르친다. 나는 원색적인 성령주의자이다. 그냥 "믿습니다" 파가 아니다. 성령이 내려오면 아홉 가지 성령의 상징을 체험하게 된다. 부흥회 기간 중 가장 잘 팔리는 아이템은 성령기름이다. 내 별명이 기름장사다. 성령이 기름 붓듯 임할 때는 악취와 향취의 두 가지 현상으로 나타난다.

독자들 중에 예배기도나 심방 시에 담배냄새, 비린내, 생선냄새, 구린내, 송장냄새, 땀 썩는 냄새, 절간의 향불 피는 냄새 같은 악취를 경험한 적이 있을 것이다. 내가 축농증 걸렸구나! 걱정할 필요는 없다. 성령이 권능으로 임하시매 마귀, 고통, 병마 문제가 견디지 못하고 나가느라 발악하는구나 얼른 분별할 줄 알아야 한다.

또 어떤 때는 느닷없이 화장품 냄새, 과일향기, 꽃향기, 향수, 소독약 냄새, 고기 굽는 냄새, 보약 냄새가 날 때가 있을 것이다. 문제해결과 축복이 임하는 성령의 기름역사이니 그저 기뻐할 일이다.

불치병자 위해 기도하는데 처음엔 악취가 나고 다음에 향기가 진동하면 셋째 날엔 거뜬히 일어나게 마련이다. 축복받은 사람들은 악수만 해도 향취가 난다.

후러싱에 사는 성도 집을 심방하는데 생선비린내가 진동했다.

'아하 이집에 문제가 많구나!'

"요즘 생선 요리 해 잡수셨나요?"

"아니요, 아빠가 생선비린내를 싫어해서 우리는 생전 안 먹어요."

그러면 그렇지! 마귀역사를 속일 수 없다. 부부가 미국 대학에서 공부했는데도 일마다 안 되어 찢어지게 가난하다. 알고 보니 매사 트러블 메이커다. 그런 가정도 회개하고 능력 받으면 성령향기가 넘쳐흐르는 축복받는 집으로 바뀐다.

나는 괴로운 문제가 생기면 아들과 단둘이 밤늦게 잠깐 예배드린다. 화장품 냄새나 과일 냄새가 나면 신기하게도 문제가 사라져버린다. 교인이 극히 적어도 예배시간에 향취가 나는 날은 수천 명 모인교회처럼 웅장한 예배가 된다.

권사님의 방귀소동은 80년대 내가 충남 홍성에서 부흥회 인도할 때의 에피소드다. 과부 권사님은 열심인데 고집이 문제였다. 통성기도 시간에 똥보다도 더러운 교만 죄를 회개하느라 방귀냄새가 난 것이다. 그리고 다음날엔 주의 보혈로 깨끗해진 심령위에 축복의 성령이 기름 붓듯 임하여 향취가 진동했던 것이다.

　그날 기름성령을 받고 방귀소동을 일으켰던 여학생은 지금쯤 어머니가 됐을 텐데 그때 그 권사님은 요즘 방귀를 꾸고 있을까 향수를 바르고 있을까?

술 취한 목사님들
-성령의 술

　부산에서 목회할 때 일이다. 뜻있는 개신교 목사님들과 천주교 신부님들이 "일치회"를 만들어 매달 모였다. 30대 젊은 목사였던 나도 가끔 불려나갔다. 그런데 그 모임에는 술이 거나하게 취한 벌건 얼굴에 담배를 꼬나물고 나타나는 신부님이 있었다. 미련 없이 내뿜는 담배 연기 속에 아련히 사라졌다가 담배를 물고 다시 나타나는 진고개 신사처럼 멋져 보였다. 술병과 소설책을 책가방에 숨겨 넣고 중학교를 다녔던 나는 목사가 된 후 제일 아쉬운 게 술이었기 때문이다. 장가들어 처자식 재미를 볼 수 있게 한건 목사에게 내린 하나님의 특별 은총이다. 그렇지만 신부들처럼 술을 맘껏 퍼 마실 수 없게 한건 여간 서운한 게 아니었다.

　그런 나에게 하나님은 목사도 마음 놓고 마실 수 있는 술이 있음을 알려 주셨다. 그 술을 베드로는 새 술이라고 했고 바울은 성령

술이라 했다. 성령을 받으면 9가지 성령은사(지혜의 말씀, 지식의 말씀, 믿음, 신유, 능력, 예언, 영분별, 방언, 통역)와 9가지 성령 열매(사랑, 희락, 화평, 인내, 자비, 양선, 충성, 온유, 절제)가 나타난다. 나는 그것 말고 9가지 성령역사(물, 불, 비, 바람, 비둘기, 기름, 술, 인, 보증)를 40일 기도(?)로 체험하였다. 9가지 성령 역사는 9가지 상징으로 나타나면서 강력한 성령 역사로 체험되게 마련이다.

80년대 인천 성은교회 부흥회 낮 시간에 내가 9가지 성령 역사 중의 하나인 "술"을 강의했는데 모두가 성령 술에 취하여 천국잔치가 돼버렸다. 세상 술은 아편 같아서 마시면 마실수록 갈증만 더한다. 한 잔 한 잔 또 한잔 하다보면 석 잔도 또 한 잔 아홉 잔도 또 한 잔이다. 처음에는 사람이 술을 마시다 술이 술을 마시고 나중에는 술이 사람을 마시게 되어 패가망신하게 마련이다.

그러나 성령술은 한번 마시면 영원히 목마르지 않는다. 속에서 생수가 흘러나와 기쁨과 능력으로 주위환경을 극복하게 되어 그 어디나 하늘나라다. 예배시간에 성령술에 취하면 설교가 꿀보다 더 달고 금보다 귀한 말씀으로 들려와 기적, 축복, 은사, 병 고침을 쉽게 체험하게 된다. 그 대신 성령 술을 마시지 못하면 말짱한 정신으로 주판알처럼 눈알을 굴리면서 명석한 이성비판으로 설교점수만 매기다가 불평, 불만, 불신으로 끝나버려 끝내 신앙과 생활을 방황하게 마련이다.

아무튼 인천성은교회 부흥회 낮 시간에 모두가 성령 술에 취해버렸는데 그 중에서도 나와 담임 원종열 목사님은 그야말로 대취 상태였다. 예배 후에 사우나탕엘 갔는데 열탕에 들어가도 냉탕에 들어가도 돌이 뻘겋게 타고 있는 쑥탕엘 들어가도 도무지 차갑고 뜨거움을 느낄 수가 없었다. 감각이 마비될 정도로 취해버렸기 때문이다. 사우나탕에서 나와 택시를 타고 교회 앞길에서 내렸는데

천지가 빙빙 돌고 있어 찻길을 건널 수가 없었다. 옆 사람에게 사정을 했다.

"좀 실례지만 저희들 손을 붙잡고 길을 건네주실 수 있습니까?"
점잖아 보이는 신사에게 부탁을 했다. 뻘겋게 취한 얼굴에 혀 꼬부라진 소리를 하는 우릴 보고 그 양반은 눈살을 찌푸렸다.

"쯔쯔 쯧쯧, 아이고 딱한 양반들, 어쩌자고 멀건 대낮부터 곤드레가 되어 이 모양이오. 처자식 생각해서라도 술 좀 작작 하시구려."

"……?"

우리가 길을 건너고 있는 바로 길 건너 교회에는 마침 "이계선 목사 초청 심령대부흥회" 플랜카드가 대자보처럼 걸려 있었다. 부흥회 현수막을 본 그 양반은 갑자기 무슨 생각이 났는지 자기는 인천 모 교회 집사라면서 우릴 붙들고 전도를 시작하는 것이었다.

"술 취한 양반들 내 말 좀 들으시오. 요앞 성은교회에서 이계선 목사의 부흥회가 있는 모양이니 오늘밤 부흥회에 참석하여 은혜 받고 새사람 되어 술을 끊으시오."

나는 취중(?)에도 재미가 있어 능청을 떨었다.

"집사 양반, 술에 취하여 길 잃은 불쌍한 두 마리 양 구하는 셈 치고 오늘밤 우리들을 저 교회 부흥회로 인도해 주시구랴."

그러자 갑자기 뜨거운 사명감이 불타오른 집사는 취생몽사하는 두 죄인을 주님께 인도하리라는 뿌듯한 자부심이 끓어오른 모양이다. 우리는 그날 밤 부흥회장에서 꼭 만나기로 약속을 했다. 나는 그 교회에서 그날 밤 약속한 그 시간에

"세상 술에서 깨어나 성령 술에 취하자!"는 설교를 하고 있었다. 약속대로 부흥회에 참석한 그 집사님은 아까 전에 몸을 가누지 못할 정도로 곤드레 만드레로 비틀거리던 술주정꾼이 강단에서 부

홍사가 되어 설교하는 걸 보고는 그만 대경실색을 하는 것이었다.

마가 다락방에서 120문도들이 성령을 받았는데 보통잔치가 아니었다. 마침 오순절 잔치에 참석차 예루살렘에 모인 유태인들이 소문을 듣고 구경 왔다가 기겁을 했다.

"예수쟁이들이 선생 예수가 죽자 다락방에 꼭꼭 숨어 지내다가 술을 마시고 술김에 광란하는구나."

"지금이 멀쩡한 대낮인데 우리가 국법을 어기고 어찌 술을 마실 수 있습니까? 술은 술이로되 세상 술이 아니 성령 술을 마신 것입니다."

베드로가 구약 요엘서를 본문으로 하여 전도설교를 하니 모두 성령 술에 취하여 신자가 되니 3천 명이었다. 구약의 불임녀 한나도 성령 술에 취하여 기도하던 중 응답을 받아 아들 사무엘을 낳았다. 성령 술을 받으면 얼굴이 붉고 기분이 좋아 춤을 추기도 한다. 성령 술에는 A급 성령, B급 성령, C급 성령이 있다.

A급 성령은 Alcol 성령이다. 부흥회 때 은혜 받더니 죽을 때까지 성령 충만하여 내가 매일 기쁘게다. 원래가 빼갈에 한번 취하면 깨어나지를 못한다.

B급 성령은 Beer 성령이다. 부흥회 때 은혜 받아 새벽기도 하더니 한 달 지나자 술이 깬 맥주병으로 돌아가 버렸다. "그게 그런 거지 뭐! 새벽기도 빠이 빠이."

C급 성령은 Cola 성령이다. 원래 가뭄에 콩 나듯 교회 나오는 교인이다. "신령한 강사 오셨으니 이번 부흥회에 참석하여 은혜 받고 축복받자"는 구역장의 성화에 밀려 참석했다. 그런데 "주일 지켜라. 십일조해라. 주의 종 잘 받들어라"는 부흥강사의 설교를 듣고 시험이 들었다. 콜라 먹고 기침하다가 감기든 놀부처럼 불평만 하더니 아예 교회를 떠나 버렸다.

바람둥이 목사님
-성령의 바람

　사람들은 나를 "바람둥이 목사"라고 부른다. 그 말을 들으면 나는 갑자기 스타덤에 오른 삼류배우처럼 여간 기분 좋은 게 아니다. 아무나 바람둥이가 되는 게 아니기 때문이다. 최무룡 뺨치는 미남이나 오나시스 같은 부자라서 여자들이 줄줄 따라야 바람둥이가 되기 때문이다. 나는 얼굴도 못생기고 돈도 없다. 하나밖에 없는 여자인 마누라에게마저 밉게 보여 조석으로 바가지 긁는 소리를 들어야 하고 매일 밤 부부싸움에 시달려야 하는 무능한 남자다. 그런 내가 바람둥이라니? 보통 감격이 아니다.

　더구나 바람둥이 목사는 조건이 매우 까다롭다. 얼굴이 잘 생긴 여집사 킬러 목사나 수만 명이 모이는 슈퍼교회 목사라야 한다. 8만 명 교인 위에 제왕처럼 군림하고 젊고 아름다운 여자집사들이 3천 궁녀처럼 목사를 따르고 돈 많은 권사들이 후궁처럼 감싸고도는 서울의 K목사나 가능한 일이다. 그런데 나같이 못난이를 바람둥이 목사라니? 그러면 나도 머지않아 대교회의 멋쟁이 목사가 될 수 있단 말인가? 그렇다면 기분 좋은 일일 수밖에.

　그런데 알고 보니 그게 아니다. 바람둥이 목사인건 틀림없는데 여자들이 따르는 바람둥이가 아니다. 성령의 바람둥이 목사라는 것이다. 그러면 그렇지! 성령의 아홉 가지 상징을 듣고 싶어서 그러는구나! 오늘은 바람 같은 성령을 얘기 해야겠다. 나는 이래뵈도 꽤나 성령의 바람을 피울 줄 아는 목사였다.

　1979년도인가? 논산 연무대 근처 노루목교회에서 부흥회를 인도할 때였다. 낮 성경공부 시간에 안수기도를 하는데 사람들이 마구 쓰러지기 시작했다. 이는 세룰로 목사나 베니힐 목사가 인도하는 TV부흥회에서 흔히 보게 되는 광경이기도 하다.

유명한 여류 신유부흥사 캐드린 쿨만은 이를 "성령의 베임"이라고 했다. 낫으로 풀을 베면 풀들이 모조리 쓰러지듯 성령의 능력이 임하면 줄줄이 쓰러지기 때문이다. 손을 대던가 손수건을 던져 버리던가 심할 때는 손가락으로 가리키기만 해도 집단으로 쓰러져 나간다. 어떤 때는 강사가 말하는 대로 벽에나 사람끼리 붙어버려 난리를 치루기도 한다. 그런데 그런 경우는 몸의 힘이 쭉 빠져 버리면서 쓰러진다. 최면술에 걸렸을 때와 똑같다. 그래서 어떤 목사들은 이를 최면술이라고 욕하기도 한다. 내 경우는 최면술이 아니었다. 성령 충만할 때만 일어나는 역사였다.

안수 받다 쓰러질 때는 대개 최면술에 걸린 것처럼 몸에 힘이 쭉 빠지면서 쓰러지게 마련인데 노루목교회에서는 달랐다. 태풍에 고목이 쓰러지는 것처럼 안 넘어가려고 몸부림을 치다가 쓰러져 버리는 것이었다. 그리고 희한한 건 눈감고 안수기도를 하는데 바람이 보이는 것이었다. 회오리바람이 오른쪽에서 몰려오더니 기도 받는 사람의 옆구리를 세게 치기 시작하는 것이었다.

아! 바람이 보이는구나! 어느 시인은 흔들리는 마지막 잎사귀에서 바람을 봤다지만 나는 안수기도 해주다가 바람을 본 것이다. 그 바람은 어떤 바람일까? 손바닥에서 나가는 장풍에 쓰러지는 중국영화를 본적이 있지만 여간 궁금한 게 아니었다. 나는 바람맞아 쓰러진 사람들에게 물었다.

"장로님! 아까 안수기도 받으면서 왜 쓰러지셨어요?"

"목사님! 참 희한한 일이예요. 목사님이 머리에 손을 얹고 기도하시는데 회오리바람 같은 태풍이 몰려오더니 냅다 옆구리를 세게 치는 거예요. 태풍에 뿌리째 뽑혀버린 고목이 될까봐 안 넘어지려고 몸부림을 쳤지만 어찌나 바람이 센지 견디지 못하고 넘어져 버렸어요. 그런데 넘어져 버리고 나니 그렇게 편안하고 좋은 거예요. 아! 이게 천당이구나, 이게 하늘의 평안이로구나, 영원한 안식의 길목이로구나, 십자가 앞에 무릎 꿇으면 이렇게 좋은거라구나 하는 생각이 들었어요. 서로 얘기해 보니 넘어진 사람들의 체험이 똑같더라구요. 목사님, 그 바람은 무슨 바람인가요?"

내가 본 것과 일치하는지라 자신 있게 말할 수 있었다.

"그 바람은 성령의 바람입니다."

"성령의 바람이 그래요? 어떤 부흥강사님 말씀이 헬라어로 성령을 "푸시케"라고 하는데 푸시케가 바람이라는 뜻도 된대요. 바람이 불면 갈대가 흔들리는 것처럼 기도하면서 몸을 흔드는 게 성령의 바람이라고 하던데요."

"그분들은 너무 유식한 목사님들이라 헬라어는 알아도 바람은 모르는 모양이군요. 산은 산이요, 물은 물인 것처럼 바람은 바람입니다. '바람아 바람아 불어라. 대추야 대추야 떨어져라. 아이야 아이야 주워라…'에 나오는 바람을 어린애들도 알고 있지 않습니까?"

성령의 바람은 오순절 날 마가의 다락방에서 극적으로 체험됐다. 120문도가 모여 기도하는데 갑자기 하늘로부터 바람 같은 소리가 내려오더니 집안에 가득했다. 얼마나 바람이 센지 소리까지 들릴 정도였다. 문을 걸어 잠그고 꼭꼭 숨어 기도하는데 어디서 부는 바람일까? 그건 하늘에서 불어오는 성령의 바람이었다. 성령의 바람이 불자 쥐구멍에 숨어서 질식할 듯 숨 막히는 믿음 생활을 하던 겁쟁이들이 담대해졌다. 문을 열어젖히고 예루살렘 광장으로 뛰쳐나가더니 복음의 태풍을 불어제치기 시작한 것이다(행2:12). 그 태풍이 얼마나 센지 로마제국을 무너뜨리고 세계를 한 바퀴 돌면서 2천 년이 지난 지금도 계속 불어오고 있다.

성령의 바람이 불면 시원하다.

25년 전만 해도 선풍기는 아주 고급냉방이었다. 교인석은 부채가 고작이요 선풍기는 설교하는 강단에만 올랐다. 그런데 나는 본교회에서나 부흥 집회에서나 언제나 선풍기나 물을 놓지 못하게 했다. 성령의 생수를 마시고 성령의 바람을 맞고 싶은 욕심이 있기 때문이다. 아니나 다를까? 땀을 뻘뻘 흘리면서 설교하는데 어디선가 바람 한줄기가 불어온다. 이마로 팔꿈치로 타고 내려오더니 몸속으로 불기 시작한다. 시원하다. 온몸이 땀에 절어 있는데도 그렇게 시원할 수가 없다. 설교가 달라진다. 한여름에 마시는 콜라처럼 말씀이 그렇게 시원하게 잘 풀릴 수가 없다. 즐거워서 웃던 교인들이 울기 시작한다. 왜 우는지 궁금했다.

"목사님! 땀이 비 오듯 흘러내리는 목사님의 얼굴에 갑자기 피가 흐르고 있었어요. 십자가에서 흘리신 예수님의 피가 목사님의 얼굴에서 붉게 붉게 흐르고 있는 게 보이는 거예요. 아! 정말 예수님의 피가 내 죄를 씻어주셨구나. 그 생각이 나면서 자꾸만 눈물이 나와요."

아! 성령은 속일 수가 없다. 성령이 역사할 때 십자가 보혈, 구속, 천당, 영생, 축복이 눈에 보이도록 확실하게 믿어지고 체험된다. 성령이 바람으로 임할 때는 가장 강력한 역사가 일어난다. 중병환자를 붙들고 기도하는데 꼼짝도 않는다. 향취도 뜨거움도 환상도 없다. 그저 답답하기만 하다. 그래도 물러설 수 없어 그냥 답답하게 매달려 있는데 이마 앞으로 실바람이 지나간다. 내 팔목이 시원하더니 손이 서늘해온다.

"아유, 전에는 목사님의 안수하는 손이 뜨거웠는데 오늘은 차고 시원하네요. 그런데 아프던 몸이 순식간에 나았어요."

성령의 바람이 환자에게 임하여 시원하게 나아버렸다. 성령의 바람은 태풍처럼 강하게, 봄바람처럼 호늬바람으로, 혹은 가을바람 처럼 서늘하게 임한다. 그런데 백발백중 보증이다.

삶이 답답한가? 집안이 답답한가? 사업이 답답한가? 모든 게 답답하다. 뭔가 바람이 불지 않으면 질식해 죽을 것 같다. 바람이 불어야 한다.

춤바람으로 안 된다. 치맛바람, 투기바람, 놀음바람 세상 어떤 바람으로도 안 된다. 성령바람이라야 된다. 당신의 가정에 교회에 사업에 성령의 바람이 불어오게 하라. 그러면 신바람 나는 일이 생길 것이다.

나는 미국 와서 글만 쓰는 너무 얌전한 목사가 된 것 같다. 그 옛날처럼 바람둥이 목사가 되어야겠다. 그래서 평지풍파라도 일으켜야겠다. 누가 서녘바람을 서풍부西風賦로 노래했던가? 셸리의 마지막 시구절詩句節이 생각난다.

"바람이 분다! 나는 살아야지…."

비둘기 같은 성령

세례요한의 명성이 하늘을 찌르고 있었다. 이스라엘의 남자들은 다투어 요단강으로 몰려가 세례를 받았다. 나이 30줄에 들어선 나사렛 목수 예수님도 세례를 받으러 베다니 근처를 흐르는 요단강을 찾아가고 있었다. 그때 요한은 예루살렘에서 온 제사장들 레위인들과 자신의 정체성을 따지고 있는 중이었다.

"세례 요한님, 선생님이 바로 구약성경에서 예언하고 있는 메시아 그리스도이십니까?"

"아니요."

"그러면 선생님은 다시 오겠다고 한 불의 사자 엘리야입니까?"

"아니요."

"그러면 선생님은 선지자 중의 한사람입니까?"

"아니요."

"참으로 답답하시구려. 그럼 선생님은 도대체 누굽니까?"

그때 광야의 모래를 날리는 바람소리가 들려왔다.

"나는 광야에서 외치는 자의 소리요."

"뭐라구요? 선생님은 참으로 바람소리 같은 말씀을 하시는 구료."

"그러나 기다리시오. 불로 세례를 주는 나보다 위대한 분이 곧 나타날 것이요."

그때 예수님이 세례를 받겠다고 나타난 것이다. 제사장들과 맥없이 선문답을 늘어놓고 있던 요한은 예수님을 보자 갑자기 구약의 예언자처럼 큰소리로 외쳤다.

"보라, 세상 죄를 지고 가는 하나님의 어린양이로다!"

예수님은 요한에게 세례를 받았다. 요한이 말리는데도 고집스레 세례를 받았다. 우리가 받는 세례는 회개의 징표이지만 예수님이 받은 세례는 의를 이루는 것이다. 대법원장 앞에서 선서함으로 대법원장 보다 높은 대통령이 되는 의식과 같은 것이다. 그런데 예수님이 요단강에서 세례를 받고 강가로 올라오는데 그 순간 하늘에서 비둘기 한 마리가 날라 오더니 예수님의 머리위에 살짝 앉는 것이었다. 신기한 건 분명히 예수님의 머리 위에 앉았는데 앉자마자 비둘기가 보이지 않았다.

그 비둘기는 무슨 비둘기였을까? 성령의 비둘기였다. 성령이 비둘기의 형상으로 예수님에게 내려오신 것이다. 날라 가지도 않았는데 비둘기가 없어져 버린 건 성령이 예수님의 몸속으로 들어갔기 때문이다. 그래서 보이지 않았다. 그때부터 예수님은 하나님의 아들로서의 공생애를 시작하게 된다. 성령의 비둘기 사건은 신약성경 4복음서에 모두 기록돼 있다. 그만큼 중요하기 때문이다.

지난번에 나는 기름 장사를 했는데 오늘은 비둘기 장사를 해야겠다. 성령의 비둘기는 아주 귀하다. 귀한 것처럼 아주 희귀하다. 비둘기는 기쁜 소식을 가져오는 길조다. 40일 홍수 후에 노아의 가족들은 1년 17일 동안 방주생활을 했다. 5개월 동안 표류하고 7개월 동안 산 위에 있었다. 1년 넘게 방주 안에서 지낸다는 건 결코 유람선처럼 즐거운 일은 아닐 것이다. 오물로 얼룩진 각종 동물들과 함께 지내는 방주생활은 보트피플처럼 아주 지겨웠을 것이다. 1년이 넘자 노아는 까마귀를 날려 보내 봤는데 소식이 없었다. 다시 비둘기를 날려 보냈더니 감람 잎사귀를 물고 왔다. 물이 빠져버린 마른땅이 있다는 기쁜 소식이었다. 노아는 방주에서 나와 포도나무를 심었다.

성령이 비둘기 형상으로 임하거든 기쁜 소식이 올 줄 알아라. 불신자들은 돼지꿈을 꿔야 로또가 당첨된다지만 신자들이 기도 중에 비둘기를 보면 좋은 일이 생긴다.

내가 처음 비둘기 장사를 한 건 22년 전 논산근처 장항교회에서 부흥회를 인도할 때였다. 3일째 되는 날이었다. 저녁집회를 마치고 쉬는데 제직들이 강사 방으로 몰려 들어오더니 수군거리며 비둘기 얘길 하기 시작했다.

'강사님 설교에 은혜 많이 받았습니다 해야지 웬 뚱딴지같은 비둘기 얘기야!'

언짢은 기분에 한마디 던졌다.

"여보세요. 부흥회 기간에 은혜 받은 얘긴 않고 아닌 밤중에 웬 비둘기 타령들이예요?"

"강사 목사님, 오늘밤 목사님이 설교하시는 데 교회당 안에 비둘기가 날라 들어 왔어요. 강단 뒤에서 별안간 비둘기 한 마리가 나타나 교회당 안을 한 바퀴 돌더니 강사 목사님 어깨에 살짝 앉는 듯 했는데 순간 없어져 버리는 거예요. 담임목사님도 보시고 장로님도 권사님도 여러분이 봤데요."

연세가 많은 담임 한근수 목사님이 입을 열었다.

"내 생전에 비둘기를 두 번째 봅니다. 내가 젊은 시절 장로가 되어 유명한 부흥강사 이강산 목사님을 모시고 이 강산 저 강산으로 부흥회를 열심히 따라 다니다가 한번 성령의 비둘기를 봤고 오늘밤 이계선 목사님의 부흥회에서 두 번째 봤습니다. 여간 감격스러운 게 아닙니다. 이강산 목사님의 말씀이 생각납니다.

박태선 집사가 한강백사장에서 부흥회를 하는데 이강산 목사님이 가보니 박태선 집사의 머리위에 수많은 비들기가 하얗게 날고 있더래요. 아! 천하의 능력자라구나. 얼마 후에 다시 가봤는데 이번에는 박태선의 머리위에 까마귀가 새까맣게 날고 있는 게 보였답니다. 아! 천하의 박태선이가 이단마귀가 됐구나 판단했는데 그대로 됐답니다."

비둘기 성령이 임한 장항교회 부흥회에 기적이사가 많이 나타났다. 집회를 끝내고 누가 주먹만한 선물을 주기에 서울 올라가서 풀어 보니 전자 손목시계였다. 누구 이름 대신 "비둘기 값"이라고 씌여 있다. 전자시계가 나온 지 얼마 안 된 때라서 나는 애지중지 차고 다녔다.

평택 고잔교회에서 부흥회할 때 일이다. 낮 공부시간에 나는 성령의 9가지 상징을 가르치면서 비둘기를 본 사람 있느냐고 물었다.

얼굴이 새까맣게 탄 부인이 손을 들었다.

"혹시 자매님은 까마귀를 본 게 아니예요?"

아무리 봐도 그녀의 얼굴은 까마귀과지 비들기과가 아니기 때문이다.

"아녜요, 목사님 설교 도중 비둘기를 봤어요."

"그렇다면 자매님에게 기쁜 소식이 올 것입니다."

기도시간에 그녀에게 안수하는데 누런 창호지가 떨어져 나가고 하얀 비둘기 날개가 보이더니 향취가 나는 것이었다. 그날 밤에 그녀는 놀라운 간증을 했다.

"저는 심장병 위장병 자궁염이 너무 심하여 문지방을 넘기도 힘들어하는 중병 환자였습니다. 이 목사님의 안수기도를 받는데 갑자기 뜨거움이 머리에서 아래로 내려오더니 가슴에 매달려있던 500근 짜리 쇠 덩어리처럼 무거운 게 뚝 소리를 내면서 떨어져 나가는 거예요. 그 순간 병이 깨끗이 없어져 버렸어요."

6년 후 서울 어느 집회에서 뚱뚱하고 얼굴이 허여멀건 귀부인이 반갑다고 인사다. 건성으로 아는 체를 했더니 그녀는 서운해 했다.

"아유, 목사님 저 비둘기예요. 고잔교회 비둘기."

부산 오륙도교회 시절이었다. 교회 땅에 방을 들여놓고 사는 할머니 김 집사가 새벽기도를 하면서 야단이다.

"아유 하나님! 이게 뭡니까? 이게 마귀 아닙니까? 이놈의 새야 저리 가거라 이놈의 새야 저리 가거라!"

'아하! 성령께서 임하시는데 그걸 모르시는구나!'

아니나 다를까?

"목사님, 제가 기도하는데 자꾸만 비둘기 같은 새가 날라 와서 기도할 수가 없어요. 기도를 방해하는 마귀 같아요."

"집사님 그건 마귀가 아니라 성령의 비들기입니다. 집사님 댁에

곧 기쁜 소식이 있을 것입니다."

그 주간에 김 집사는 큰 아파트를 사서 나가는 축복을 받았다. 성령은 거짓말 하지 않는다.

조병영 집사는 덜커덩 가게 계약금을 치렀는데 잔금을 마련할 길이 없었다. 꼼짝없이 계약금만 떼이게 됐다. 울며불며 새벽기도를 하다가 강단 위를 보니 의자 모서리 위에 비둘기가 앉아 있는 게 보였다.

"저게 뭐꼬?"

"조 집사님에게 곧 좋은 소식이 있을 겁니다."

그 주간에 15년간 소식 없이 일본에서 사는 삼촌에게서 연락이 왔다. 조카를 돕고 싶어서 한국에 나왔다는 것이다. 삼촌 덕분에 문제가 해결 됐다.

당신은 지겹기만 한 까마귀 인생인가? 성령 충만을 구하라. 성령의 비둘기가 날라 오는 날 당신에게 기쁜 소식이 올 것이다.

"이 기쁜 소식을 온 세상 전하세/ 큰 환난 고통을 당하는 자에게/ 주 믿는 사람들 다 전할 소식은/ 성신이 오셨네// 성신이 오셨네 성신이 오셨네/ 내 주의 보내신 성신이 오셨네/ 이 기쁜 소식을 온 세상 전하세 성신이 오셨네."

성령의 인

사인만 하면 되는 미국에서는 도장이 필요 없다. 볼펜만 있으면 되니 여간 편리한 게 아니다. 한국에서는 그렇지 않다. 임금에서 애들까지 꼭 도장이 있어야 한다. 임금님의 도장을 옥쇄라 한다. 도장이 없으면 인장이나 지장이라도 찍어야 한다. 식구마다 도장이 있어야 하기에 집집마다 도장주머니를 만든다. 도장주머니는 옥쇄를 모시듯 가장 깊숙한 곳에 꼭꼭 숨겨둔다. 값싼 나무 도장에서부터 시작하여 고무도장 유리도장 뿔도장 상아도장으로 도장의 질이 여러 층이다.

세상에서 제일 높은 도장은 임금님의 도장인 옥쇄다. 그런데 옥쇄보다 더 높고 귀한 도장이 있다. 그게 하나님의 도장이다. 하나님도 도장이 있다니? 있고 말고. 하나님은 우리가 기도하여 응답하여 주실 때, 계약서에 인감도장 찍듯 하나님의 도장을 꽉꽉 눌러 찍어 주신다. 아브라함도 이 도장을 받았고 모세 여호수아도 이 도장을 받았을 것이다. 그러니까 그들이 그렇게 잘 됐을 테지. 하나님의 도장을 성령의 인印이라고 한다.

성령의 인은 성령이 임할 때 몸에 도장이 찍히는 현상을 말한다. 사람의 몸에 도장이 찍히다니? 고향의 어린 시절, 도장 찍힌 소를 본적은 있으나 멀쩡한 사람의 몸에 도장이 찍힌 경우는 본적이 없다. 여러분은 도장 찍힌 소를 본적이 있는가?

아무 소에게나 도장을 찍는 게 아니다. 암소가 아니라 숫소 인 황소에게만 찍는다. 황소 중에서도 건강하고 잘 생겨서 미스터 황소에 뽑힐 수 있는 미남 황소에게만 도장을 찍는다. 도장황소는 먹는 것부터 다르다. 끼니마다 잘 익은 콩을 한 사발 씩 여물에 넣어 먹음직스럽게 푹 삶아 끓여낸 소죽을 먹는다. 구정물에 볏짚을 썰어 넣어 끓인 소죽을 먹어야 하는 일반 소에 비하면 가히 진수성찬이다.

소들은 암소 황소 가릴 것 없이 소처럼 일하기 마련인데 도장이 찍힌 미스터 황소는 절대 일을 하지 않는다. 재벌 집 아들들이 일도 않고 허구한 날 압구정동에서 미녀사냥을 즐기는 것처럼 미스터 황소는 빈둥빈둥 놀면서 암소와 사랑놀이 하는 게 일이다. 암소들이 임신 할 때가 되어 발정發精을 하면 소 주인은 아무 황소에게나 끌고 가지 않는다. 반드시 도장 황소에게만 가도록 돼있다. 콩으로 정력을 돋운 도장황소는 농부들이 끌고 온 발정한 암소를 신부로 맞이하여 한바탕 사랑 놀음을 즐길 수 있다. 시골 면내面內에 암소는 수백 마리인데 도장황소는 한마리라서 일 년 내내 매일 사랑놀이를 즐길 수 있다. 이쯤 되면 3천 궁녀를 거느리고 무릉도원武陵桃源을 즐겼다는 진시황제가 결코 부럽지 않다.

이 도장황소를 종우種牛라고 부른다. 종자를 만들어 주는 소라는 뜻이다. 종우가 되는 과정이 까다롭다. 나라에서 우량 황송아지를 소 잘 기르는 집에 하사하여 기르게 한다. 이 송아지가 잘 자라서 청년소가 되면 뻘겋게 달군 쇠꼬챙이로 소귀를 뚫고 쇠양철을 끼운다. 소가 어른으로 자라면서 도장모양의 쇠양철이 살 속에 박혀 견고한 도장(Seal)이 되면 그때부터 바람둥이 황소노릇을 하게 되는 것이다.

종우는 소도둑도 꼼짝 못한다. 소도둑이 훔쳐다가 몰래 도살장에 넘겨봤자 도장이 증거가 되어 금방 소도둑으로 탄로나 꼼짝없이 붙잡히기 때문이다.

그런데 기독교인도 도장 받은 신자가 있다. 성령의 인침을 받은 성도를 말한다(고 후1:22). 계시록에는 7년 환난 날에 이마에 하나님의 인침을 받은 자만 구원 받는다고 했다. 도장 받은 성도의 숫자가 14만 4천 명이었다.

박태선이 잘 나갈 때 그는 도장 잘 찍기로 유명했다. 그의 부흥집회장에 불이 떨어졌고 안수기도를 받으면 이마나 손등에 도장같은 점이 생기곤 했다. 성령의 인이었다. 박태선은 인印치는 종으로 이름을 날렸다. 이에 교만 할대로 교만해진 박태선은 계시록대로 14만 4천 명을 인치겠다고 덤벼들다가 그만 이단 마귀로 타락하고 말았다. 그러자 그는 소사에 신앙촌이라고 부르는 천년성을 세우고 신도들을 끌어들여 강제노역으로 돈을 벌었다. 옛날 신앙촌에서 만드는 간장 카스텔라 담요는 인기가 대단했었다.

나의 서울시절, 전도관에 다니던 아가씨가 박태선을 버리고 우리교회로 나왔다. 그 아가씨와 나눈 우문현답愚問賢答.

"아가씨, 박태선이 지금도 도장 찍고 있나요?"

"웬걸요, 영력이 떨어져 아무리 기도해도 도장이 안 찍히니까 대신 간장을 만든대요. 그래서 제가 목사님 교회로 나온 거지요."

성령의 상징 아홉 가지 중에 성령의 인은 아주 희귀하다. 은혜 중에 은혜, 충만 중에 충만할 때 나타난다. 예산에서 부흥회를 인도할 때였다. 안계철이라는 젊은 집사가 녹음기를 사들고 참석했다. 녹음기가 귀한 때였다. 양복점 기술자로 일하는 안 집사는 일주일간 특별휴가를 내고 시간마다 참석하면서 설교를 녹음하는 것이었다. 밤 집회시간에 안수기도를 받고 자고 일어나 보니 손등에 도장형상의 멍이 찍혀 있었다. 신기하게 이팔 저팔로 옮겨 다녔다. 두려웠다.

"목사님! 이게 뭡니까?"

"성령의 인치심을 받은 겁니다. 땅을 사려고 돈을 지불했어도 인감도장을 찍어야 산 땅이 내 땅이 되는 것처럼 성령의 인치심은 구원과 축복의 확증입니다. 너는 내 것이라. 내가 너를 보증한다고 하나님이 안 집사에게 인감도장을 찍어주신 거지요. 도장 찍힌 종우를 소도둑이 꼼짝 못하는 것처럼 성령의 인을 맞은 성도에게는 마귀가 얼씬도 못한 답니다."

부흥회 끝나고 1주일 후에 서울로 시외전화가 왔다. 교인들이 안 집사 집에 모여서 녹음해 둔 부흥회설교를 듣고 있는데 도장 소동이 벌어졌다는 것이었다. 참석한 사람의 거반이 몸에 도장이 찍히기 시작했는데 너무 성령 충만하여 울고 웃고 춤추고 기뻐했다는 것이다.

그 후에 안 집사는 처자식들을 데리고 서울로 올라왔다. 워낙 적수공권이라 신통치 않게 뭘 꼼지락 거리면서 살았는데 일 년 넘더니 집을 사고 공장을 차리는 것이었다. 흥부의 복바가지라도 주웠나 했는데 그게 아니었다. 도장의 능력이라는 것이다. 성령의 인치심을 받은 이후로 하나님의 축복을 의심해본 적이 없다는 것이다.

방탕한 사기꾼 아들이 몰래 아버지의 인감도장을 훔쳐다가 도장만 찍으면 아버지 논밭전지 팔아먹고 마음대로 은행융자 얻지 않는가? 내가 하나님의 인감도장인 성령의 도장을 몸에 받았는데 어찌 하나님이 모른 체하시랴! 그래 그는 일마다 기도마다 어려울 때마다 성령 도장의 힘으로 극복하면서 승리했다는 것이다.

당시 고등학교 다니던 안 집사의 동생 안계종은 지금 능력 있는 목사가 됐다. 어머니는 기도대장 윤 권사님이다. 그 아내까지 모두가 성령의 도장을 받은 믿음의 가족들이다.

이민의 삶이 피곤하다. 소처럼 죽도록 일만 하는데도 갈 길은 멀기만 하다. 문득 고향의 어린 시절에 본 황소 종우가 생각난다. 똑같은 소지만 귀에 도장 찍힌 것 때문에 꽃밭 속에서 암소들과 지내던 그놈을 생각하면 입가에 웃음이 감돈다. 소만도 못한 이민인생이다. 그러나 나에게도 하나님의 인감도장이 있지 않은가? 임금님의 옥쇄보다도 더 소중한 성령의 도장을 받은 내가 무얼 낙심한단 말인가? 성령의 인印을 생각하면 나는 옥쇄를 훔쳐 임금이 된 수양대군처럼 괜히 우쭐해진다.

성령의 보증

자동차를 사러 갔더니 코싸인(Co-sign)을 가져오란다.
"코싸인이 뭡니까?"
"자동차를 사려는 목사님의 싸인 말고 다른 사람의 사인을 하나 더 받아 오는 걸 코사인이라고 합니다."
"별것 아니군요."
미국생활을 오래한 가까운 친척에게 코싸인을 부탁했더니 매정하게도 노 사인이다. 김종화 목사가 혀를 찼다.
"저런 물도 피도 없는 철면피 인간을 봤나? 형제간에 너무 하군."
김 목사가 자청하여 코싸인을 해 주자마자 삐까 번쩍 현대 액셀이 내 앞으로 굴러오는 것이었다. 김 목사는 미국 와서 알게 된 사이다. 코싸인이 뭔데 친척은 거절했을까? 김종화 목사가 얼마나 능력 있기에 그의 코싸인 하나로 만사오케인가? 1988년 이민 오던 해에 내가 뉴욕에서 체험한 코싸인 에피소드다.

코싸인은 보증 혹은 담보역할을 한다. 은행에서 융자를 얻을 때 융자금만큼 가치가 있는 담보물이 있어야 돈을 내준다. 꿔간 돈을 못 갚으면 담보물을 압수하는 조건으로 말이다. 담보물이 없을 때는 돈 있는 사람이 보증을 해주면 된다. 보증인은 법적으로 책임을 지도록 돼있기 때문이다. 보증만 있으면 얼마든지 돈을 쓸 수 있으니 보증은 현금이나 마찬가지다.

구약시절 죄를 짓고도 보증으로 죽음을 면한 다말이라는 여인이 있었다. 아들 3형제를 둔 유다는 다말을 며느리로 맞아 큰아들 엘과 결혼시켰다. 그런데 첫날밤을 치르다 신랑이 천벌 맞아 죽는다. 둘째 아들 오난을 큰 며느리 방으로 들여보냈다. 거기서 아들을 낳으면 죽은 큰아들의 씨가 되도록 돼 있는 게 당시풍습이기 때문이다. 낳아 봤자 형의 아들로 입적 되는 게 싫었다. 오난은 애무 끝에 성교하는 척 하면서 슬그머니 땅바닥에다 사정해 버렸다. 여기서 질외사정窒外射精 즉 오나니즘이란 말이 생겨났다. 이에 화가 난 하나님이 오난을 죽여 버린다. 졸지에 두 아들을 잃어버린 유다는 덜컥 겁이 났다. 막내 셀라를 내줬다가는 막내마저 큰며느리가 잡아먹을 것 같았다. 셀라를 줄 생각을 안 한다. 시아버지 유다의 미움을 받아 친정으로 쫓겨 가 수절을 하는 다말은 안달이 났다. 유다 가문의 후손을 낳지 못하는 건 맏며느리로서 칠거지악七去之惡의 죄가 되기 때문이다.

그러는 사이에 유다는 상처喪妻를 하고 울적한 마음으로 딤나를 여행하다가 예쁜 창녀를 만나 회포를 풀게 된다. 유다는 창녀에게 화대花貸로 염소 한 마리를 주기로 약속하고 보증으로 끈 도장 지팡이를 주고 헤어진다. 그런데 염소를 받으러 창녀가 찾아오지 않는 것이었다. 그도 그럴 것이 그 창녀는 시아버지와 관계를 해서라도 유다 가문의 씨를 받아내기로 작심한 며느리 다말이었기 때문이다. 후에 다말이 임신한 사실이 드러나자 유다는 간음죄로 며느리를 죽이려 드는데 그때 그녀는 세 개의 보증을 내민다. 그 보증의 주인이 자기인 걸 알게 된 유다는 유구무언으로 묵인하고 다말을 살려준다. 그렇게 해서 생긴 다말의 후손에게서 그리스도가 탄생했다. 보증 때문에 다말이 살아난 것이다.

보증은 크레디트다. 돈 없어도 남이 나를 보증해주면 차도 살 수 있고 아파트도 렌트할 수 있다. 똑똑한 사람은 남에게 돈을 꾸어줄 때 반드시 보증을 받는다. 보증만 받으면 제 아무리 구두쇠인 놀부에게 돈을 빌려줬어도 절대 걱정 없다. 천하의 놀부 고집도 보증을 내밀면 꼼짝 못하고 갚기 때문이다.

착해빠진 김 서방은 보증 잘못 서서 곤욕을 치렀다. 처남의 은행 융자 보증을 섰는데 처남의 사업이 그만 폭삭 망해 버렸다. 그 바람에 김 서방의 금싸라기 시흥 땅이 하루아침에 날아가 버린 것이다. 김 서방은 그래도 처남을 원망하지 않고 예수를 열심히 믿더니 지금은 장로가 되어 잘살고 있다. 김 서방은 나의 외사촌 여동생 이강자의 남편 김용택 장로다.

개똥이로 불리는 나의 당숙 영헌 아저씨는 보증 없이 돈을 빌려 주는 바람에 망한 사람이다. 당숙은 부잣집의 3대 독자로 태어났는데 이리저리 굴러다녀도 누가 치워 가는 사람이 없는 개똥처럼, 오래 오래 살라고 해서 이름이 개똥이다. 어느 날 사업하는 친구가 뻑쩍찌근하게 술을 사더니 돈을 빌려달라고 졸랐다. 사람 좋은 당숙이 조건을 달았다.

"친구 어려운 일 모른 체 할 수 없지. 그러면 보증으로 영수증을 써 주게나."

"아따 이 사람, 친구지간에 영수증이 무슨 필요가 있나."

"허긴 그래."

돈을 빌려간 친구가 잡아떼는 바람에 개똥아저씨는 꼼짝없이 당하고 말았다. 친구지간이라도 영수증을 받아놓는 건데. 후회했지만 막급이었다.

나는 중대한 기도를 할 때는 밤을 새운다. 1분이면 끝날 내용을 갖고 밤새워 중언부언 하는 것이다. 아내는 그게 못 마땅하다.

"여보 무슨 기도를 그렇게 오래하고 있어요? 구한 건 받은 줄 믿으라, 중언부언 하지 말라고 했잖아요."

"기도 영수증인 성령의 보증을 받으려고 그래요. 워낙 중차대한 기도라서 하나님의 확실한 보증을 받아야겠어요. 그러니 성령의 보증을 주실 때까지 매달려야지요. 왜 성령의 보증이 필요하냐구요?

성령의 보증을 받으면 믿음이 약해져도 시련이 와도 오늘 구한 게 반드시 이루어지게 마련이니까요."

바울도 성령의 보증을 받곤 했다(고후 1:22). 성령의 보증을 받은 기도는 100퍼센트 응답이다. 잔뜩 기도하고 나서 성령의 보증을 받지 않고 끝냈다면 그건 영수증 받지 않고 돈을 빌려준 개똥 아저씨 꼴이 되기 쉽다. 그래서 성령의 보증이 필요하다. 기드온도, 모세도, 베드로도 중대한 기도를 드릴 때는 반드시 하나님에게 응답의 보증을 요구했다. 그러면 하나님은 성령의 보증을 주시곤 했다.

기도할 때마다 꼭 성령의 보증을 받아야 하는 건 아니다. 일용할 양식 정도의 일상기도는 그저 믿음으로 아멘만 해도 된다. 이것이냐 저것이냐? 흥하느냐 망하느냐 하는 아주 심각한 기도를 할 때는 반드시 성령의 보증을 받아내야 한다. 예를 들면 평생 배필을 만나는 결혼을 위한 기도를 할 때다.

"하나님 오늘 선을 본 남자와 결혼해야 합니까? 말아야 합니까?"
밤새워 기도하는데 환상 중에 백마 탄 왕자가 나타나더니 자기를 아름다운 꽃밭으로 인도한다. 그 남자와 결혼해도 좋다는 오케이 싸인을 보내는 성령의 보증이다.

사업을 위한 기도를 할 때도 성령의 보증을 받아야 한다. 집과 재산을 팔고 전 재산을 투자하여 근사한 사업을 해야지. 기도원에 들어가서 금식기도를 하는데 잘 익은 과일 향기가 진동하더니 눈 앞에 능금이 주렁주렁 매달린 사과나무가 환상으로 보인다. 운수대통을 예고하는 성령의 보증이다. 그 대신 아무리 기도해도 가슴만 답답하더니 그날 밤 꿈에 집채만 한 황소가 나타나 달려들어 계속 도망만 다녔다. 문제다. 학력고사 점수가 330인데 서울대에 지원할까 연세대에 지원할까? 돈 잘 버는 의대에 갈까 적성에 맞는 미대에 갈까? 그런 기도를 할 때에도 성령의 보증을 받아내는 게 좋다.

성령의 보증은 보통 환상으로 보인다. 꿈으로 나타나기도 한다. 영이 발달한 사람은 향기로운 냄새나 악취로 맡을 수도 있다. 길조나 예조처럼 자연현상으로 나타나 보일 때도 있다.

삼 년 가뭄 끝에 엘리야가 비오기를 기도하는데 하나님은 응답의 보증으로 손바닥만한 구름조각을 보여주셨다. 과연 보증대로 축복의 소나기가 갈멜산에 내려 이스라엘 땅을 흠뻑 적셨다.

30년 전 내가 수원순복음교회에서 데뷔 부흥회를 할 때였다. 담임목사는 이재창 전도사였다. 순복음 부총회장을 지낸 이재창 목사는 뉴욕에도 자주 부흥회를 인도하러 오는 거물급이다. 그리고 수원순복음교회는 수원의 요지에 터 잡고 있는 3천 명 수용의 대성전 교회다. 그러나 그때는 100명 안짝의 개척교회였다.

그 교회에 조병열이라는 집사가 있었다. 바짝 마른 키에 얼굴이 새까만 조 집사는 가난한 숯장사였다. 그날 밤 "엘리야의 소나기 축복"이라는 설교를 한 후에 통성기도를 하는데 조 집사의 폼이 특이했다. 안수기도 받고 펄펄 뛰던 조 집사가 두 손을 번쩍 들고 손뼉을 쳐대더니 별안간 자기 손으로 사타구니를 안찰하는 것이었다.

'저런, 저러다가 감 연시 터질라!'

사타구니에 불치의 피부병을 앓고 있어 평생 어기적거리며 걸어다녀야 했던 그에게 성령불이 임하였던 것이다.

"저에게 엘리야의 권능이 임하여 20년 된 저의 피부병이 깨끗이 나았습니다. 또 저에게 소나기 축복을 주셨고 이 교회도 거대한 3층짜리로 크게 부흥될 것입니다."

펄펄뛰며 기도하는데 환상을 봤다는 것이다. 성령의 보증을 받은 것이다. 조 집사가 받은 성령의 보증대로 순복음교회는 3천석의 대성전을 세웠고 조 집사는 축복을 받아 지금 그 교회의 장로가 됐다. 성령은 속일 수 없다. 성령의 보증을 받은 기도는 아무리 불가능해 보여도 반드시 이루어진다. 하나님이 절대 보장해 주시기 때문이다.

맨주먹으로 사업을 하려는데 돈 있는 사람의 코싸인이 필요한가? 인색한 처남 매부에게 사정해 봤자 부질없는 짓이다. 대신 하나님께 사정해 봐라. 하나님이 코싸인 해 주실 것이다. 그게 성령의 보증이다.

제3장
대형교회가 망해야 한국교회가 산다

2005년에는 조용기 강원용 김창인 3거두 목사가 매스컴 앞에서 하는 공개 회개를 했다. 기사를 보고 나는 참담하다는 생각이 들었다. 회개는 골방에 들어가 하나님 앞에서 숨겨진 개인의 죄악을 통회 자복하는 것이다. 공개적으로 회개할거라면 이러면 어떨까?
"술 마시고 여성 지도자들을 성 희롱했던 크리스천 아카데미 스캔들을 회개합니다."
"다른 교회교인들을 끌어들여 종교왕국 만든 죄를 회개합니다."
"아들목사를 후임자로 들여놓고 부자간에 교회쟁탈전 벌인 죄를 회개합니다."

망조(亡兆)든 한국교회

일간신문의 종교란을 읽고 온 강 전도사가 태산이 무너지는 소리다.

"목사님, 한국교회가 큰일 났데요. 한국교회는 선교 100년 만에 1200만 성도를 돌파하여 세계를 놀라게 했지요. 선교 200년인 가톨릭은 겨우 300만인데 말입니다. 이는 포교 1600년 역사를 자랑하는 불교(1250만)와 비슷한 실적입니다. 세계 50대 대형교회 중에 27개를 한국교회가 차지했어요. 1만 6천 명의 선교사를 해외에 파견하여 6만 4천 명을 보낸 미국 다음인데 인구비례로 따지면 미국을 제치고 세계 1위랍니다.

그런데 10년 전부터 기독교인이 줄어들고 있답니다. 10년 동안 불교를 떠난 사람은 400만 명, 천주교를 떠난 사람은 190만 명인데 개신교를 떠난 크리스천은 무려 750만 명이나 된답니다. 더욱 놀라운 건 개신교를 떠난 사람들이 거반 천주교로 달려간다는 거예요. 늘어나는 천주교의 새신자중 57.1%가 개신교에서 왔답니다. 그래서 2005년 현재 불교 1,072만 명(인구비례 22.8%) 개신교 861만 명(18.3%) 천주교 515만 명(6.6%)이래요.

천주교는 신자들이 전도도 안하는데 제 발로 찾아와 부흥된답니다. 개신교는 다단계판매 전략식으로 교인들을 전도훈련을 시켜 전교인 전도출동 총력 전도를 합니다. 그런데 한국교회의 공신력이 땅에 떨어져 있어 아무리 새 신자를 데려와도 밑 빠진 독에 물 붓기래요."

"한국교회를 위기로 몰아넣은 주범은 무엇이라고 썼던가요?"

"대형교회와 부실 신학교래요. 수만 명이 모이는 대형교회는 교회의 기업화 세속화의 주범이래요. 엄청난 헌금을 거둬들이는 재벌급의 대형교회를 본 젊은이들이 신학교로 몰려드는 바람에 무자격 신학교, 야간신학교, 통신신학교가 우후죽순처럼 늘어나 일 년에 7천 명이 신학교를 졸업한대요. 또 이들 엉터리신학교가 목사안수와 박사학위를 남발하는 바람에 저질목사, 사기꾼목사가 범람하여 기독교 성직자의 질을 떨어뜨리고 있대요."

강 전도사의 걱정에 나는 태평이었다.

"걱정 말아요. 이명박 장로님이 대통령이 됐으니 이젠 염려 없어요. 이명박 장로님이 서울시장 시절 '서울시를 하나님께 바칩니다' 하는 봉헌식을 했듯 대통령이 됐으니 '대한민국을 하나님께 바칩니다' 할 거 아니오? 그러면 대한민국이 통째로 예수 믿게 될 텐데 뭘 걱정이야?"

"아이고, 말도 말아요. 이명박 장로님이 대통령되고 장로, 집사, 권사들이 장관과 청와대 비서관으로 대거 몰려들자 고소영 내각이니 강부자 정부니 하면서 더 난리랍니다. 광우병 쇠고기 파동, 금강산 피격사건, 독도문제를 정부가 제대로 처리하지 못하여 경제망신, 외교망신, 나라망신만 증폭시켰다고 촛불을 켜들고 야단이랍니다. 그런데 조 목사를 비롯 대형교회 목사님들은 촛불집회를 마귀 사탄집회라 정죄하면서 MB어천가를 찬송하느라 법석이래요. 그러자 전국의 사찰에서는 이명박 대통령을 규탄하는 목탁소리가 산천을 울리고 있대요. 이명박 대통령에 실망한 국민들은 교회마저 정이 떨어져 기독교를 '개독교'라 하고 목사를 헌금 먹기만 좋아하는 '먹사'라고 부른답니다. 비 기독교인들은 모두가 안티기독교가 되어 교회가 '공공公共의 적敵'이 돼가고 있대요."

"그러면 대형교회가 야단이네. 집안 식구들끼리 장사하는 구멍가게야 불황이 와도 견뎌내지만 수백 명 종업원을 거느린 슈퍼마

켓은 손님 줄어들면 와르르 망하게 마련이지. 작은 교회들이야 늘 어려움에 익숙하여 교인 좀 줄어들어도 견뎌내지만, 수만 명이 모여 5부 6부 예배 보는 대형교회들은 큰일이겠네. 백화점처럼 크고 호화로운 교회건물 유지비, 수백 대의 교회버스와 운전사 월급지급, 수백 명 교역자 인건비, 거미줄처럼 뻗어나간 해외 선교비를 감당 못해 문 닫게 될 텐데! 대형교회의 IMF를 어떻게 막지?"

"아이고, 평생 작은 교회 목회만 하신 목사님이라 되게 순진하셔라. 전도가 안 되고 교인들이 줄어들면 대형교회는 점점 교인들이 불어나고 소형교회는 문을 닫는답니다. 대형마트가 들어오면 기존의 구멍가게 600여 개가 문을 닫고 망하는 것처럼 말입니다. 실제로 한국교회의 성장이 둔화되고 교회 이미지가 '개독교'가 된 후부터 대형교회가 우후죽순처럼 생겨났답니다. 그 대신 한해에 3천 개의 소형교회들이 문을 닫고 있답니다."

"그래도 대형교회만 잘 되면 소형교회는 자동적으로 노 프로블럼(No problem)이지. 주안에서 형제자매요 교회들은 그리스도의 한 몸이라 하지 않소? 소형교회들이 어려우면 대형교회가 어려운 아우 돕듯 도와 줄거 아냐?"

"아이고, 그런 바보 흥부 같은 생각 마세요. 한국의 대형교회는 놀부보다도 더 욕심이 많답니다. 놀부는 도와주지를 안했을 뿐이지 가난한 동생 것은 한 푼도 안 빼앗잖아요. 그런데 한국의 대형교회들은 모두가 소형교회의 교인들을 빼앗아서 대형교회를 만든 것이랍니다. 교통요지에 호화판 교회를 지어놓고 거미줄에 잠자리 걸리듯 찾아들게 한대요. 고급스런 교회버스를 작은 교회 앞에 주차시켜놓고 호객하듯 유혹하구요. 금요일 밤마다 철야기도 한답시고 일류연예인을 초청하여 간증쇼를 벌려 몰려들게 합니다. 대형교회마다 '요람에서 무덤까지' 마스터플랜을 만든답니다. 유치원부터 시작하여 죽으면 들어갈 공원묘지까지 완벽하게 차려놓아 안가고 못 배기게 해놨어요. 그러니 김중배의 황금 다이아반지에 눈이 먼 심순애가 가난한 애인 버리고 김중배를 찾아가듯 작은 교회 다니던 교인들은 대형교회로 몰려들게 마련이지요. 대형교회를 찾는 교인들은 중소기업 다니다 재벌회사로 직장을 옮긴 기분이래요."

그래? 나는 대형교회를 심각하게 생각해보고 싶었다.

한국교회를 잡아먹는 공룡

조용기 목사가 세운 여의도순복음교회는 여의도에 있는 본 교회 말고 전국에 31개의 지 교회를 거느리고 있다. 교인이 자그마치 78만 명. 안양에 본당을 둔 동생 조용목 목사는 21개의 지 교회에 30만 명. 형제가 연합하여 인구 100만의 종교왕국을 건설한 셈이다.

4형제 목사로 유명한 감리교의 김선도 김홍도 김국도 김건도 목사도 세계적인 빅브라더스 목사다. 장남 김선도는 7만의 광림교회, 차남 김홍도는 10만의 금란교회, 삼남 김국도는 1만이 넘는 임마누엘교회를 세웠다. 그 세勢가 20만이니 왕국에는 못 미치나 군벌軍閥이 되고도 남는다.

옛날 삼국지시절에 황건적의 난을 일으킨 장각 장보 장량 삼형제가 있었다. 그들이 처음부터 도적이 아니었다. 거룩한 종교인이었다. 세계종교사상 가장 깨끗하고 심오하다는 도교道敎 일파인 오두미五斗米교 신자들이었다. 맏형 장각이 영력을 받아 병을 고치고 기사이적을 부리자 100만 신도가 몰려왔다. 쌀 단말五斗米에 감지덕

지하던 장각형제들은 100만 신도를 보자 황제가 되고 싶은 욕심이 생겼다. 백만 신도를 무장시켜 머리에 누런 수건을 동여매고 황건적의 난을 일으킨다. 사람들은 그들을 황건적이라 불렀다. 오두미교 신자들은 누런 수건黃巾을 두르고 다녔기 때문이다. 유비 조조 손견 같은 삼국지의 영웅들에게 패하여 망하고 만다.

한국교회는 지금 대형교회 전성시대다. 교회만 그런 게 아니다. 세계최대의 불교사찰도 한국에 있다. 서울 강남에 있는 능인선원은 25만 명이 모여서 법석法席이다. 이 절의 주지 지광 스님은 서울공대 학력으로 인기를 끌다가 신정아사건 때 가짜학력이 들통 난 고졸출신 가짜다.

미국에서 이런 일이 있었다고 한다. 사업하는 아버지가 목사안수를 받고 개척교회를 시작하는 아들에게 훈수했다.

"얘야, 성경적으로 목회를 해봐야 평생 몇 백 명을 끌고 다니는 구멍가게 교회밖에 못한다. 지금은 시장원리가 지배하는 자본주의 시대다. 주먹구구 구멍가게가 아니라 유통구조를 확대하는 백화점 시대이지. 교회도 기업경영원리를 도입하면 재벌교회로 부흥시킬 수 있다. 투자하는 셈치고 내가 넉넉히 자금을 대줄테니 너는 이렇게 해봐라.

교통요지에 대형성전을 짓고 내부를 극장호텔식으로 꾸민다. 어느 정도 교인이 찰 때까지는 연중무휴로 부흥회를 한다. 빌리그래함 수준의 스타강사를 초청하고 일류성가대가 연주한다. 너는 비서가 만들어준 설교원고로 무대배우처럼 완벽한 연기로 주일 예배설교를 한다. 그러면 매스컴의 주목을 받는 스타목사가 되어 교인들이 몰려들 것이다. 교인훈련은 부교역자들이 하게한다. 새로 나오는 교인들을 세뇌 교육식으로 성경을 가르치게 하고 구역은 점조직으로 묶어라. 교회 안에 연령별 계층별 소그룹을 만들어 독안에

든 쥐가 되어 교인이 빠져 나가지 못하게 한다. 다단계 판매조직방식으로 전도훈련을 시켜 시상제도를 만들고 전도 총출동을 시켜 전도 붐을 일으킨다."

지금 한국의 대형교회들이 하고 있는 목회수법의 원조를 보는 듯하다. 공산당식 세포조직으로 '셀'(Cell)이니 소그룹이니 하는 것들을 조직하여 교인들을 꽁꽁 묶는다. 전교인 총력전도 심방전도 노방전도 같은 외판원식 저인망 전도로 타인 들까지 긁어온다. 세뇌교육을 방불케 하는 성경공부와 전도훈련으로 중독신자를 만든다. 성령을 빙자하여 뜨레스디아스, 뉴에이지, 관상기도 같은 사이비영성훈련을 도입한다.

어떤 대형교회는 구역 담당 부교역자들에게 성장률을 배당해 준다고 한다. 목표달성하면 두둑하게 보너스를 주지만 미달이면 가차없이 목을 자른다. 살아남기 위해 목숨 걸고 뛰다보면 교회가 부흥될 수밖에. 잔인하기가 재벌기업의 용인술과 다를 게 없다. 어느 저술가는 아예 「CEO 조용기」라는 책을 펴냈는데 그게 한국교계에서 베스트셀러란다. 오 마이 갓!

대형교회는 한국교회의 공룡이다.

1. 대형교회는 소형교회를 잡아먹는 공룡이다.

슈퍼마켓이 하나 들어오면 500여 개의 구멍가게가 문을 닫는다. 대형교회가 한 개 생길적마다 300여 개의 소형교회가 문을 닫는다. 대형교회는 소형교회를 잡아먹는 공룡이기 때문이다. 그래서 대형교회가 늘어나면서 전체 기독교인은 자꾸 줄어들고 있다.

2. 대형교회는 신학교범람과 목사양산의 주범이다.

후배목사가 한 말.

"형님, 300명 교인 출석교회 목사는 중소기업 사장 대우를 받고, 1천 명 교회 목사는 대기업 사장 대우를 받습니다. 1만 명 이상 모이는 대형교회 목사는 청와대를 마음대로 들락거리면서 재벌총수 대접을 받지요."

일류대학을 나와 대기업에서 10년째 계장인 젊은이가 대형교회를 보고 눈이 휘둥그레졌다.

'이 교회야 말로 알짜배기 재벌기업 이라구나!'

젊은이는 기도원으로 올라가 3일 금식기도를 하더니 회사를 때려치우고 신학교로 달려갔다. 해마다 7천 명의 신학교 졸업생들이 교문을 나와 제2의 여의도 순복음교회의 꿈을 안고 개척 길에 나선다. 7천 명은 옛날이요 지금은 1만 명을 넘는단다.

대형교회 출현으로 교회 이미지를 망쳐버린 한국교회는 전도가 안 돼 교인수가 줄어들고 있다. 그러나 신학교와 목사들은 자꾸만 늘어난다. 너도 나도 대형교회를 꿈꾸면서 개척의 간판을 내걸기 때문이다. 한국은 골목마다 교회간판이다. 미국은 한수를 더 떠 뉴욕 한인타운에는 한 건물에 두 세 개의 교회 간판이 꽂혀있기도 하다. 동포끼리 경쟁으로 유명한 네일가게 야채가게도 같은 건물 안에 두 세 개가 들어오지를 않는데.

그러다보니 엉터리 신학교 엉터리 목사들이 범람하게 마련이다. 고려 말 요승妖僧 신돈이 부귀영화를 누리자 어중이떠중이들로 시끄럽다가 아예 나라가 망해버렸다. 어중이떠중이란 엉터리 중 떠들기만 하는 중이란 뜻이다.

3. 대형교회는 교회부패의 온상이다.

리서치가 조사한 바에 의하면 한국종교의 비리는 기독교가 80%란다. 그런데 기독교 비리의 태반이 대형교회와 기도원에서 일어나고 있다는 것이다. 교회 비리는 교회 혐오증을 낳는다. 그래서 지금 한국교회는 아무리 전도나팔을 불며 몸부림을 쳐도 마이너스 성장이다.

대형교회는 세계적인 추세다. 미국은 TV설교로 대형교회를 양산해 왔다. 세계최초의 대형교회는 미국 캘리포니아에 있는 로버트 슐러 목사의 수정교회다. 로버트 슐러는 성경 대신 "하면 된다"는 심리학을 설교하여 대형교회를 만들었다. 조 목사를 비롯한 한국목사들은 로버트 슐러의 "적극적 사고"를 밴치마킹하여 대형교회를 세웠다.

짐 베이커와 로버트 슐러는 대표적인 미국의 TV슈퍼스타 목사다. 짐 베이커가 약간 쉰 목소리로 청승을 떨면서 훌쩍거린다.

"우리 주님께서 여러분의 죄를 사하기 위하여 십자가 위에서 못 박혀 죽으셨습니다."

그러면 뒷자리에 앉은 마누라는 닭똥 같은 눈물을 줄줄 흘린다. 능란한 설교연기에 속은 시청자들은 아낌없이 돈다발을 보냈다. 주머니에 헌금을 가득 채운 짐 베이커는 젊은 아가씨들을 옆에 끼고 호텔로 해변으로 돌아다니며 엽색행각을 즐겼다. 꼬리가 길어져 공금횡령과 스캔들이 들통 난 짐 베이커가 감옥에 들어가자 아내는 기다렸다는 듯이 연하의 남자와 깊고 푸른밤을 수놓았다. 부창부수夫唱婦隨요 그 나물에 그 밥이다. 한편 로버트 슐러는 아들에게 수정교회를 양도하여 부자세습에 성공한다.

그런데 짐 베이커가 스캔들로 감옥을 다녀오고 로버트 슐러가 아들에게 교회를 세습한 후부터 TV설교는 인기 없는 드라마로 전락하기 시작한다. 황금알을 낳아주던 TV설교가 이제는 알도 낳지 못하는 미운오리새끼가 돼버리고 만 것이다. 그러면서 미국교회는 급속히 기울고 있다. 따지고 보면 TV설교는 미국교회를 기업화 세속화로 인도한 주범인 것이다. 그래도 미국은 주일아침마다 TV설교다. 그런데 요즘 TV설교는 불신자 전도용이 아니다. 신자들을 대형교회로 수평이동 시키려는 대형교회 불리기 작전인 것이다.

로빈슨 교수가 지적한 바에 의하면 지금 미국은 해마다 200만 명씩 교인이 줄어들고 있다고 한다. 이대로 가다간 2042년쯤 되면 미국은 기독교국가가 아니 될 수도 있다는 것이다. 무섭다. 주라기 공원의 공룡보다도 더 무서운 게 대형교회란 말인가?

대형교회의 원조

영락교회를 한국 대형교회의 원조로 생각하기 쉽다. 1950년대에 이미 2천 명의 교인이 모이고 있었기 때문이다. 동양의 성자로 소문난 한경직 목사의 설교도 유명했지만 영락교회는 월남한 이북피난민들이 몰려드는 이북사람들以北人의 본산本山이다. 그래서 순수하게 대형교회라 보기 어렵다.

아무래도 조용기 목사가 이끄는 여의도 순복음교회를 대형교회의 효시로 본다. 서대문에서 2천 명의 교인을 모은 조용기 목사는 1960년대 말에 여의도로 교회를 옮겼다. 대형교회건물을 짓느라 악전고투하더니 교세가 급성장하여 1970년대에 만 명이 모이는 대형교회로 성공했다.

그러나 여의도 순복음교회가 생기기 전인 1950년 대 말에 한국에는 이미 3만 명이 모이는 대형교회가 있었다. 이단으로 몰린 마포전도관이다. 그러므로 한국 대형교회의 원조는 이단교회라고 보는 게 옳다. 대형교회의 시작이 이단교회라서 그런지 한국 대형교회는 이단과 닮은 점이 너무 많다.

이단교회가 처음부터 이단은 아니었다. 박태선도 문선명도 원래는 목사를 하나님처럼 받드는 순진무구한 교회집사님들이었다. 특히 남대문 장로교회의 박태선 집사가 더했다. 박태선 집사가 성령을 받자 담임 김치선 목사는 그를 데리고 다니면서 부흥회를 했다. 김 목사가 설교하기 전 박태선 집사가 강대상을 두드리면서 "성신이 오셨네. 성신이 오셨네" 찬송을 인도했다. 그러면 그의 손바닥에서 불길이 나오고 기사이적이 나타났다.

김치선 목사보다 인기가 더해가자 떨어져 나가 단독으로 부흥회를 인도했다. 교인들이 구름같이 몰려들자 당황한 기성교회는 박태선을 이단으로 파문破門했다. 박태선은 방어용으로 전도관傳道館을 세우고 신앙촌信仰村을 만들어 천년성千年城이라 했다. 살아남기 위한 자구책으로 기성교회를 공격하다 보니 박태선은 돌이킬 수 없는 이단으로 굳어져버렸다.

1950년 말 동도공고 야간부에 다니는 나는 마포구 염리동 산동네서 살고 있었다. 친구의 다락방에서 새우잠을 잤는데 밤중에 몇 번씩 일어나 밖으로 나가야 했다. 수도가 없었고 공중변소가 있는 달동네였기 때문이다. 잠이 깨면 천막 문을 열고 나가 공중변소에 가서 용변을 본 후 산중턱으로 올라가 샘물을 길어왔다.

그런데 문밖이 아름다웠다. 만월滿月은 중천에 떠 있는데 산허리를 감고 있는 천막동네 위로 달빛이 하얗게 뿌려지고 있었다. 은하의 세계처럼 신비스러웠다. 그때 달빛사이로 찬송소리가 들려왔다. 멀리 한강변에 있는 마포 전도관에서 스피커로 보내주는 새벽기도 타종소리였다. 스피커가 귀하던 시절이라 천사가 천국종을 치는 것처럼 신비하고 아름다웠다. 타종소리에 끌려 나는 마포 전도관을 찾아가봤다.

3만 명이 모여 예배를 보고 있었다. 소사에는 14만 4천이 모이는 천년성(?)을 짓는 중이었다. 전도관 체육대회를 하는 서울운동장에 가봤다. 12개의 드럼통에 물을 가득 채워놓고 박태선이 물위로 손바닥을 편 채 슉! 슉! 축복을 빌면서 지나가면 사람들이 물병에 담아갔다. 만병통치의 성수聖水라는 것이다. 빨간 런닝샤스를 입은 박태선이 젊은이들과 어울려 농구를 하는 모습이 이채로웠다.

당시 박태선이 한강 백사장에서 부흥회를 하면 수만 명이 몰려들었다. 헌금으로 내놓은 금패물이 가마니를 채웠다. 설교하는 그의 머리위로 비둘기들이 하얗게 날고 향기가 진동했다. 불이 떨어지면 앉은뱅이가 일어나고 멀쩡한 사람들은 떼굴떼굴 구르면서 성령을 받았다.

지금은 유명장로가 된 경향신문의 김경래 기자가 박태선의 이단성을 추적하고 다녔다. 신유집회에 가보니 향기는커녕 환자들의 땀 고름냄새로 악취뿐이요 성령불이 내린 사진은 현상懸象조작이라는 폭로(?)기사를 썼다. 나는 철저하게 김경래 기자의 신문기사를 믿었다.

그러다 1975년에 40일 기도를 한 후부터 나는 박태선의 기적을 인정한다. 나처럼 시시한 목사에게서도 부흥회를 인도할 때 비들기가 날고 향취가 가득하고 불이 내려와 놀라게 할 때가 허다했으니 말이다. 현신애 권사의 신유집회에 가보니 향취와 소독 냄새가 가득했다. 그런데 내 옆 사람은 환자들의 썩은 발 고락 냄새, 땀 냄새만 난다고 불평하고 있었다.

맹물을 성수(?)로 만든 건 박태선의 전유물은 아니다. 할렐루야 기도원의 김계화 전도사도, 오산리순복음 기도원의 최자실 목사도 성수를 만들었다고 한다. 심령과학자 안동민은 "진동수振動水" 성수로 유명하다. 모세도 독이 있는 마라의 쓴물을 단물로 바뀌게 했으니 성수도 가능할테지?

내가 부산에서 부흥회를 하는데 40대 귀부인들이 몰려와서 수작을 걸어왔다.

"선생님이 안동민 선생과 비슷한 데가 있네요. 서울에서 목회하신다니 한번 안동민 선생님을 만나보시지요."

서울대를 나온 소설가 안동민은 출판업이 망하여 자살하러 가다가 하늘의 빛을 받는다. 초능력이 나타나자 작가생활을 집어치우고 심령과학자가 됐다. 옴 진 동수로 성수를 만들어 병자를 치료하는 걸로 유명했다. 맑은 물 위에 두 손바닥을 펴고 "옴… 옴"하고 몸 안에 있는 기를 내보낸다. 그러면 손바닥으로부터 전류 흐르듯 기가 나가서 물 위에 진동을 일으키면서 성수가 된다는 것이다. 이름하여 "옴 진동수"다.

부흥회를 끝내고 상경한 나는 그녀들이 알려준 대로 삼각산 근처를 찾아봤다. 하얀 한복을 입은 안동민이 열 손가락에 구슬 박힌 반지를 끼고 손님을 맞고 있었다. 중년여인이 소년을 데리고 들어와 안동민 앞에 앉았다.

"착하고 영리하게 잘생겼구나. 애야, 네 이름이 뭐냐? 영철이라고?"

안동민은 두 손을 뒤로 숨긴 채 자애로운 표정으로 소년의 마음을 안심시켰다.

"애, 영철아 나 좀 볼래, 눈 크게 뜨고 나를 똑바로 봐. 옳지 그래. 영철아 또 이걸 좀 볼래."

안동민이 불쑥 소년 앞에 반지를 낀 손을 내밀자 소년은 무심코 반지를 쳐다봤다. 그 순간 소년은 으악! 소리를 지르면서 덫 줄에 걸린 산돼지처럼 뒹굴기 시작했다. 안동민은 드라큘라처럼 위엄 있는 목소리로 꾸짖었다.

"이놈 귀신아, 뛰어봤자 벼룩이다. 너는 이 반지 속에 갇혀 버렸다. 저 소년의 몸에서 나오지 않으면 나는 너를 천 년 만 년이 반지

속에 가둬버릴 테다."

손오공이 우마 왕을 호로병 속에 넣었다는 서유기를 보는 기분이었다. 소년을 괴롭히는 귀신을 반지 속에 집어넣은 것이다. 어르고 달래고 호령하여 끝내 귀신이 항복하고 울며 나가자 소년은 거품을 흘리더니 쓰러져 잠이 들었다.

"이 선생님, 두 손바닥을 위로 향해 펴 보이십시오.

안동민은 내 손바닥 위로 자기의 손바닥을 아래로 펴 닿을락 말락 겹쳤다. 그리고 몸을 떨면서 "옴-주문"을 시작했다. 그의 손바닥에서 전류가 흘러나와 내손바닥에 뜨겁게 닿았다. 나는 얼른 "할렐루야"로 응수했다.

"옴 옴 옴……"

"할렐루야, 할렐루야……"

우리 둘은 전류에 감전된 듯 얼굴이 붉게 타올랐다.

"이 선생님의 영력이 대단하십니다. 그 정도면 이 선생님도 진동수를 만들 수 있습니다. 교인들에게 나눠주면 질병치료가 되고 교인들이 많이 몰려올 것입니다."

"나는 진동수가 필요 없습니다. 한 번 마시면 영원히 목마르지 않고 죽은 자를 살려내는 생수가 있으니까요."

하나님 역사건 마귀 역사건 영력이 있으면 기사이적이 나타난다. 내 알기로는 한국교회 역사상 최대의 능력자는 박태선 문선명 김기동 순서일 것이다.

아무튼 박태선은 한국 최초의 대형교회 목회자이다. 한경직 목사의 영락교회가 2천명을 자랑할 때 마포전도관은 3만 명이였다. 박태선은 능력은 탁월했지만 이를 끌고 나갈 교리를 만들지 안했다. 그래서 영력이 떨어지자 기사이적이 뜸해지고 10만 명이 모이던 소사천년성은 신앙촌 간장공장으로 전락하고 말았다.

한국교회의 대형교회는 이단들로부터 시작됐다. 박태선의 전도관이 50년대에 10만을 채웠다. 뒤를 따르면서 통일교회의 문선명도 단일교회체제로 수십만을 거느렸다. 김기동의 성락교회는 13만을 넘는다. 이단으로 통하는 이재록의 만민교회도 10만이다. 베뢰아의 아류들인 이태화·한만영·이초석도 대형교회를 이끌고 있다.

이단성 대형교회보다 순수한 소형교회가 낫지 아니한가.

이단 출신들이 참 많네요

"목사님, 대형교회 중에 이단 출신들이 참 많네요. 한국교회에서 이단으로 대접하는 베뢰아 창시자 김기동 목사가 엊그제 놀라운 사실을 발표했어요. 내로라하는 대형교회의 목사들이 베뢰아를 공부한 자기의 제자들이라고 폭로해 버린 거예요. 그런데 이단이 뭐예요?"

교회신문을 읽고 온 정 집사가 열을 올렸다.

"종교학에서 교회의 건전성을 '정통-〉이단-〉사이비-〉사교'로 분류하지요. 정통正通은 교리나 윤리상 종교로 인정할 수 있는 건전한 종파를 말합니다. 이단異端은 한문으로 다를 '이'異 '꼬리단'端이니 꼬리만 살짝 다른 종파를 말하지요. 그런데 이단들의 꼬리라는 게 천년 묵은 구미호의 여우 꼬리라서 별의별 요술로 교인들을 현혹합니다. 그래도 이단까지는 국가가 종교로 인정합니다. 사이비부터 불법단체로 단속합니다.

사이비似以非는 겉은 비슷하지만 속은 완전히 다른 가짜 사기꾼

종파를 말합니다. 사이비들은 교언영색 감언이설로 교인을 현혹하여 세뇌시킵니다. 세종대왕 때도 국가에서는 사이비부터 불법단체로 금하고 있습니다. TV에 나와 '금 나와라 뚝딱, 은 나와라 뚝딱' 하면서 기복설교를 해대는 목사들을 세종대왕이 봤다면 죄다 사이비로 몰아 일망타진 했을 겁니다. 사교邪敎는 종교의 가죽을 쓴 악마 범죄 집단을 말합니다. 사교교주들은 악명 높은 백백교白白敎처럼 이탈자나 방해자를 몰래 살해하여 매장하기도 합니다. 서울의 모 슈퍼대형교회에서 목사 비난자를 지하실로 끌고 가 식칼고문을 했다고 폭로한 적이 있었습니다. 그런데 고문자들은 칼잡이 출신 전과자들로 교회에 나와 당회장 목사님의 보디가드 역할을 한다는 거예요. 사교를 닮아가고 있는 거지요."

한국의 대형교회는 의외로 이단의 영향을 받은 목사들이 많다. 베뢰아가 이단이라면 말이다. 베뢰아가 이단으로 몰리자 이들 베뢰아 출신들은 꿀 먹은 벙어리마냥 입을 다물거나 아예 베뢰아를 모른다며 욕하고 나섰다. 화가 난 베뢰아 교주 김기동 목사는 배은망덕한 제자들의 이름을 불어버렸다. 아래는 김기동 목사가 폭로한 베뢰아의 제자들 이름. 크리스챤신문(발행인 신명자 2003.9.8일자)에서 읽은 이름들이다.

명성교회 김삼환 목사, 주안교회 나겸일 목사, 온누리교회 하용조 목사, 연세중앙교회 윤석전 목사, 화광교회 최이식 목사, 소망교회 김지철 목사, 아름다운교회 김기홍 목사 그리고 자장면 먹고 웃는 표정을 짓는 장경동 목사.

하나같이 한국을 대표하는 대형교회 목사들이다. 한국 대형교회의 절반 이상을 베뢰아 출신들이 차지하고 있다는 얘기가 된다. 이초석 목사, 한만영 목사, 이태화 목사도 대형교회를 만든 베뢰아 출신들인데 의리파다.

"도둑놈도 의리를 지키는데 목사가 어찌 의리를 저버리리오. 내 비록 이단으로 몰릴지라도 베리아 출신임을 숨기지 않겠소!"

만민중앙교회의 이재록 목사는 아예 자신을 신의 수준으로 분장하여 이단으로 몰리고 있다.

귀신론으로 유명한 김기동 목사는 영력이 출중하다. 한때는 목사들을 일렬로 세워놓고 멀쩡한 목사들에게서 귀신을 뽑아낼(?) 정도로 영력이 대단했다. 하나님의 영력이건, 귀신의 영력이건, 자신의 영력이건, 영력을 개발하면 인간은 얼마든지 기적을 행할 수 있다.

일산 한소망교회의 유영모 목사와 신길교회의 이신웅 목사는 부흥회 중에 멀쩡한 이빨을 금이빨로 둔갑시키는 걸로 유명하다. "금이빨현상"을 일으키자 교인들이 구름같이 몰려들고 있다. 금이빨이 뭔가? 주술자呪術者가 생각하는 대로 기적현상을 나타나게 할 수 있는 게 영력이다.

서울에서 목회할 때 우리교회는 영력 강하다는 소문이 자자했었다. 교회종탑 위에 부활하신 예수님의 모습이 나타나 순복음파들이 달려왔다. 멀건 대낮에 교회강단에 불길이 치솟는 걸 보고 전도사가 혼비백산을 하기도 했다. 주일예배 설교시간에 청중석 머리 위로 하얀 불 막대기가 나타나기도 했다.

"저거 보이는 사람?"

하면 신기하게도 기도 많이 하는 성령파들이 손을 들었다. 금요철야시간에는 별의별 사람들이 찾아오곤 했다. 우리교회가 그리 큰 교회도 아닌데 유명 복음성가 부부가 찾아와 밤을 새웠다. 순복음파 베뢰아파 전도관파 통일교파들이 몰려와 영적대결(?)을 벌였다. 순복음파는 베뢰아파에게 밀렸고 베뢰아파 보다는 통일교나 전도관파가 더 셌다. 순복음파들은 개인기도 2시간 후면 졸다가 잠이

드는데 베뢰아파들은 새벽까지 꼿꼿하게 기도하고는 직장으로 출근했다. 그때 베뢰아파 청년들이 내게 이런 말을 했다.

"이 목사님은 우리 성락교회의 김기동 목사님과 비슷한 점이 많습니다. 베뢰아를 공부하시면 굉장한 능력을 받으실 텐데요."

김기동 목사가 이단이 되기 전 나는 그에게서 비슷한 권고를 받은 적이 있었다. 1975년 어느 날 그의 생일잔치에 간 적이 있었다. 40일 기도(?)를 끝낸 후라 영적 관심이 많은 때였다. 그때 김기동 목사가 베뢰아를 권했다.

그런데 나는 생리적으로 베뢰아가 싫었다. 억지로라도 해보려 하면 어떤 힘이 막곤 했다. 1988년 미국으로 이민 와서 6개월 동안 베뢰아를 공부해 봤다. 결론은 베뢰아는 정통기독교와 다르다는 것이다. 기성교회에서는 베뢰아의 귀신론을 문제 삼는다. 내 생각에는 귀신론 보다도 통일교의 탕감복귀설 냄새가 나는 구원론에 더 문제가 있는 것 같다. 베리아의 구원론은 탕감복귀설처럼 억지로 뜯어 마친 도식이기 때문이다.

자아가 강하거나 나름대로 영권이 확립돼 있는 목사는 베뢰아에 안 넘어간다. 영력이 백지상태는 쉽게 넘어간다. 베뢰아를 배워 목회에 성공하는 이들이 대개 그런 이들인 것 같다. 베뢰아는 영이기 때문에 입으로 부인해도 베뢰아에서 배운 영력은 그대로 역사하게 마련이다. 모든 이단들이 그런 것처럼.

이단 전문가인 탁명환은 "성경에 없는 얘기를 하면 이단"이라고 했다. 교단 총회 앞에서 "나 이단을 버렸소."하고 천명하면 이단이 아니라고 했다. 모르는 말씀이다. 이단은 위장간첩 같다. 겉으로는 이웃에게 선을 베푸는 착한 사장님이지만 밤이면 몰래 북괴지령을 받는 게 위장간첩이다.

장로교 간판을 달고 성경을 설교하지만 자신도 모르게 이단에게서 받은 영력을 행사하면 그게 이단이다. 나는 베뢰아의 영을 받는 데는 실패(?)했지만 덕분에 베뢰아파들을 금방 알아낼 수 있게 됐다.

이단 사이비 사교邪敎들은 혹세무민하는 범죄 집단으로 몰려 핍박을 받는데도 독버섯처럼 퍼져나간다. 영력 때문이다. 초등학교 출신의 미아리 처녀무당 앞에 명문대 출신 장관 사모님들이 강아지처럼 꼼짝을 못한다.

"네 이년, 내가 누군 줄 아느냐? 나는 만 년 전에 여왕으로 천하를 다스렸던 할미신이야. 처녀무당이 하도 착하고 영리하여 이 애에게 들어온 거야. 그러니 너는 이 처녀무당을 여왕 받들 듯 해야 한다. 알겠느냐? 이 처녀 무당은 네년의 고쟁이 속옷 속에 숨기고 있는 남자관계 비밀까지 다 알고 있어."

"예예, 처녀무당님, 아니 할매 여왕님, 알아 모시겠습니다."

'꿩 잡는 게 매' 인데 베뢰아면 어떻고 이단이면 어떤가? 교회만 부흥된다면 뭐는 못하랴? 그래서 어느 목사들은 심리학자들을 찾아가 최면술을 배우기도 한다고 한다.

꿩을 못 잡아도 매로 남아있어야 하는 게 목사가 아닐까?

이단 닮기-부자세습

부자세습父子世襲을 관철시킨 대형교회의 아버지목사들과 아들목사들의 면면이 호화롭다. 인터넷에서 뽑아낸 부자세습목사 명단이다. 그래도 실수할까봐 귀와 입으로 확인해 봤다.

광림교회의 김선도 목사와 아들 김정석 목사, 금란교회의 김홍도 목사와 아들 김정민 목사, 인천숭의교회의 이호문 목사와 아들 이선목 목사, 인천 계산중앙교회의 최세웅 목사와 아들 최신성 목사, 충현교회의 김창인 목사와 아들 김성관 목사, 대구서현교회의 이성헌 목사와 아들 이상민 목사, 대성교회의 서기행 목사와 아들 서성용 목사, 경향교회의 석원태 목사와 아들 석기현 목사, 강남교회의 지덕 목사와 아들 지병윤 목사.

소망교회의 곽선희 목사는 변칙세습으로 살짝 했다. 이명박 대통령과 고관들이 출석하는 7만 명의 소망교회를 통째로 아들 곽요셉 목사에게 물려주기가 버거웠던 모양이다. 소망교회에서 수백 억을 지원받아 분당에 예수소망교회를 건축했다. 알게 모르게 수천 명의 알짜배기 신자가 모이는 대형 개척교회를 만든 다음 슬그머니 아들에게 물려주었다. 한국 대형교회는 70%가 부자세습을 하고 있다고 한다.

지금은 세상이 대명천지大明天地라서 독재자들도 여간해서는 부자세습을 못한다. 언감생심言敢生心, 여론이 무섭기 때문이다. 지구상에서 부자세습을 하는 나라는 악명 높은 북한의 김일성 김정일 부자뿐이다. 그렇다면 부자세습을 하는 대형교회 목사들은 빨갱이 김일성 김정일과 동격으로 봐도 될까? 며느리가 시어머니를 욕하면서 본받는다고 한다. 김홍도 목사는 그렇게 김일성을 욕하다가 김일성에게서 부자세습을 배운 모양이다.

김선도·김홍도·김국도·김건도는 감리교가 자랑하는 세계적인 브라더스(Four brothers) 목사다. 그중 대형교회를 하는 앞의 3형제 목사를 빅쓰리(Big three)라고 부른다. 빅쓰리의 셋째인 김국도 목사는 아직 은퇴 전인데 미리 부자세습을 선언해 놨다. 선도, 홍도 형님들이 감리교 감독회장을 지내고 아들에게 부자 세습하는걸 보고 자기도 형님들을 따르겠다고 작심한 모양이다. 그는 형님 김홍도목사 재판에서 위증죄를 저질러 범죄자 상태다. 대한민국 법원에서 2007년 감리교 감독회장 출마자격 불가를 통보 했는데도 용감무쌍하게 투표에 참가하여 일등을 했다. 불법이라도 표만 많이 얻으면 당선이라고 우겨 천하에 웃음거리가 됐다.

그것도 모자라 형님들이 저지른 부자세습을 나도 하겠다고 만천하에 공포 한 것이다. "형님 먼저 아우 먼저, ○○ 라면"이라더니 참으로 못 말리는 형제들이다.

삼성, 현대, 선경처럼 재벌그룹들도 부자세습을 한다. 그러나 재벌들은 엄청난 상속세를 국가와 국민들에게 내놓고 부자세습을 한다. 그런데 대형교회들은 상속세 일전 한 푼 안내고 통째로 교회를 상속한다. 재벌 세습보다 더 악질이다.

한국교회사를 보면 부자세습의 원조는 이단들이었다. 이단들은 죄다 부자세습을 했다. 전도관의 박태선은 아들 박동명에게 신앙촌을 물려줬다. 문선명은 30살 된 막내아들 문형진에게 통일교 교주 자리를 양위했다. 용문산의 나운몽 장로도 아들 나 목사에게 용문산을 인계해 줬다.

부자세습을 한 아버지 목사들은 뒤에서 상왕上王으로 남아 수렴청정垂簾聽政을 즐기게 된다. 왕王목사님이 된 것이다. 재벌들은 명예회장을 왕회장이라고 부른다. 회장보다 명예회장이 더 세기 때문이다. 그래서 현대그룹 정주영 명예회장을 왕회장이라 불렀다.

"민주주의 절차를 밟아 교회에서 교인들 전체투표를 실시하여 결정됐는데 부자세습이면 어떻고 독재세습이면 어떻습니까?"

부자세습에 성공한 아버지목사들의 항변이다. 대형교회 목사의 카리스마는 김일성처럼 절대적이다. 목사 반대는 하나님 반대로 세뇌되어 있기 때문이다. 목사의 카리스마가 군중심리를 이용하면 찬

성투표는 누워 떡 먹기다. 김일성 김정일 부자세습이 절대적인 환영을 받고 있는 것처럼 말이다. 그 보다도 대형교회 장로들이 솔선하여 부자세습을 원하고 있다고 한다.

대형교회의 장로 되기가 하늘의 별따기다. 거기다 임원장로가 되면 유형무형의 베네핏(Benefit)이 여간 많은 게 아니란다. 소망교회의 장로들이 정부와 재계의 실세로 행세하는 걸 봐도 알 일이다. 그래서 장로그룹들은 부자세습으로 체제가 굳어지기를 원한다는 것이다.

이단 닮기-성경공부

대형교회를 만든 일등공신은 성경공부다. 대형교회들은 주일예배로 끝나지 않는다. 월요일부터 한 주간 내내 교회가 입시학원처럼 북적거린다. 정예부대를 양성하기 위하여 제자화반이니 셀(Cell)이니 하는 성경공부를 실시하고 있기 때문이다. 싱숭생숭 반신반의 하면서 성경공부반에 들어갔다가도 코스를 마치면 성령충만한 정예신자가 되어 나온다.

"몸을 던져 대한항공을 폭파한 간첩 김현희처럼 K는 성경공부반을 마치더니 예수사상으로 완전무장이 됐더라구요. 어떻게 가르치기에 그럴까요. 공산당식 세뇌교육 방법을 성경공부에 도용한 건 아닐까요?"

"아닙니다. 이단들의 중독신자 만들기 집중 교리공부에서 힌트를 얻은 것이지요. 그러나 빨갱이들의 공산당식 세뇌교육이나 이단들의 중독신자 만들기나 마찬가지이지요. 독 안에 든 쥐를 잡듯 박 스아웃 작전으로 정신없이 몰아쳐 가르치면 누구나 자아가 떨어져 나가고 말씀에 녹아들게 마련이랍니다."

대형교회에서 하고 있는 성경공부는 이단들이 중독신자를 만들기 위해 개발해 낸 아이디어였다. 모든 교주敎主들은 처음에 경천지동귀신驚天地動鬼神 하는 영력을 받는다. 문선명 박태선 라운몽 김기동이 그랬다. 송장을 일으키고 귀신을 쫓아내고 불치병자를 고치고 신비를 체험케 하는 권능이 대단하다. 기사이적을 보고 신도들이 구름처럼 몰려든다. 그런데 얼마 지나면 영력은 떨어지고 잔소리(말재주)만 남게 마련이다.

부흥사들도 마찬가지다. 신 목사도 박 목사도 처음에는 신비기적이 대단했다. 긴 설교를 안 해도 구름같이 몰려와 성령체험을 했다. 그러다 오래 써먹으니 조자룡의 녹슨 칼처럼 무디어져 버리고 말씀만 남는다. 그래서 웃기고 울리는 길고 긴 말씀파티로 부흥회를 이끌고 가야한다.

영리한 이단들은 그때 얼른 교리를 만들어 세뇌용으로 교육시킨다. 그러면 그 종파는 영원무궁 계속 유지되게 마련이다.

몰몬경을 만든 몰몬교를 비롯한 모든 이단들은 자체의 바이블격인 경전을 갖고 있다. 박태선은 한국교회사상 최대의 권능을 받았지만 교리를 만들지 못하여 신앙촌은 간장공장으로 끝나고 말았다. 문선명은 박태선 만큼 영력에는 못 미쳤지만 지혜롭게 "원리강론"을 만들었다. 지금은 영력이 별로 없지만 "원리강론" 공부로 신자들을 세뇌시켜 중독신자를 만들어 세를 유지하고 있다. 김기동은 "베뢰아"를 정명석은 "30개론"을 가르치면서 세를 불린다. 이들의 교리공부는 성경의 일부를 아전인수我田引水로 끌어들여 교주우상화를 완성시킨 것이다. 그런데 이들 중에는 교리공부를 공산당 밀봉

교육식으로 하기도 한다. 그래서 한 번 걸려들면 완전 세뇌당하여 몸과 재산을 교주에게 바치게 한다. 통일교, 몰몬교, 여호와증인, 다락방, 정명석의 MS는 교리공부로 중독신자 광신자를 만들어 교세를 확장해 나간다.

뉴저지에 사는 채 양(40세)의 증언.

"대학교 다닐 때 제가 교인인 걸 아는 친구가 하도 권유여 성경공부클럽에 갔어요. '30개론'을 공부하는 MS서클인데 내용이 이상한데도 자꾸만 빨려들어가는 거예요. '너는 예뻐서 총재목사님이 아주 좋아하시겠다!' 친구의 눈웃음이 이상하고 무서워서 탈출했어요. 알고 보니 통일교 지파인 정명석의 이단이었어요. 정명석은 통일교의 '원리강론'을 개조한 '30개론'으로 예쁜 여대생을 세뇌시킨 후에 육체관계를 갖는대요. 세뇌당하면 중독신자가 되어 몸과 재물을 바쳐가면서 다단계 외판원처럼 전도를 하는 거예요. 정명석은 여신도 간음, 재물 탈취로 홍콩에서 붙잡혀 지금 감옥에 있지요. MS 성경공부 하다가 아슬아슬하게 탈출한 걸 생각하면 지금도 소름이 돋아나요."

평택 출신 김 여인(60세)의 증언.

"아버지는 자유당 시절 국회의원 출마도 한 적 있는 평택의 과수원 부자였어요. 어느 여름에 대학생이 와서 아르바이트로 일을 했는데 그가 후일 통일교 4인방이 된 곽정환이었어요. 아버지는 대학생 곽에게 포섭당하여 원리강론을 공부한 후 통일교에 넘어가 평택 중심가에 있는 만 평 넘는 과수원 땅을 몽땅 바쳤어요. 100억 짜리지요. 그 바람에 통일교는 유지재단을 만들어 세계로 포교할 수 있는 기반을 마련했어요. 아버지는 문선명의 12제자가 됐지만 쫄딱 망하여 가정이 풍비박산이 됐구요."

성경공부는 목사의 몫이다. 신학교에서 성경을 연구했지만 평생 성경공부 하는 게 목사다. 교인들이 하는 성경공부는 문제가 있다. 처음에는 달콤하고 과정을 끝내면 중독신자가 된 것 같다. 그런데 얼마 지나면 약효가 떨어져 최면술催眠術에서 깨어난 수탉처럼 비판자가 되어 꼬꼬댁 거린다. 그래서 또 다른 성경공부로 끝없는 에스컬레이터로 끌고가야 한다.

교인들을 위한 가장 좋은 성경공부가 있다. 성경을 읽고 믿고 행하는 것이다. 95세가 된 우리 어머니 이은혜 권사님은 성경공부 안 했어도 목사인 나보다도 성경을 더 잘 아신다. 50번 이상 성경을 통독하셨기 때문이다.

"삼국지를 50번 읽으면 소설가가 되고 30번 읽으면 수필가가 되지요. 성경은 재미있게 읽고 믿고 행하면 되는 것이지 영문법처럼 골치 아프게 배울 필요가 있을까요? 이단들이 광신자 만들려고 하던 짓을 기독교가 따라 하는 것 같아 좀 꺼림직 하네요."

이단 닮기-헌금

불신자들이 개신교에 건의하는 사항들이다.
1. 사회봉사 이웃사랑
2. 지나친 전도활동 금지
3. 헌금강요 말라.
4. 타종교에 대한 비방 자제
5. 목사의 사리사욕 물질탐욕 포기

6. 기독교 내 교파끼리 화합하라.

"한국교회 교인들의 헌금 넘버원입네다. 미국 교인들은 1달러 2달러를 하는데 한국교인들은 십일조 말고도 주일헌금 심방헌금 감사헌금으로 봉투를 가득 채우는군요. 미국교회는 300명 교회 목사도 우체국에서 일하는 경우가 많습네다. 그런데 한국교회는 30명 교인 갖고도 목사가 넉넉하게 사는군요. 한국교인들 헌금열심에 부럽습네다."

이민교회를 방문한 미국목사는 주보에 끼어있는 헌금 봉투의 헌금내역을 보고 혀를 내두른다.

-십일조, 주일헌금, 생일감사, 환갑감사, 결혼감사, 출생감사, 백일감사, 돌감사, 이사감사, 입학감사, 취직감사, 심방감사, 범사감사, 부흥회헌금, 성탄절헌금, 추수감사절헌금, 선교헌금, 건축헌금, 구제헌금, 건축헌금, 주일밤 예배헌금, 수요예배헌금, 금요철야헌금, 구역예배헌금, 기타헌금 헌금헌금 또 헌금.

"와우! 세금 많이 뜯어내기로 유명한 악명 높은 미국 국세청의 세금고지서보다도 훨씬 많네요."

한국교회가 원래는 그렇지 않았다. 중소교회가 사이좋게 평화공존을 누리던 60년대까지만 해도 주일 낮 예배 때만 헌금을 거뒀다. 부흥회 때는 아예 헌금순서가 없었다. 병 고침을 받거나 은혜를 받은 이들이 가끔 감사헌금을 했을 뿐이다. 그것도 헌금이 아니라 연보捐補라 했다. 그러다 조 모 목사가 신유와 기복설교로 대형교회를 만들고 난 후부터 한국교회는 모일 때마다 헌금이다. 수요일 밤에도 금요철야에도 헌금채를 돌린다. 부흥회 때는 밤마다 헌금이다. 어느 통신신학교는 졸업식에서도 헌금을 걷고 있었다. 아마 지구상에 있는 수백 개의 종교단체 중 헌금 자주 걷기는 단연 교회가 넘버원일 것이다.

　불신자들이 기독교를 싫어하는 이유 중의 하나는 불교나 가톨릭에 비해 "잠자리채를 너무 자주 돌린다"는 것이다. 그래서 목사를 돈 먹기(헌금)를 좋아하는 "먹사"라고 부른다. 그런데 대형교회이전에도 헌금으로 엄청난 폭리를 취하는 교회가 있었다. 이단들이다. 이단들의 헌금 열기는 상상을 초월한다. 헌금은 만 배의 축복을 가져오는 축복의 종자씨앗이라고 세뇌시킨다. 몸과 재산을 교회에 바치게 하는 것이다. 그래서 어느 이단교회는 수백 명이 모이는 중형교회인데도 막대한 헌금을 거둬들여 신문에 연일 대형광고를 내고 해외에 지교회를 세운다. 어떤 이단종파는 헌금 외에 합동결혼이니 참아버지 생일 선물이니 하는 명목으로 엄청난 헌금을 거둬들여 재벌을 차렸다. 그런데도 성에 덜 찼던지 교인들을 앵벌이처럼 거리로 내몰아 꽃을 팔게 하기도 한다.

　지금 한국의 대형교회들은 넘쳐나는 헌금을 주체할 수가 없을 지경이다. 그래서 호텔급의 기도원을 짓고 대학을 세우고 신문사를 차리고 병원과 노인아파트를 짓는 데 투자한다. 전국에 지성전를 짓고 재벌기업이 해외지상사를 내듯 해외선교로 교세를 자랑한다. 재벌들의 문어발식 사업 확장과 다를 게 없다. 확장하지 않으면 교인들의 기가 죽어 교세가 찌그러지기 때문에 어쩔 수 없다는 것이다.

　그 엄청난 돈이 청와대에서 나오는 것이 아니고 천상 교인들의 주머니에서 나오게 마련이다. 그런데 교인들은 제 닭 잡아먹고 좋아하는 바보 노인처럼 자기들이 헌금하고도 하나님이 주셨다고 좋아한다. 그 옛날 사이비 사교신자들처럼 중독신자가 돼버린 것이다.

　헌금 걷는 수법이 이단들과 다를 바가 없다. 한국교회는 헌금의 대종인 십일조를 축복의 종자씨앗이라고 설교한다. 말라기 말씀 때문이다.

"만군의 여호와가 이르노라. 너희의 온전한 십일조를 창고에 들여 나의 집에 양식이 있게 하고 그것으로 나를 시험하여 내가 하늘 문을 열고 너희에게 복을 쌓을 곳이 없도록 붓지 아니하나 보라" (말 4:10).

옛날 신정神政으로 통치하던 구약시대 성경구절이다. 그런데 목사들은 헌금수단의 금과옥조金科玉條로 써먹는다. 하나님은 전능하셔서 십일조 교인에게 쌓을 곳이 없도록 물질 축복을 주신다고 목사들은 설교한다. 절대 아니다. 하나님은 전능하시지만 물질축복은 경영 능력자에게만 주시기 때문이다. 정주영 이병철은 십일조는커녕 예수도 안 믿지만 경영능력이 뛰어나 재벌축복을 받았다. 헌금은 축복이나 구원과 상관없는 것이다. 그러면 왜 헌금을 하는가? 십일조 역사를 살펴보자.

구약시대에 십일조는 유태민족뿐 만 아니라 타민족의 종교 관습이기도 했다. 애굽인들은 10의 2조를 황제에게 바쳤다(창 47:24). 십일조는 땅의 기업이 없는 레위인과 나그네와 고아를 위하여 내는 종교적 소득세였다(신 26:12). 그런데 구약시절 십일조는 오늘날 대형교회 십일조 통계처럼 거액이 아니라 구제금처럼 초라했다. 그래서 말라기 시절에는 십일조로 먹고사는 레위족들이 가난을 견디다 못해 성전 일을 버리고 도망가 수배를 당하기도 했다. 십일조로 먹고 살기가 오죽 가난했으면 그랬을까? 신약시절 이후 십일조는 의무조항이 아니었다. 초대 기독교 지도자 이레니우스는 십일조의 의무를 폐지하고 자발적인 십일조를 강조했다.

사도행전 시절에는 십일조는 고사하고 아예 헌금이란 용어를 사용하지 않았다. 대신 연보捐補란 말을 썼다(고후 8:20). 60년대 까지만 해도 한국교회는 연보라 했다. 가톨릭은 지금도 연보라고 한다. 그러다 모금 실적이 신통치 않아 그랬던지 어느 날부터 연보란 말이 슬그머니 사라지고 헌금이란 말이 등장했다. 헌금과 연보는 근본적으로 다르다.

"헌금"獻金은 "하나님에게 드리는 돈"이란 뜻이다. 제사祭祀지낼 때 신에게 바치는 헌물獻物인 제물祭物의 의미가 있다. "연보"捐補는 "자기 재물을 내어 남을 도와주는 돈"이란 뜻이다. 일종의 구제금이다. 헌금은 신神에게 드리는 것이요 연보捐補는 사람에게 드리는 것이란 말이다.

구약 제사시절에는 "헌금"이나 "헌물"로 부르는 게 당연하다. 그런데 유태인들이 여호와 하나님에게 소나 양을 바치면獻物 죽여서 몽땅 불태워 살라버렸다. 헌물은 하나님께 드리는 것이기에 드리고 난 후 불살라버려 사람에게는 돌아가는 게 없게 했던 것이다.

물에 빠져 자살해 죽은 처녀와 목매달아 죽은 총각이 영혼결혼식을 하는 걸 본 적이 있다. 처녀 집에서 신랑양복 이불 장롱을 비롯한 고급혼수를 마차에 가득 싣고 처녀가 자살한 물가로 갔다. 거기서 영혼결혼식을 치루더니 바리바리 마차에 싣고 온 혼수들을 몽땅 불태워 버리는 것이었다.

"아까워라 아까워, 새 혼수를 불태워 버리다니!"

장가 갈 때 달랑 여름양복 한 벌을 얻어 입은 게 전부인 가난뱅이 전도사는 여간 아까운 게 아니었다.

"아깝다니요. 신랑영혼이 가져간 것이라서 결코 없어져버린 게 아니랍니다"

구약의 제물祭物이 저랬을까? 헌금이나 헌물은 그런 것이다. 귀신이건 참신이건 신에게 바쳤다면 사람이 손 댈 일이 아니기 때문이다.

연보는 다르다. 헌금이 신神에게 드리는 것이라면 연보는 사람에게 드리는 것이다. 고린도 교인들은 미리 연보를 거둬 뒀다가 바울이 방문하자 필요한 데 쓰라고 내놓았다. 교인들이 십시일반으로 거둬서 목회자의 생활에 보탬이 되라고 내어 놓는 게 연보다. 연보는 자기 재물을 내어 남을 도와준다는 뜻이 있기 때문이다(국어사전). 그래서 작은 교회 장로는 연보로 십삼조 십오 조를 내놓아 목사를 돕는다. 그래도 목사는 가난하다. 수십만 명이 모이는 대형교회의 십일조는 매주 수억을 넘는다. 연보 정신대로 하면 그렇게 많이 거둘 필요가 없는 것이다.

구약도 하나님의 말씀이기에 십일조를 해야 한다면 구약의 다른 말씀도 똑같이 지켜야 옳다. 구약대로라면 안식일(일요일이 아니라 토요일)을 범하는 자는 죽여야 한다. 무당 불교를 비롯 기독교 이외의 이교도들도 모조리 죽여야 한다. 구약을 믿는 이슬람은 지금도 그렇게 실천한다. 그래서 중동을 지옥으로 만들고 자살테러로 세계를 떨게 하고 있다.

지금은 구약의 신정神政시대가 아니라 자유민주시대다. 구약의 제사제도는 예수님이 제물이 되어 십자가에 죽음으로 끝나버렸다. 예수님으로 완성됐는데 또 무슨 제사를 드린다는 것인가? 지금도 제사를 드린다면 예수님의 구원은 아직도 미완성이라고 주장하는 꼴이 된다. 문선명의 주장처럼 말이다. 더 이상 제사를 드릴 필요가 없어졌으니 헌금(제물)을 바칠 필요도 없어진 것이다.

그래도 교회에는 돈이 필요하다. 교회건물 유지와 전업으로 일하는 목회자나 직원들의 생활비를 대줘야 하기 때문이다. 그래서 헌금이 아니라 연보다. 그렇다고 십일조 하는 게 죄는 아니다.

고향의 어린 시절, 우리 동네 교회 목사님은 너무 가난했다. 교인이 적어서 아무리 헌금을 해도 끼니가 어려웠다. 교인들은 헌금 말고도 개인 주머니를 털어서 목사님을 도왔다. 아버지가 먼 길을 떠나는 날이면 어머니는 몰래 광으로 들어가 목사님 댁으로 쌀을 퍼 날랐다. 그때 장물 운반책이 나였다. 쌀자루를 들러메고 목사님 댁으로 갈 때면 의적 홍길동이라도 되는 양 기분이 아주 좋았다. 교회가 어려우면 십일조 말고 십삼조 십오조라도 해야 한다. 단지 헌금을 하더라도 연보정신으로 하는 게 옳다. 그게 사도행전 시절의 연보정신이기 때문이다.

불교도 헌금이 아니라 연보捐補 비슷한 시주施主다.

국어사전에는 "중이나 절에 물품을 베풀어 주는 사람이나 그 행위"를 시주라 했다.

자기 재물을 내어 남을 도와준다는 "연보"나 필요한 물품을 베풀어준다는 "시주"나 의미가 같다.

고향의 어린 시절, 우리 집으로 구걸하러 오는 이는 거지와 시주승施主僧 뿐이었다. 어린 나는 시주승이나 거지를 똑같이 취급했다. 그래서 교회 주일학교에 다니고 있지만 목탁소리가 나면 얼른 공양미를 들고 뛰어 나갔다.

"얘야, 저들은 마귀를 믿는 중들인데 쌀을 갖다 주다니? 그러면 너는 마귀에게 예물을 바친 우상을 섬기는 죄를 범하는 거야."

누나가 책망하면 나는 이렇게 맞섰다.

"나는 공양미를 얻으러 다니는 스님들이 거지들처럼 불쌍하게 보여요."

지금은 불교도 대형화가 되어 시주가 어마어마하다. 옛날처럼 좁쌀 몇 숟가락을 집어 주지 않는다. 월북 시인 백석의 연인으로 유명했던 요정 대원각의 여사장은 대원각을 통째로 절에 바쳐버렸다. 1천 억짜리 대원각을 좁쌀 한 됫박 시주하듯 법정스님에게 시주한 것이다.

30년 전 금식기도원에서 목도한 일이다

"주님이 곧 재림 하십니다."

며칠 사이로 예수님이 재림하실 것처럼 강사는 열을 올리고 있었다. 알곡신자로 천국에 들림 받아 황금도성 천국에서 주님과 함께 영생복락을 누리자고 외쳐댔다. 월남이 공산당에게 망한 끝이라 공산 도미노가 한국으로 밀려올까 아주 불안한 때였다. 어차피 망할 텐데 땅에 있는 재물을 천국 곳간에 쌓자고 호소하자, 너도나도 헌금함으로 달려갔다. 며칠 후 그 기도원교회는 노인복지를 빙자하여 대단위 아파트공사를 벌인다고 매스컴을 떠들썩하게 했다. 주님이 곧 재림할텐데, 아파트는 지어 무얼 하려나? 이단들의 헌금 수법과 다를 게 없다. 차라리 남진을 불러다가

"저 푸른 초원 위에 그림 같은 집을 짓고, 사랑하는 님과 함께 한 백년 살고 지고"를 듣는 게 낫겠다.

이단 닮기-전도와 선교

불신자들이 기독교를 싫어하는 이유 중에 전도 혐오증이 있다. 붉은 글씨로 쓴 할렐루야 띠를 어깨에 메고 지나가는 사람을 강제로 붙잡고 전도하는 광경을 보면 나는 얼굴이 화끈거린다. 얼마나 억척스럽고 끈질긴지 도망가는 수탉 붙잡듯 요리 피하면 요리, 저리 피하면 저리 맨투맨으로 달려든다. 50년대 남대문 시장의 강매 작전이 그랬다.

"지나가는 사람을 가게로 끌고 와 사라고 윽박질렀지. 저건 전도 공해야. 예수사랑 보다 내 교회 부흥시키려는 목사 욕심 때문에 저러는 거지."

32년 전 충청도에서 시골교회 목회를 할 때 나는 전도대장이었

다. 북을 치며 홍산 시장바닥을 누비고 다니면서 노방전도를 했다. 밤에는 교인들을 데리고 시골동네를 찾아가 사람들을 모아놓고 전도부흥회를 열었다. 그때는 여간 용기가 아니면 노방전도하기가 힘들 때였다. 지금은 전도 안 해도 된다. 전도는 교회와 예수님을 알리는 것인데 사람들이 너무나 교회를 잘 알고 있기 때문이다. 교인들보다도 교회를 더 잘 안다. 교인들이 모르는 교회의 치부까지 속속들이 알고 있다. 그래서 지금은 전도하면 할수록 교회의 치부만 선전하는 역효과가 나고 있다. 그래서 전도 공해시대다.

사실 한국기독교의 초창기에는 전도하지 않았다. 그런데도 부흥됐다. 교회의 이미지가 좋아서 저절로 찾아왔다. 영력이 있어서 나오지 않고는 배겨날 수가 없었다. 교회는 영력이 있어 가만히 있어도 저절로 찾아왔다

고향의 어린 시절, 우리 마을에 목사님이 심방 오면 꼬맹이들은 목사님을 하나님으로 알고 '예수님 예수님' 하면서 졸졸 따라다녔다. 심방대원 여자 집사님들은 천사로 생각했다. 교회 나가면 술주정뱅이가 술을 끊고 새사람이 됐다. 집사가 부부싸움을 했다간 목사 앞으로 불려가 꾸지람을 듣고 눈물로 회개했다. 장로 아들이 싸움질을 하면 장로는 근신 처분을 받았다. 교회는 세상의 빛이었고 신자들은 소금이었던 것이다. 지금은 정반대다. 제직이 계명을 범하여 교회에서 징계를 받으면 그 다음날로 영웅이 된다. 슈퍼스타를 스카우트하러 달려오는 야구감독들처럼 근처교회 목사님들이 몰려와 모셔가기 경쟁을 벌이는 것이다.

"우리교회로 오시면 장로님으로 모시겠습니다."

70년대에 강원도 화동교회에 김한회 목사가 부임했다. 그 교회는 아무리 전도하고 구제물자를 풀어 선한 일을 해도 부흥되지 않는 강원도 오지奧地교회였다. 너무 어려워 아무도 안 가자 50살에

신학을 한 김한회 목사가 갔다. 김 목사는 전도도 심방도 안하고 틀어박힌 채 눈 딱 감고 기도만 했다. 그러자 얼마 후에 근처에 병자가 생기기 시작했다. 이 병 저 병 잡병이 십리 넘게 번져나갔다. 멀쩡한 사람들도 병에 걸렸다. 얼마나 고약한지 약을 써도 병원엘 가도 낫질 않았다. 그런데 화동교회만 나오면 신기하게 낫는 것이었다. 동네를 넘어 산을 넘고 리里와 면面을 넘어 사방에서 병자들이 몰려왔다. 수백 명으로 부흥된 그 교회에서 부흥회를 인도하면서 나는 이게 바로 올바른 전도로구나 감탄했다.

초대 한국교회는 거의 그런 식으로 부흥됐다. 미친 사람을 둘러앉아 "믿는 사람들은 군병 같으니" 찬송을 부르면 4절이 끝나기 전에 귀신이 나갔다. 어린애 시절 미친개에 물린 우리 형님은 어머니 등에 업혀 교회 문을 들어서자마자 씻은 듯이 나았다.

그때는 금요철야기도회가 없었지만 교인들은 밤을 새워 기도하는 영력이 있었다. 지금은 교회마다 금요철야를 하지만 개인기도는 30분을 못 넘긴다. 커피 라면 먹고 간증쇼 즐기면서 할렐루야 박수만 칠 줄 알지 영력이 하나도 없기 때문이다.

한국교회가 부흥된 건 도덕성과 영력 때문이었다. 한국교회는 전도로 부흥된 게 아니다. 그런데 전도로 부흥시킨 교회가 있다. 이단들이다. 60년대 모 이단종파는 탤런트처럼 예쁜 아가씨들을 둘씩 짝지어 보내면서 거리의 남자들에게 접근했다. 여호와증인들은 "파수대"를 들고 다니면서 호별 방문전도를 한다. 몰몬교는 몰몬경을 들고 다닌다. 간첩처럼 접근하여 포섭되면 성경공부라는 교리공부로 세뇌시켜 전도한다.

해외선교의 원조도 이단들이다. 1960년대 미국에서 온 몰몬교와 여호와증인 선교사를 보고 우리는 놀랐다. 그들은 우선 선교사가 너무 많았다. 기성교단의 선교사는 결혼한 목사들인데 그들은 새파란 대학생들이었다. 알고 보니 이단들이었다. 몰몬교나 여호와증인 같은 이단들은 젊은 시절에 군대복무처럼 2년 동안 해외선교사 근무를 독려한다. 군대는 몸만 가면 되지만 해외선교는 비행기 표와 생활비를 내 돈으로 해야 한다. 선교비 마련을 위해 그들은 학교를 휴학하고 돈을 벌어 해외선교를 다녀왔다.

한국은 지금 1만 6천 명의 선교사를 해외에 파견하고 있다. 그런데 한국에서 최초로 해외에 선교사를 파견한 교회는 놀랍게도 이단 통일교다. 통일교는 해외선교의 선구자답게 크게 성공하여 미국과 일본에 사업체를 벌이고 호텔과 미국신문사를 소유한 부자가 됐다.

엄동설한 산꼭대기에서 움직이지 않고 있으면 얼어 죽는다. 속이 빈 교인들은 활동을 안 하면 믿음이 죽어버린다. 그래서 교회 프로그램에 끝없이 참여하게 하는데 최고의 효과는 해외선교다. 미개한 나라에 가서 원주민의 참상에 눈물을 흘리고 나면 믿음과 사랑이 생긴다. 바울이 되고 토마스 선교사가 된 듯 거룩한 감동에 젖게 된다.

"친구들은 돈다발을 싸들고 어학연수도 다녀오는데 단기선교 쯤이야."

그래서 교회마다 해외선교가 최고의 인기상품이다. 그런데 부작용도 많다. 아프간을 찾아간 샘물교회 선교팀은 알카에다에게 납치당해 한국교회 망신을 톡톡히 시켰다. 가지 말라는 정부의 경고를 무시하고 몰래 들어갔다가 테러범들에게 잡힌 것이다. 순교를 각오하고 갔으면 잡혀도 당당, 죽어도 당당해야 하는데 몇 사람이 죽자 기가 죽어버렸다. 한 달 동안 전 국민의 애간장을 태우게 했던 "샘물교회 아프간 선교팀 납치극"은 보기에 아주 민망했던 선교드라마였다.

"멀리 가서 이방사람 구원하지 못하나/ 네 집 근처 다니면서 건질 죄인 많도다."

대형교회의 특징

첫째, 한국대형교회 목사 중에는 간음으로 소문난 이들이 많다. 프랑스 파리에 사는 정모 여인은 2001년에 "파리의 나비부인"이란 폭로소설을 썼다. 초대형교회 J목사와 4년 동안 사랑을 나눈 러브스토리다. K목사는 재판까지 받았다. 또 다른 K목사, S목사, J목사 등 한국에는 대형교회를 거느리고 있는 카사노바 목사님들이 부지기수다. 대형교회 목사들 중에는 예쁜 여자 성도들을 삼천궁녀로 착각하는 이들이 많은 모양이다. 형제 부흥사로 유명한 C목사는 부흥회 설교를 하면서 이렇게 자랑했다고 한다.

"우리교회 여자교인 중 '목사 앞에서 팬티를 벗으라' 해서 벗지 않으면 내 교인이 아니다."

그는 스캔들을 즐기다가 교회에서 쫓겨났지만 가까운 일산에 교회를 개척하고 끄떡없이 지낸다. 형님 먼저 아우 먼저라고 인천에서 목회하는 그의 형은 형님답게 한수 위다. 9층짜리 오피스텔에서 유부녀 집사와 한창 재미를 보는데 집사 남편이 경찰을 데리고 들이닥쳐 문을 두드렸다. 놀란 목사님은 홀라당 알몸으로 베란다로 도망하여 에어컨에 매달려 몸을 숨겼다. 대롱대롱 10분간 매달려 있는데 경찰은 얼른 철수하지 않고 힘은 부치고. 더 이상 견디지 못하고 그만 30미터 아래로 추락하여 즉사했다. 교회에서는

"장 목사님이 과로로 순교하셨다"고 발표했는데 신문이 그냥 놔두지를 않았다.

둘째, 한국의 대형교회 목사들 중에는 암으로 고생하는 분들이 많다. L목사는 암으로 세상을 떠났다. N목사는 암으로 죽다가 살아났다. H목사는 수 없이 암수술을 받아가면서 지금도 암투인생癌鬪人生을 살고 있다. 그 외에도 많은 목사들이 암과 싸우면서 목회하고 있다.

속을 비우지 않고 욕심을 가득 채운 목회를 하니 스트레스가 쌓여 암이 생긴다. 주님이 이끄는 목회가 아니라 욕심이 이끄는 목회를 하느라 6부 7부 설교를 하다보면 과로에 지쳐 암이 생긴다. 요즘 교회마다 유행하는 프로그램이 "목적이 이끄는 40일"이다. 교회부흥이라는 목적을 위하여 수단방법을 가리지 않는다. 예수님은 Purpose(목적)이 아니라 Process(과정)였다. 겨우 12명 제자를 끌고 다니다가 그나마 1명이 배신하여 십자가 처형으로 망했다. 목적이 산산이 부서져버렸다.

그러나 3년 동안 그분이 보여준 복음의 과정은 아름다웠다. 신앙은 목적(Purpose)이 아니라 과정(Process)이다. 대형교회 목사로 성공 못했어도 부자 장로로 성공 못했어도 착하고 아름답게 살았으면 그게 제일이다. 그런데 대형교회목사들은 목적이 이끄는 목회를 하다 보니 과로와 스트레스로 암에 걸린다. 스님들이나 신부님들이 암에 걸렸다는 얘기는 별로 없다. 불교나 가톨릭은 제도상으로 욕심을 부리지 못하고 속을 비우도록 돼있어 스트레스 싸일 리가 없으니까.

셋째, 대형교회는 세속화의 극치다.

대형교회는 재벌들의 기업경영을 그대로 도입하여 운영한다. 교회내부를 일류호텔로 꾸미고 최고급의 마이크와 음향시설을 설치

한다. 어느 때는 아마존의 열대림으로 어느 때는 백화만발한 꽃밭으로 꾸민 강단은 카네기홀 무대만큼 호화롭다. 국립합창단 수준의 성가대 찬양이 끝나면 무대배우처럼 목사가 강단으로 걸어 나온다. 화려한 의상, 배우처럼 분장한 얼굴로 설교하여 슈퍼스타 흉내를 낸다. 가수 뺨치게 노래를 잘하고, 웃기는 코미디 울리는 연기가 자유자재다. 대형교회들은 발 빠르게 유행을 도입하고 세속과 짝하여 교인들의 비위를 맞춰준다. 세속화된 개신교 예배가 처음에는 좋지만 결국은 식상하여 혐오의 대상이 돼버린다. 중독신자가 되면 상관없지만.

 천주교와 불교는 천년세월이 흘러가도 세상 유행이나 세속에 물들지 않고 고고하게 오리지널(Original)을 고집한다. 오르가닉(Organic) 그대로다. 가운으로 입는 스님의 법의法衣나 신부님의 성의聖衣는 옛날 그 색깔 그대로다. 스님의 법론法論이나 신부님의 강론講論도 수천 년 전 오르가닉 그대로다. 6분짜리 설교를 차분하고 담백하게 전달한다. 아멘을 받아내려고 30분 동안 웃기고 울리고 펄펄 뛰는 목사설교와 다르다.

 개신교가 개량종이라면 가톨릭이나 불교는 오르가닉(Organic) 토종이다. 양계장에서 화학 사료로 키워낸 개량종 레구홍은 성장이 빠르고 알을 많이 낳지만 고기 맛도 달걀 맛도 별로다. 중금속이 많이 들어있어 몸에 좋지 않다. 방생하여 키운 토종닭은 발육이 늦고 알은 적게 낳지만 고기도 달걀도 맛있는 보약이다.

 화학 비료로 키운 야채에 화학조미료를 잔뜩 털어 넣고 만든 요리가 입맛에는 좋으나 먹으면 먹을수록 식상하고 건강을 해치는 걸 알아야 한다.

 개신교 예배는 시류에 편승하는 화학조미료 예배다. 위선과 과장으로 포장된 세속화의 극치다. 불교나 가톨릭의 예배는 고지식한 오르가닉 예배다. 그래서 가톨릭이나 불교의 설교는 짧고 담백하고 순수하다.

이단사상, 간음, 암으로 병들어있는 한국 대형교회들, 세속화시켜 세상과 더불어 썩어가는 대형교회들, 한국교회가 소금의 맛을 회복하는 길이 어디 있을까?

고양이 목에 방울달기

"주여, 제가 죄인입니다. 입만 살아있고 행위는 죽은 목회자였습니다. 불쌍히 여겨주소서……."

설교하러 나온 옥한흠 목사가 울먹이며 참회 기도를 시작했다. 그러자 여기저기서 회개 기도가 터져 나왔다. 가슴에 손을 얹고 말없이 눈물을 흘리는 이들, 무릎을 꿇은 채 "주여, 주여"를 외치며 자신의 잘못을 고백하는 이들도 눈에 띄었다.

2007년 7월 8일 저녁 서울 상암동 월드컵 경기장에서 열린 '2007 한국교회 평양 대부흥 100주년 기념대회' 예배광경이다. 한국의 대형교회 목사들이 죄다 몰려온 10만 모임. 교회부흥의 불길이 꺼져가고 있음을 안타까워 부르짖는 회개였다. 너도 나도 회개! 회개!를 외쳤다.

이보다 앞선 2005년에는 조용기 강원용 김창인 3거두 목사가 매스컴 앞에서 하는 공개회개를 했다. 기사를 보고 나는 참담하다는 생각이 들었다. 회개는 골방에 들어가 하나님 앞에서 숨겨진 개인의 죄악을 통회 자복하는 것이다. 이를테면 간음 살인 도둑질 같은 죄를 말이다. 매스컴 앞에서 자기 개인과는 아무 상관없는 정치회개를 하는 건 쇼이지 회개가 아니다. 그래도 3거두가 공개적으로 회개할거라면 이러면 어떨까?

"술 마시고 여성 지도자들을 성 희롱했던 크리스첸 아카데미 스캔들을 회개합니다."

"다른 교회교인들을 끌어들여 종교왕국 만든 죄를 회개합니다. 저희 교회는 반수이상이 타 교회에서 온 교인들이기 때문입니다."

"아들목사를 후임자로 들여놓고 부자간에 교회쟁탈전 벌인 죄를 회개합니다."

교회갱신을 위하여 회개하고 정의를 부르짖는 지도자들을 보면 나는 웃음이 나온다. 이솝우화 "고양이 목에 방울달기" 같다는 생각이 들기 때문이다. 쥐새끼들이 총회를 열었다. 고양이 때문이다. 쥐들에게는 고양이가 거대한 공룡만큼 무서웠다.

"고양이 때문에 우리 쥐들은 하루도 마음 놓고 살 수가 없습니다. 아무리 쥐구멍이 많다 해도 고양이가 나타났다 하면 우리 쥐들은 오금이 저려 한 발짝도 움직이지 못하고 꼼짝없이 잡혀 먹히고 맙니다. 무슨 묘책이 없을까요?"

이때 용감한 목소리가 들렸다.

"고양이 목에 방울을 달아주면 됩니다. 그러면 고양이가 나타나도 100미터 밖에서부터 방울소리가 들려올 것입니다. 우리 쥐들은 방울소리 듣자마자 날쌔게 쥐구멍으로 숨어버리는 거예요. 그러면 모두 살아남게 되지요."

"하! 낙랑국의 자명고처럼 고양이 목에 방울 달기는 기가 막힌 묘책이군요. 이젠 방울만 달면 되는군요. 그래요. 방울을 달읍시다. 방울만 달면 됩니다."

아! 이젠 살았구나. 그까짓 방울 하나만 달면 되는 걸. 쥐들은 찍

찍거리면서 신나게 떠들어 댔다. 그러자 누가 소리쳤다.

"그러면 어떻게 하면 고양이 목에 방울을 달수 있습니까? 누가 방울을 달 수 있을까요?"

"아이고, 우리 쥐들이 어떻게 고양이 목에 방울을 달수 있습니까? 고양이 목 근처에 갔다간 뼈도 못 추리고 그 자리에서 고양이 밥이 될 텐데요."

고양이 목에 방울을 달면 된다고 그렇게 자신있게 떠들던 쥐들은 쥐 죽은 듯이 조용해졌다. 제자백가諸子百家 중구난방衆口難防으로 떠들어대는 한국교회 지도자들의 묘안백출이 쥐들 총회 모양 같다는 생각이 든다.

"목사들이 회개해야 합니다."

"교회가 빛과 소금으로 거듭나야 합니다."

"말보다 실천해야 합니다."

"목사들이 뼈를 깎는 자성이 있어야 합니다."

쥐새끼들처럼 떠들어대도 소용없는 말들이다. 쥐들이 고양이의 목에 방울을 다는 건 불가능하다. 방법이 딱 하나 있다. 고양이를 죽여 버리는 것이다. 쥐약 먹은 쥐를 고양이가 먹게 하던가, 쥐들이 인해전술로 달려들어 고양이를 물어뜯어 죽이던가? 고양이가 죽으면 방울 달 걱정 안 해도 되기 때문이다.

한국교회는 불쌍한 쥐새끼들처럼 대형교회들의 먹이사슬이다. 고양이가 쥐새끼들을 잡아먹듯 대형교회는 한국교회를 잡아먹으면서 커가고 있다. 해서 해마다 전체 교인은 줄어드는 데도 대형교회는 우후죽순처럼 늘어나는 게 한국교회 실정이다.

으리 번쩍 대형교회가 몰려있는 서울은 세계의 예루살렘이다. 건축미술대상을 차지한 대형교회 건물들은 서울의 명물이다. 유리바다가 흐르는 계시록의 황금도성처럼 아름다운 성전을 가득 채운

수만 명 신도들, 일류 성가대의 합창, 웃기고 울리는 설교연기! 예배를 구경하던 외국 관광객은 쩍 벌어진 입을 다물지 못했다.

"오! 원더풀. 서울은 새 예루살렘입니다."

예수님이 보셨다면 어땠을까? 들어가기는커녕 이랬을 것이다.

"성전을 헐어버려라! 내가 삼일 후에 다시 지어야겠다."

회칠한 무덤은 겉은 화려하지만 속은 썩은 송장이다. 외화내빈外華內貧. 기업화와 세속화된 교회가 그 모양이다. 그래서 대형교회는 늘어나는데 교인 수는 줄어들고 있는 게 한국교회다.

교황이 황제 위에 군림하고 교회가 영주領主보다 더 많은 땅을 차지했던 중세 가톨릭이 그랬다. 성직자의 호화사치가 극에 달했다. 신부가 기거하는 교회와 수녀들이 사는 수녀원 사이마다 고아원이 생겼다. 6·25도 없는데 웬 고아원인가? 보카치오의 소설「데카메론」에 보면 성유희를 즐기던 신부와 수녀 사이에서 태어난 아기를 기르느라 고아원을 만들었다고 한다. 고아원의 기원이 그래서 생겼다니 세기의 낭만(?)이다.

당대의 신학자 토마스 아퀴나스와 로마를 시찰하던 교황이 베드로 대성전을 보고 소리쳤다.

"토마스 박사님! 이 화려 웅장한 성전을 보십시오. '금과 은은 내게 없거니와' 하던 지지리 고생스런 카타콤 시절은 이제 지나갔소이다."

토마스 아퀴나스도 소리쳤다.

"교황폐하! '나사렛 예수의 이름으로 일어나 걸으라'던 시절도 역시 지나가 버렸습니다"(행 3:1-10).

곧바로 문예부흥이 일어나고 루터의 종교개혁이 터져 가톨릭은 망했다. 교황이 자랑하던 로마의 그 웅장하던 성전, 동방 콘스탄티노풀의 황금빛 성전들은 지금 관광객의 구경거리로 전락하고 말았다.

100년 전 러시아는 세계 최강 기독교 국가였다. 나는 중학교 역사책에서 본 낙타그림을 지금도 기억한다. 왕과 성직자와 무사가 올라탄 낙타는 무게에 눌려 한 발짝도 움직일 수가 없었다. 허리가 굽을 대로 굽어있는 낙타는 러시아 국민이다. 황제와 목회자와 군부세력이 손잡고 부귀영화를 누리느라 국민들은 낙타보다도 허리가 더 굽어져 꼼짝할 수가 없게 된 것이다. 이때 모스크바의 성전 지하실에서 신학생 스탈린과 10여명의 프롤레타리아가 공산당을 만들어 붉은 볼셰비키혁명을 일으켰다. 그 바람에 수천만 기독교인들은 학살당하고 러시아는 70년 동안 공산지옥을 경험해야 했다.

한국기독교는 지금 한국사회의 공공의 적이 되고 있다. 기독교를 개독교로, 목사를 먹사로 부를 정도로 공신력이 말이 아니다. 교회를 기업화하여 세속화로 전락시킨 대형교회 때문이다. 어떻게 하면 대형교회 문제를 해결 할 수 있을까? 대형교회가 망해야 한국교회가 산다.

결론: 공룡을 죽여라!

인간은 권력과 쾌락의 동물이다. 목사이건 신부이건 누구나 권력과 돈을 좋아한다. 목사들은 하나같이 대형교회를 만들어 부귀를 누리면서 수억의 비자금을 뿌려 감독이나 총회장이 되려고 한다. 그래서 교회가 타락하고 지탄의 대상이 되어 부흥이 안 된다. 이를 안타깝게 여긴 대형교회 목사님들이 10만 교인들을 이끌고 상암동 월드컵운동장에 모여서 울고 불고 부르짖었다. 그러나 회개하고 거듭난다고 해결될 일이 아니다.

인간은 악하기 때문에 제도가 아니면 탐욕을 억제 할 도리가 없다. 가톨릭은 제도적으로 대형교회를 못하게 한다. 그래서 건전하다. 제도는 단체(교단)나 국가가 만드는 것이다. 개인(개교회)은 탐욕이 많아서 그런 제도를 거부하게 마련이다. 교단과 공기관이 나서서 제도를 만들어야 한다. 공룡대작전!

<u>첫째, 교단이 나서라.</u>

2007년 장충동에 있는 만해회관(萬海會館)에서 젊은 신학자와 의식있는 목사들이 모여 교회개혁 포럼을 가졌다. 그때 목사들의 입에서 가톨릭을 교회개혁의 모델로 삼자는 주장이 나와 눈길을 끌었다.

왜, 가톨릭일까?

종교개혁 이전 가톨릭은 부패종교의 대명사였다. 헌금으로는 양이 안 차 죽은 사람도 지옥에서 천당으로 끌어올린다는 면죄부까지 팔아 부귀와 영화가 극에 달했다. 그러다 마르틴 루터의 종교개혁으로 치명상을 입는다. 대오각성한 신부들은 청빈낙도로 돌아섰다. 그런데 가톨릭의 부패를 규탄하고 일어나 생긴 개신교가 이제는 종교부패의 선두를 달리고 있는 것이다. 아이러니다. 이랑이 고랑이 되고 고랑이 이랑이 된다더니 역사는 돌고 도는 회전목마란 말인가?

대형교회가 생기면서 한국교회는 부패의 단초가 되는 물량주의 세속화로 빠져 들어갔다. 중소형교회들은 하나같이 대형교회를 목표로 하고 있기 때문이다.

"네 시작은 미약하나 나중은 창대하리라!"

가톨릭은 대형교회가 없다. 신부님들이 욕심이 없어서 대형교회가 안 생겨날까? 그건 아니다. 욕심은 신부님들도 결코 목사님들에게 지지 않는다. 교황 요한 바오로 2세는 80이 훨씬 넘은 노구에 파킨슨병 합병증으로 수없이 수술을 받아가면서 중환자로 지냈다. 목사 같으면 얼른 은퇴하여 편하고 조용히 지낼 터인데 죽을 때 까지 교황자리를 내놓지 않았다.

"와! 가톨릭 신부님들도 기독교 목사님들 못지않게 욕심이 대단하구나!"

그렇다면 왜 가톨릭은 대형성당이 없을까? 제도 때문이다. 가톨릭은 성당이 크나 작으나 목회자들의 월급이 똑같다. 신도들이 낸 헌금은 중앙으로 올라가고 신부월급은 중앙에서 내려온다. 대형성당을 만들어 수십만 신도를 거느려도 월급은 작은 성당 신부와 똑같다. 6부 7부 미사를 인도 하면서 과로와 스트레스에 시달릴 필요가 없다. 그래서 가톨릭 신부들은 과로와 스트레스로 암 걸려 죽는 경우가 거의 없다.

개신교가 그렇게 한다면, 그래도 대형교회가 생겨날까? 수십 만 명을 모아 6부 7부 예배를 인도해도 작은 교회 목사와 똑같은 월급을 받는다면 암병에 시달리면서까지 목숨 걸고 대형교회를 하려고 할까?

요즘 대형교회 목사자녀들은 재벌자녀들처럼 외국에서 호화 유학을 즐긴다. 대형교회 목사는 은퇴하면 교단연금 말고 교회에서 주택을 사주고 죽을 때까지 별도 연금을 지급한다. 그런데 이런 특혜를 없애버린다면 그래도 하나님께 영광! 하나님께 영광을 외치면서 대형교회를 하려고 할까?

"천만에요. 미쳤다고 대형교회 합니까? 중소형교회 하면서 편하고 건강한 목회를 즐기겠지요."

개신교는 그게 불가능할까? 그렇지 않다. 구세군은 개신교이지만 이미 그렇게 실천해오고 있다. 구세군은 도시목회자나 농촌목회자나 월급이 똑같다. 고생 고생하여 대형교회 만들어 봤자 월급은 똑같은데 누가 미련하게 대형교회를 할까? 그래서 구세군은 대형교회가 없다. 그런데 구세군은 대형교회는 없어도 목회자도 교인들도 평화마을이다. 욕심을 부릴 수 없게 돼 있으니 평화로울 수밖에. 그래서 구세군은 이미지가 깨끗하다. 구세군의 자선냄비를 보고 누가 말했다.

"성탄절이 되어 자선냄비 곁에서 세모를 울리는 종을 흔들어대는 구세군 목사님들을 보고 있으면 대형교회 목사님들이 스쿠루지 같다는 생각이 들어요."

그래도 큰일 하는 건 대형교회라고 말하는 이가 있다.

"한국의 대형교회들이 얼마나 좋은 일을 많이 합니까? 외국에 선교사를 파송하지요. 무료병원을 지어 극빈환자들을 치료해 주지요. 대학을 세우고 노인아파트를 지어주지요. 소형교회는 할 수 없는 구제와 선교를 엄청나게 하지 않습니까?"

그게 문제다. 대형교회가 하는 일은 모두 교단이 해야 할 일들이다. 가톨릭처럼 교회의 헌금을 교단으로 올려 보내면 그 돈을 모아서 교단이 선교와 구제를 해야 한다. 그러면 개 교회는 건전해지고 교회의 이미지는 살아나게 마련이다. 그런데 대형교회들은 교단이 할 일을 개교회가 가로채 교회 부패의 원인을 만들고 있다. 교단은 교단 내 목사들이 감시하는 제도와 기구가 있어 불법을 저지르기가 어렵다. 그러나 대형교회는 당회장 목사가 김정일 같은 카리스마를 갖고 있어서 목사님 마음대로다. 김정일의 잘못을 감히 누가 지적하겠는가? 그래서 어느 초대형교회의 목사 아들들은 헌금 떡고물로 문어발식 사업을 차리고 재벌 2세들처럼 방탕을 즐긴다. 그래도 교인들은 모른 체 하면서 벙어리 냉가슴이다.

교단 산하에 있는 개교회 재산은 마땅히 본부재단에 등기하도록 돼 있다. 그런데 대형교회는 이를 거부하고 사유화 한다. 이건 도둑질이다. 제후들이 황제를 제쳐놓고 전횡을 일삼으면서 천하를 농락하던 춘추전국시절처럼 말이다. 한국교회는 지금 대형교회 춘추전국시절을 연출하고 있다.

둘째, 국가가 나서라.

세종대왕에게 화가畵家 안견이 아뢰었다.

"폐하, 지금 경향각지에서 무당들이 기복祈福을 앞세워 감언이설 교언영색으로 백성들을 현혹하고 있사옵니다. 순진한 백성들을 미신에 빠트리는 사이비 이단 사교들이오니 저들을 척결하여 건전한 문화국이 되도록 하여 주소서."

안견의 건의를 받아들인 세종은 무당을 일소하고 불교나 도교같은 건전한 종교만 인정했다. 한국사의 르네상스인 세종시대는 이렇게 하여 탄생한 것이다. 한국은 지금 60만 명의 무당이 판을 치고 있다. 교회도 절간도 저질신앙 기복신앙으로 무당종교로 부패해가고 있다. 특히 기독교가 더하다. 교단이 무능하여 저질목사들을 방치한다면 정부에서 정리할 필요가 있다. 판사 검사에서 이발사 미용사 안마사按摩師에 이르기까지 사師자가 들어가는 직업은 국가에서 자격증시험을 본다. 목사牧師도 국가자격증이 필요치 않을까? 성업중인 엉터리 목사, 가짜목사 박사, 엉터리 교단, 엉터리 신학교를 교단이나 교회연합회에서는 정리할 방도가 없기 때문이다. 이 지경이 됐으면 국가의 공권력을 빌려서라도 정리해야 하는 게 옳지 않을까?

군종장교제도처럼 국가고시를 통과하게 하면 엉터리 신학교와 엉터리 목사는 생길래야 생길 수가 없을 것이다. 독일이 그렇게 한다고 한다. 지구상에서 엉터리 목사가 가장 많은 곳이 미국과 한국이다. 머리에 손만 얹으면 누구나 목사가 될 수 있는 엉터리 목사

천국이기 때문이다.

<u>셋째, 개신교는 올가닉으로 복귀하라.</u>

가톨릭과 불교가 올가닉(Organic) 유기농有機農 종교라면 개신교는 개량종 무기농無機農 종교다. 무기농은 품종을 개량하고 잡초제, 농약, 화학비료를 뿌리고 인공수정으로 대량생산하여 돈을 많이 벌게 한다. 유기농 올가닉은 토종에 자연비료만 주고 잡초제를 사용하지 않아 수확도 적고 돌배처럼 맛도 떨어진다. 그러나 무기농은 해를 거듭할수록 토질이 나빠지고 농약을 갑절로 늘여서 뿌리다 보니 농약에 중독된 농산품이 돼버린다. 유기농은 처음에는 돌배처럼 볼품없으나 차차 저항력과 면역성이 생겨 싱싱하고 맛있는 토종 농산품으로 인기를 회복한다.

개신교는 마르틴 루터가 종교개혁을 일으켜 새롭게 뜯어고친改新 개량 신품종 농산품이다. 많이 모이는 데만 주력하여 세상유행에 민감하다. 그래서 설교강단도 세속유행 따라 자꾸만 뜯어고친다. 그러다 보니 농약에 중독된 농산품처럼 맛도 영양가도 잃어버리고 건강을 해치는 무기농 식품이 돼버렸다. 기독교가 헌금 잘하고 전도 많이 하는 중독신자 만드는 데는 단연 일등이나 경건성은 꼴찌다. 종교의 생명은 신령과 진리인데 말이다.

70년대 한국교회의 설교는 지성의 예언이었다. 한경직 강원용 조향록 목사의 설교는 불신자들이 들어도 좋을 정도로 신선하고 경건했다. 그런데 대형교회가 등장한 이후 설교는 기복신앙의 푸닥거리로 전락돼 버리고 말았다. 설교 한 구절이 끝날 적마다 "이렇게 되기를 축원 합니다"라는 추임새를 끼워 넣는다. 아멘을 받아내기 위해서다. "축원"은 축도에서 단 한번만 사용하는 축도용어인데 30분 설교에 수십 번 등장한다. 통합측 장로교회에서는 설교 시에 "축원 합니다"를 못하도록 아예 총회에서 결정 하달했다. 한국교회의 장자교회답다. 그래도 여전하다. 교인들이 이미 기복설교에 중독이 돼버렸기 때문이다.

설교만 그런 게 아니라 축도도 요지경이다. 성부 성자 성신의 이름으로 회중을 향하여 간단히 축복하는 게 스탠더드 올가닉 축도다. 그런데 요즘 축도는 대표기도 내용을 모두 담아 별의별 수식어를 총동원하여 삼위일체를 설명한다. 그리고 이 자리에 모인 성도뿐이 아니다. 한국 미국 북한 김정일은 기본이요 춘향전의 이도령까지 찾아다니면서 열거한 후 "이제부터 영원히 있을지어다" 한다.

설교에 박수를 치질 않나, 하나님께 박수로 영광 돌리질 않나? 이게 예배당인지 김정일 앞인지 헷갈릴 지경이다. 박수는 눈에 보이는 사람에게 보내는 대인용對人用이다. 눈에 보이지 않는 신神인 하나님에게는 신령이 있는 기도나 찬양이 해당된다. 하나님에게 박수를 치는 건 여호와 하나님을 김일성으로 격하시키는 꼴이 된다. 하기는 북한에서는 김일성이 신神으로 취급을 받기는 하지만!

넷째, 평신도를 목사 수준으로 만들지 말라.

마르틴 루터가 종교개혁을 하면서 "만인제사장"을 선언했다. 만인제사장은 크리스천 모두가 성직자가 되라는 말이 아니다. 평신도들도 하나님께 직접 기도하고 성경보고 전도 할 수 있다는 뜻이다. 당시 가톨릭은 기도와 성경이 성직자들의 전유물이었다. 하나님으로부터 죄 사함을 받으려면 신부를 찾아가 죄를 고백하고 그러면 신부는 하나님에게 중보기도를 해줬다. 이를 고해성사라 한다. 고해성사로 신자들의 비위사실을 알게 된 신부는 고해성사를 교묘하게 이용하여 신자들을 꼼짝 못하게 하기도 했다. 개인기도는 교황청이 만들어 준 기도문만 읽도록 했다.

만인제사장론은 이를 타파했다. 신자들이 직접 하나님에게 기도

하고 성경을 읽게 한 건 아주 잘한 일이다. 그런데 대형교회의 평신도교육은 문제가 있다. 기도대학, 성경대학, 평신도신학, 전도대학을 실시하여 교인을 목회자 수준으로 끌어올리고 있기 때문이다. 그건 만인제사장이 아니라 이단들이 하는 중독신자 만들기다. 중독신자가 되면 광신자로 변하여 몸과 재산을 몽땅 교회에 바친다. 그래서 이단교회는 가정이 파괴되고 사회문제가 생긴다. 물론 교인들을 중독신자로 만들면 핵폭발 하듯 역사가 일어나 대형교회로 부흥된다. 이단들은 그렇게 하여 성장했다. 그러나 중독이 덜된 신자들은 배운 것 아는 것이 많아서 목회자와 맞먹는 실력으로 교회분쟁을 일삼게 된다. 목사를 먹사라 부르며 목사 배척운동을 일으키는 것이다. 가톨릭은 "신부님 신부님, 우리 신부님"하는데.

　교회일은 목사들이 전념하게 하고 평신도들은 가정과 직장에 충실하게 하는 게 좋다. 평신도는 주일 예배면 족하다. 죽도록 충성하라! 네 가진 것 모두 주께 바쳐라는 말은 목회자에게 해당되는 말이다. 구원의 확신을 체험하기 위하여 특별기도하는 건 좋다. 그러나 일년 365일을 교회에 매달리는 건 평신도가 할 일이 아니다. 그건 목사의 몫이다.

　<u>다섯째, 교인들을 "일요일의 순교자"로 만들지 말라.</u>

　일요일의 순교자(Sunday Martyr)라는 말은 주일날 설교를 많이 해야 하는 미국교회목사를 일컫는 말이었다. 그런데 한국에서는 평신도들이 일요일의 순교자가 된다.

　김 집사의 주일은 새벽기도부터다. 주중엔 못했지만 일요일은 쉬는 날이니 새벽기도를 나간다. 새벽기도 다녀온 후 커피 들면서 구역식구들에게 예배참석 독려전화 한바퀴. 아침식사 끝나기가 무섭게 차를 몰고 새 신자 집을 돌면서 교회로 실어 나른다. 예배 후에 성가대 연습을 하고 교회식당에서 점심 먹고 나면 오후 2시 저녁예배다(멀건 대낮에 웬 저녁예배?). 저녁예배(?) 끝내고 집으로 돌아가려고 하니 구역예배 보고 가라고 붙잡는다(금요일도 아니고 가정도 아닌데 교회에서 웬 구역예배?). 구역예배 후에는 고아원심방, 결석자 심방, 아니면 노방전도로 징발이다. 징발이 없는 날은 골프나 볼링하러 몰려다닌다. 아무튼 골프를 쳐도 교회를 못 벗어나게 한다.

이건 완벽한 "교회의 바벨론 포로捕虜"다. 한국교회는 일요일에 교인을 "교회의 바벨론포로"로 만든다. 한 시간 예배 끝내고 친구도 만나고 문학모임에도 나가서 "일요일은 즐거워"를 해야 하는데 하루 종일 교회에 붙잡혀 있어야 한다. 애굽 400년 노예, 바벨론 70년 포로면 족하지 않은가? 그날 밤은 아예 파김치다. 그래서 일요일의 순교자다.

월요일 직장에 출근하여 파리버섯 먹은 병아리처럼 졸고 있는데 맞은편 박계장도 졸고 있다.

'저 친구도 어제 교회 나가서 봉사하느라 지쳐있구나. 어느 교회에 다니나?'

궁금해 하고 있는데 졸고 있던 계장이 졸음을 깨려는 듯 입을 열었다.

"김 형도 졸고 있는 걸 보니 어제 밤에 억세게 재미 많이 본 모양이군, 히히히. 나도 어제는 일요일이라 점심때까지 늘어지게 잠을 잤어. 일어나 점심 먹고 필드에 나가 골프를 친후 고교 동창들을 만나 저녁 먹고 노래방으로 술집으로 2차 3차 다니다가 러브호텔에서 밤을 새웠더니 몸이 천근만근이야. 어휴 졸려!"

'……???'

한국에 있을 때였다. TV에서 유명목사님이 설교 하고 있었다. 무심코 초등학교에 다니는 딸애에게 물어봤다.

"애야, 저분이 세계에서 아주 큰 교회 목사님이란다. 인상이 어떠냐?"

"꼭 사기꾼 같아 보여요."

가슴이 철렁했다. 초대형교회 목사님이 어린이의 눈에 사기꾼으로 비치다니!

종교개혁을 한 루터는 말했다.

"교회는 계속 개혁돼야 한다. 그게 종교개혁 정신이기 때문이다."

루터가 한 개혁은 사실 뜯어고쳐 개량하는 게 아니었다. 오리지널로 돌아가자는 운동이었다. 성경으로 돌아가서 올가닉을 회복하자는 것이다. 가톨릭이 부흥하자 타락하여 성경본래의 모습을 잃어버렸다. 교황청과 대성전 속에 갇혀버린 예수님은 보이지 않았다. 경건의 능력이 떨어지자 제도와 조직으로 신도들을 묶어버렸다. 세속적이고 인위적인 음악, 미술, 문학, 예술로 교회를 호화롭게 분장하고 교인들이 감동받게 했다. 루터의 종교개혁은 가톨릭을 덮고 있는 이런 인위적이고 작위적인 위선의 껍데기, 세속의 껍데기를 벗어버리자는 것이다.

"성경 본래의 기독교로 돌아가자, 교회의 올가닉을 찾자."

그게 루터의 종교개혁이다. 개신교의 원조 루터가 한국교회를 방문한다면 어느 교회를 찾을까? 빌리그래함 처럼 세계 최대교회 여의도순복음교회를 찾아갈 것이다. 빌리그래함은 그 교회의 문을 열고 들어가서 설교했지만 루터는 결코 문을 열고 들어가 설교하지 않을것 같다. 그 교회 정문에 항의문을 내걸고 못질을 할 것이다. 그런데 루터가 못질한 그 항의문抗議文은 그 옛날 위텐베르크 성당 문에 내걸었던 "95개조 항의문"이 아닐 것이다. 아예 "성전을 헐어 버리라"는 예수님의 말씀일 것이다.

"제자들이 성전 건물을 가리켜 보이려고 나아오니 대답하여 이르시되 너희가 이 모든 것을 보지 못하느냐. 내가 진실로 너희에게 이르노니 돌 하나도 돌 위에 남지 않고 다 무너뜨려지리라"(마 24:1~2).

제4장
이민 살이 미국풍경

벗어서 아름다운 팔등신 미녀와 함께 걷고 있는 남자들은 아래에 포도대장의 육모방망이를 빳빳이 세운 채 거들먹거리면서 걷고 있었다. 대신 늙거나 못생긴 여인과 함께 발가벗은 채 걷고 있는 남자들의 방망이는 시들어버린 수세미처럼 아래로 축 늘어져 있었다. 묘한 대조였다. 우리는 킥킥 웃으면서 에덴동산을 빠져나왔다.

브르크린 브릿지

둘째딸 은범이가 해피버스데이를 외치면서 들어왔다.
"아빠, 생일 축하해요. 오늘은 제가 뉴욕에서 제일 멋진 곳으로 모시겠어요."
브르크린 다운타운으로 차를 몰기에 생일날 고급 서양요리를 먹게 되는구나 했는데 그게 아니었다. 4시간짜리 스트리트 파킹을 하더니 브르크린 브릿지를 걸어서 맨해튼으로 건너가자는 것이었다.
"애야, 비오는 겨울 날씨에 청승맞게 웬 도보 행렬이냐?"
아내가 짜증을 냈다.
"아녜요 엄마, 브르크린 브릿지를 걷다 보면 너무나 다리가 아름다워 춥고 비오는 것도 금방 환상 속에 묻혀 버리게 돼요. 그리고 이 다리는 에밀레종처럼 전설 속에 만들어졌어요. 그래서 다리 위를 걷고 있노라면 전설의 고향을 걷는 신비를 체험 한다구요."
"그게 정말이냐?"
나는 귀가 번쩍했다. 어려서부터 역사보다는 신화나 전설이 담긴 야사를 더 좋아하는 나는 미국을 여행 하다가도 Legend(전설)란 푯말을 보면 어김없이 차를 세우곤 했다. 지상 최고의 문화대국을 이룩한 미국인들은 건국 역사가 짧기 때문에 호랑이가 담배 먹던 이야기가 담긴 전설이 그리운 모양이다.
좀 아름다운 산천경계나 유명한 사람이 묵어간 곳에는 꼭 Legend란 광고판을 꽂아놓아 전설의 고향을 만들려고 애쓴다. 하긴 전설보다 아름다운 것이 세상에 어디 있을까? 내가 사는 동네 옆에 있는 브르크린 브릿지에 견우직녀가 건너갔다는 오작교 같은 전설이 숨어있다니! 애야 얼른 말해보려무나.

브르크린 브릿지를 걸으면서 은범이는 관광안내원처럼 다리 공사의 전설을 신나게 풀어놓기 시작했다. 1883년에 세워진 브르크린 브릿지 안내판에는 전설의 건축가족 로블링가(Roebling)의 애환이 청동판에 새겨져 있어 다리 위를 걷는 사람들에게 많은 걸 생각하게 한다.

독일에서 이민 온 요한 로블링은 펜실베이니아 주 섹슨버그를 이상 도시로 건축하여 미국 제일의 건축가라는 명성을 얻는다. 맨해튼과 퀸즈 브르크린을 연락선으로 건너다니던 뉴욕시는 로블링에게 브르크린 브릿지 공사를 맡겼다. 15,951피트의 다리 길이는 당시 세계에서 제일 긴 다리공사였다.

미관상 양쪽 가에만 다리탑 기둥을 세우는 일과 수압을 뚫고 다리 기둥을 박아야 하는 일이 여간 난공사가 아니었다. 천재 건축가 요한 로블링은 다리 양쪽을 굵은 철사로 당겨주는 Cable 공법과 다리 기둥을 붙잡아 주는 Stay 공법을 개발해 냈다. 긴 다리 공사의 혁명적인 발상이었다.

1866년 공사가 시작되자 요한은 아들 워싱톤과 며느리 에밀리를 유럽으로 보내어 물속에 기둥 세우는 수압연구를 하게 한다. 자신은 물속에 들어가 탑 기둥 세울 연구를 하다가 다리를 다쳐 그만 파상풍으로 죽었다. 비보를 듣고 유럽에서 달려온 아들 워싱턴은 아버지가 남긴 설계도를 들고 물속에 들어가 공사를 지휘한다. 그런데 잠수병에 걸려 하반신 마비 불구자가 된다. 이에 그 아내 에밀리가 치마를 걷어붙이고 물속에 뛰어들어 공사를 계속한다. 불구가 된 워싱톤은 브르크린 아파트 창가에 병든 몸을 기댄 채 망원경으로 아내가 하는 공사를 관찰하면서 피눈물나는 원격조정 감독을 한다.

공중에 매다는 Cable 공사도 쉬운 게 아니었다. 프랭크라는 기술자가 도르래줄에 매달려 다리 양 끝을 왔다 갔다 하면서 거미가 거미줄 치듯 곡예를 벌이기를 무려 7년이나 했다. 아버지는 파상풍으로 죽고 아들은 잠수병으로 쓰러지고 마지막으로 며느리가 달려들고…….

로블링가의 건축사들이 한 잎 두 잎 낙엽처럼 떨어져 가면서도 포기하지 않고 다리 공사에 매달려 있을 때, 브르크린 다리공사 아래로는 맨해튼 이스트리버의 푸른 물결이 세월유수를 노래하듯 무심히 흘러만 갔다. 그러기를 17년이 지난 후에 드디어 브르크린 브릿지는 오작교처럼 아름답게 세워졌다. 그게 1883년 5월 24일이다. 그렇게 해서 '세계 3대 아름다운 다리 브르크린 브릿지'가 탄생했다.

그런데 사람들은 새로 생긴 브르크린 브리지를 건너려 하지 않았다. 다리가 너무 길어 휘청거릴 듯 하는 게 아주 위험해 보였기 때문이다.

'가다가 중간쯤 해서 다리가 갑자기 무너져 버리면 꼼짝없이 물귀신 될게 아닌가? 무섭다 무서워!'

동양이나 서양이나 돌다리도 두들겨 보고 건너는 게 인간 심리이기 때문이다. 묘책을 찾아 고심하던 당국은 1년 후인 1884년에 21마리의 코끼리를 브르크린 다리위로 몰아봤다. 집더미만한 21마리의 코끼리떼가 한꺼번에 브르크린 다리를 건너는데도 다리는 끄떡을 안했다.

"와! 코끼리떼가 쿵쾅거리며 건너가도 끄덕도 않는구나! 백 퍼센트 안전, 백 퍼센트 안전!"

그때부터 사람들은 앞을 다투어 브르크린 브릿지를 건너기 시작했다.

'아하! 그래서 브르크린 다리 위로 저렇게 많은 사람들이 걷고 있구나!'

멀리 캘리포니아에서 관광 왔다는 은퇴한 판사 부부가 걷고 있었다. 신혼여행으로 뉴욕에 들렸다는 애리조나의 젊은 목사 부부도 로블링가의 전설을 이야기 하면서 비 내리는 브르크린 브릿지를 걷고 있었다.

　브르크린 구청에서 출발하여 맨해튼 시청 앞마당까지 걷게 되는 브르크린 브릿지는 주위 경관이 아름다움의 극치다. 동쪽으로는 맨해튼 브릿지가 무지개처럼 떠있고 서쪽에는 자유의 여신상이 비너스처럼 서있다. 30분을 걸어 맨해튼에 도착하니 고급식당들이 즐비하게 기다리고 있었다. 따듯한 레스토랑에서 비에 젖은 옷을 말리면서 양식을 먹는 기분이란 여간 매력적인 생일파티가 아니다.

　식당을 나와 길거리 좌판에서 20달러짜리 브르크린 사진 액자를 사 들고 브르크린 쪽을 향하여 다시 다리를 걷는다. 날이 어두워지기 시작하자 다리는 더욱 아름다워진다. 맨해튼의 불빛은 억만 개의 진주가 반짝이는 산호섬처럼 환상으로 흐르고 우리가 걷고 있는 브르크린 브릿지는 하늘로 올라가는 천상의 다리처럼 황홀해 보였다. 함께 걷고 있는 아내의 손을 살며시 잡아 보는데 둘째딸 은범이가 속삭였다.

　"아름다워요. 엄마 아빠가 꼭 천상의 다리 오작교를 걷고 있는 견우와 직녀 같네요." 　　　　　　　　　　　　　　　　(2003년)

렉서스를 사게 된 사연

　"이 목사가 삐까삐까 번쩍거리는 렉서스 새 차를 사서 신나게 맨해튼 강변도로를 드라이브하고 다닌대요."

4기통짜리 스틱 기아차를 끌고 다니던 내가 렉서스를 운전했더니 사람들은 나를 부정축재 목사로 보는 모양이다. 렉서스를 산 것도 사실이요 삐까삐까 번쩍번쩍도 사실이지만 중고차다. 그런데 썩어도 준치라고 렉서스는 소리도 없는 것이 빠르기는 제트기 같이 잘 달렸다. 이놈을 타고 맨해튼 FDR을 거쳐 뉴저지로 몰아봤다. 조랑말을 타고 다니던 방자가 관운장의 적토마를 타고 천리를 달리는 기분이었다.

"하, 이 맛에 렉서스를 타는구나! 그리고 그래서 렉서스를 타고 다니는 목사가 욕을 먹는구나."

내가 세인의 비난을 각오하고 렉서스를 사게 된 건 순전히 재혼한 여전도사 때문이다. 가족같이 지내던 강 전도사가 얼마 전 재혼을 했다. 신랑 신부의 나이를 합쳐 보니 자그마치 100살이 넘었다. 초혼도 어려운데 재혼은 오죽 힘들까? 35년 결혼생활을 부부싸움으로 늙어온 우리 부부는 여간 걱정이 아니었다. 나는 나의 낡은 고물차에 그녀를 태우고 다니면서 애써 말려봤다.

"재혼은 중고차 사는 것과 같아요. 중고차는 겉은 멀쩡해도 속은 엉망진창이거든요. 그래서 며칠만 지나면 삐그덕 거리며 고장을 일으키다가 얼마 못가 버리게 마련이지요."

"목사님, 그래도 돈 없는 사람은 중고차라도 사야잖아요? 미국에서 차 없이 산다는 건 싱글로 사는 것만큼 불편하지요."

그녀는 헐값에 중고차를 사듯 얼른 결혼식을 치렀다. 그리고 신랑이 운전하는 닛산 고급차를 타고 신혼여행을 떠나는 것이었다. 십리도 못가서 발병 나버리는 아리랑고개 드라이브가 되면 어쩌나? 그런데 강 전도사가 보내오는 전황(?)은 날마다 명랑 특집이었다.

"목사님 여기는 나이아가라예요. 뉴욕에서부터 그이가 손수 운전하면서 왔는데 일곱 시간이 환상의 드라이브였어요. 나이아가라는 아름다워요. 천상의 호수가 폭포로 떨어져 내리면 동쪽 하늘엔 무지개가 나타나요. 무지개 아래로 오작교처럼 예쁜 다리가 지나가고 있는데 우리들은 견우와 직녀처럼 손을 잡고 그 다리를 건넜답니다."

"일주간의 신혼여행을 끝내고 신접살림 집으로 왔어요. 웨체스타 숲속에 있는 2층집이예요. 아침에 눈을 뜨면 숲 사이로 아침햇살이 비쳐오고 숲속의 로빈새들은 창가로 날아와 새날을 노래해요. 원 베드룸 아파트에서 두 가구가 살던 퀸즈 시절을 생각하면 제가 숲속나라의 공주가 된 게 아닌가 꿈을 꾸는 것 같아요. 그이는 숲속의 도적 로빈 후드처럼 멋져 보이구요."

우리부부는 털털거리는 기아차를 번갈아 운전하며 웨체스타로 강 전도사의 살림집을 찾아가 봤다. 그녀는 행복한 재혼을 살고 있었다. 초혼시절 보다도 훨씬 행복해 보였다. 아니 일구월심 초혼으로 35년을 살아오고 있는 우리부부 보다도 몇 배나(?) 행복해 보였다.

'재혼도 행복하구나. 초혼보다 훨씬 행복할 수도 있구나. 초혼 때의 배우자 보다 더 훌륭한 상대를 만나면 초혼보다 얼마든지 행복하게 되는구나!'

웨체스타를 다녀오자마자 내 차는 불쌍하게도 폐차장으로 가야 했다. 아무리 액세레타를 밟아도 소리만 요란할 뿐 달려갈 때보다 기어갈 때가 더 많았다.

"새 차를 삽시다. 우리가 두 번씩이나 한국 차를 사줬으니 이번에는 성능 좋은 일본차를 삽시다. 도요타 캠리가 소원인데 2만 불이 넘으니 어쩌지?"

답답해하자 아내가 입을 열었다.

"여보, 기왕 일제차를 살 바에야 세계에서 승차감이 넘버원이라는 렉서스를 사자구요."

"거 답답한 소리 작작 하구려. 캠리도 힘들어서 4기통짜리 현대를 생각 중인데 어떻게 렉서스란 말이요?"

"현대차 값으로 렉서스를 살 수 있는 기막힌 아이디어가 있어요. 중고차 렉서스를 사는 거예요. 중고차는 나쁘다구요? 중고차도 중고차 나름이예요. 재혼한 강 전도사를 봐요. 재혼도 좋은 사람 만나면 초혼보다 훨씬 나은 것처럼, 중고차도 성능 좋은 고급차를 사면 싸구려 새 차 보다도 훨씬 나을 수 있다구요."

"맞다 맞아! 강 전도사의 재혼이 그걸 증명해 줬지."

우리는 중고차 딜러로 달려가 1만 2천불을 주고 렉서스를 샀다. 4기통짜리 새 차 값이었다. 8만 마일을 달린 98년도 형인데 깨끗하고 튼튼했다. 007영화에 나오는 제임스본드의 자가용처럼 100퍼센트 옵션에 완전자동이었다. 중고차인데도 성능이 대단했다. 액세레터에 발을 살짝 올려놓기만 하면 쏜살같이 달려 나갔다. 하루 종일 운전해도 피곤하지 안않다. 60이 넘은 우리 부부는 스피드를 즐기는 007의 연인들처럼 렉서스를 몰고 마음껏 고속도로를 질주했다.

"여보, 좋은 차를 타고 달리니 우리가 한결 젊어진 기분이네요. 중고차 렉서스 사길 잘 했어요."

아내가 제임스 본드의 연인처럼 속삭였다.

"그래요. 승차감이 좋으니 꼭 신혼여행을 달리는 기분이구려. 우리 렉서스 자랑도 할 겸 이 차로 재혼한 강 전도사네 집에 갑시다. 강 전도사 부부 만나서 이렇게 얘기해 줍시다. '재혼도 잘만 하면 초혼보다 행복한 것처럼, 중고차도 잘만 사면 값싼 새 차보다 훨씬 낫다'고, '그래서 우리는 중고차 렉서스를 샀노라'고…."(2005)

도깨비 집

내가 사는 뉴욕 릿지우드에 도깨비집이 있다. 릿지우드는 무덤으로 둘러싸인 공동묘지 동네라서 공동묘지 안 어딘가에 도깨비집이 있을 법도 하다. 그런데 공동묘지에 있는 게 아니라 우리 집 길 건너 오른쪽에 도깨비집이 있다. 정확히 말해서 우리 집이 2030 그린 애비뉴인데, 도깨비 집은 2033 그린 애비뉴이다.

고향의 어린 시절, 나는 도깨비에 관심이 많았다. 도깨비는 놀부에게는 벌을 주는 악마로 나타나지만 흥부에게는 복을 주는 천사로 나타나기 때문이다. 나는 흥부처럼 제비새끼 부러진 다리를 고쳐준 적은 없지만 병든 병아리는 여러 번 고쳐주었다. 지금은 조류독감으로 불리는 AI 인플루엔자가 유행이지만 그때는 병아리 이질이 아주 무서웠다. 이질에 걸리면 황금빛 윤기가 잘잘 흐르던 병아리털은 서리내린 노인머리털처럼 하얗게 퇴색돼버렸다.

병든 병아리가 날개 죽지를 축 늘어트리고 비실거리면 병아리가 도롱이를 썼다고 했다. 우의雨衣가 귀했던 그 시절 시골사람들은 비가 오면 볏짚으로 엮어 만든 도롱이를 어깨에 걸치고 비를 피했던 것이다. 병아리가 도롱이를 한 번 썼다하면 몇 번 비실거리다가 그대로 죽었다. 달걀노른자를 삶아 먹여도 소용 없었다. 독하기로 유명한 토끼오줌을 강제로 먹이면 병아리는 도리질을 하면서 치를 떨다가 죽었다. 그런데 특효약이 있었다. 고추장에 빨갛게 비벼낸 매운 보리밥 한 알을 먹이면 매운맛에 몸서리를 친 병아리는 눈물을 찔끔 거린 후 삐약 삐약 거리면서 살아나곤 했다. 나는 고추장에 비빈 보리밥으로 많은 병아리를 살려 냈던 것이다. 이만하면 도깨비에게 복을 받을 만 하지 않은가?

"도깨비 집을 찾아가 '금 나와라 뚝딱, 은 나와라 뚝딱!' 하는 도깨비 방망이를 얻어야지."

어린 나는 열심히 도깨비 집을 찾아 나섰다. 산속에 웅크리고 있는 상여 집에 들어가 봤지만 족제비만 봤을 뿐 도깨비는 없었다. 캄캄한 밤에 반딧불이 날라다니는 공동묘지를 찾기도 했으나 허사였다.

미국 캘리포니아에 가면 도깨비집이 있다는 신문기사를 청년시절에 읽은 적이 있었다. 윈체스터 총을 만들어 부자가 된 윈체스터 씨가 죽자 미망인에게 귀신들이 달려든다는 것이다. 1차 2차 대전 때와 서부개척 시대 때 총에 맞아 죽은 귀신들이 밤만 되면 미망인에게 나타나 피를 흘리면서 부르짖었다. 머리가 부숴진 귀신, 배에 총을 맞고 창자가 터져 나온 귀신, 허벅지가 잘려나간 귀신하며 보기에도 참혹했다.

"나는 네 남편이 만들어낸 윈체스터 총에 맞아 이렇게 죽었다. 사랑하는 부모형제 처자식들도 모른 채 죽어서 장례도 지내지 못하여 한 맺힌 우리 영혼은 구천을 떠돌고 있다. 이 원한을 갚아다오!"

"어떻게 하면 됩니까?"

"우리들이 거할 집을 지어라. 그런데 이 집은 네가 죽을 때까지 밤낮 24시간 쉬지 않고 계속 지어야 한다."

그래서 귀신 집을 짓기 시작했다. 신기하다. 그때부터 윈체스터 미망인에게 귀신들이 나타나지 않더라는 것이다.

콜로라도 스프링스에 사탄의 집이 있다는 말도 들었다. 콜로라도 스프링스는 한국의 익산이나 김제처럼 영력이 강한 신령한 지역이다. 월드미션 본부, 내비게이트 본부를 비롯하여 기독교단체 본부들이 많이 몰려있는 곳이 콜로라도 스프링스다. 그런데 사탄교회 세계본부가 이곳에 있다는 것이다. 하기는 스프링스에는 "신들의 정원"(Garden of God)도 있는 곳이니까.

　미국은 공원천국이다. 타운마다 동네마다 파크(Park)라는 정원이 있다. 그런데 콜로라도 스프링스에는 "신들의 정원"(Garden of God)도 있다. 사방이 모두 붉은 흙인데 붉은 기암절벽 붉은 바위가 기기묘묘한 신들의 형상을 하고 있었다. 인디언들은 이곳을 신들의 정원이라 부르며 제사를 드렸다.

　일부러 캘리포니아까지 갈 수는 없었지만 마침 콜로라도에 가는 길이 있었다. 신들의 정원을 들러 본 나는 내친김에 사탄의 집을 찾아봤다. 콜로라도 스프링스 구 시가지舊市街地에 버려진 호텔이 있었다. 그 호텔 지하실에 미국 전역의 사탄숭배자들이 모여 예배를 드렸다. 그들은 짐승의 피를 뿌리며 예배를 드리는데 사람을 죽여 피를 뿌리기도 한다는 소문도 있었다. 그런데 내가 찾아가 봤을 때는 이미 경찰이 폐쇄시켜 버린 상태였다.

　"아깝다! 내가 한발 늦었구나."

　아쉬웠다. 나는 흉가凶家를 찾아가는 유령처럼 폐가廢家가 된 호텔 지하실을 내려가 봤다. 어수선하게 버려진 집기물 위에는 먼지가 뽀얗게 쌓여있고 피로 얼룩진 벽은 거미줄이 커튼처럼 쳐져 있었다. 어디선가 악마의 웃음소리가 들려올 것 같은 음산한 분위기였다.

　미국까지 왔지만 도깨비 집 찾기는 허사였다. 그런데 내가 사는 마을 릿지우드에 도깨비집이 있는 것이다. 그것도 걸어서 열 발짝도 안 되는 바로 앞집에.

　몇해 전 봄날이었다. 온몸에 문신을 한 미국 사내가 바보 산초처럼 생긴 인부들을 데리고 우리 앞집에 나타났다. 머리에 뿔만 있으면 영락없이 도깨비처럼 생긴 남자였다. 남자는 집을 요상하게 꾸미고 있었다. 울긋불긋한 외벽에는 십자가, 해골, 천사, 마귀, 짐승의 조각물을 박아놓았고 중간 중간에는 멸치잡이 그물을 덮었다. 검은 창살을 만들고 울타리 둘레에는 요상한 모조 나무들을 장승처럼 심어 놓았다. 밤이 되면 가지가지 색깔의 전등불이 어둠 속에 숨어 있다가 행인의 발자국 소리가 나면 깜빡거리면서 눈을 뜨곤 했다. 지붕에는 괴상한 깃발이 수없이 나부끼는데 간판 문구가 요상하다.

"두건을 쓴 마법의 기사."

"미친 용의 집."

"여호와를 찬양하라! 우리는 사명자다."

"너는 훔쳐라, 나는 쏜다!"

사람들은 이 집을 도깨비집이라고 불렀다. 무서워 얼씬을 하지 않았다. 아무도 들어가 본 사람이 없다고 벌벌 떨기만 했다. 어려서부터 도깨비 집에 관심이 많았던 나는 우리 집 앞으로 굴러들어온 도깨비 집을 모른 체 할 수 없었다. 용기를 내어 주인 사내에게 집안을 보고 싶다고 청해 봤다. 사내는 힐긋 나를 쳐다보더니 씩 웃었다.

"정말 들어가 보고 싶으냐?"

네가 정말 들어갈 담력이 있느냐는 듯한 말투였다. 내가 고개를 끄덕이자 사내는 문을 열어줬다. 문이 중세식中世式이었다. 성문이 열리면 그 성문이 해자垓字를 덮는 다리가 되는 바이킹 영화처럼 돼 있었다.

덜컹! 하면서 검은 철문이 아래로 열렸다. 나는 해자 다리를 밟고 성문 안으로 쳐들어가는 "바이킹"처럼 보무당당 용감하게 도깨비집 안으로 들어갔다. 안개인지 연기인지 자욱한 사이로 촛불 한 개가 졸고 있는데 검붉은 빛이 음산하게 방안을 채우고 있었다. 그런데 한 사나이가 의자에 앉아 있었다. 장한壯漢이었다. 나는 염라대왕 앞에 끌려온 바보처럼 조심스럽게 그 사나이 앞으로 다가가다가 그만 주춤했다.

으악! 송장이었기 때문이다. 처참하게 일그러진 얼굴인데 눈에서는 붉은 피가 흘러내리고 있었다. 끔찍스럽게 왼쪽 팔이 잘려 나간 송장이었다. 지옥에서 염라대왕을 만난 얼간이처럼 나는 정신이 멍했다. 꿈인가? 생시인가? 정말 나는 도깨비에게 홀린 것인가? 정신을 차리고 다시 봤다. 그런데 두 번째 보니 이게 뭐야? 그건 밀랍으로 만든 송장 인형이었다.

아하! 그 집은 도깨비집이 아니었다. 시큐어리티라고 불리는 청원경찰인 경비원 양성소였던 것이다. 집주인이 도깨비처럼 웃었다.

"이곳은 뉴욕 주州 인가認可 안전비밀요원 양성소입니다."

지금은 사람들이 그 집을 무서워하지 않는다. 도깨비 집이라고 속는 사람들이 아무도 없기 때문이다. 그런데 사람 대신 새들이 속고 있다. 그것도 무서워 속는 게 아니라 즐거워 속고 있다. 밤에도 낮에도 동내 새들이 도깨비 집으로 몰려와 밤낮 노래하고 있기 때문이다.

주인 사내는 울타리 나뭇가지 속에 몰래 녹음장치를 해 놓고 예쁜 새 목소리를 확성기로 들려주기 시작했다. 그러자 공중을 날아다니던 새들이 새 울음소리를 듣고 달려들었다. 예쁜 암컷, 멋쟁이 수컷이 기다리겠거니 생각한 새들이 짝을 찾는 사랑의 아리아로 화답하면서 날아드는 것이었다. 그래서 도깨비 집에는 밤새 낮새 가릴 것 없이 24시간 새들이 합창을 한다. 아무튼 도깨비집 답다. 얼마나 재미있는 도깨비집인가?

현대에는 도깨비가 없다. 어수룩하고 재미있는 도깨비들이 교활한 현대 인간들에게 질려 모두 사라져 버렸기 때문이다. 반딧불이 도깨비 불 노릇을 하던 나의 고향시절에는 도깨비가 참 많았다.

오산학교 국사선생 함석헌은 영어선생이 결석하면 대신 영어를 가르쳤는데 영어선생보다도 더 잘 가르쳤다. 국어도 수학도 그랬다. 도무지 모르는 게 없었다. 그래서 사람들은 함석헌을 도깨비라고 불렀다.

이승만과 박정희를 놀라게 했던 함석헌이 가자 이 땅에는 도깨비가 완전히 사라져 버렸다. 조영남과 김용옥이 도깨비 흉내를 내고 있지만 사람들은 그들을 허깨비로 생각하는 것 같다. 도깨비가 그립다. 도깨비가 없는 세상은 삭막하기 때문이다.　　　(2004년)

나체촌을 찾아간 목사

한국에서 온 여류시인 김 여사가 비치에 가자고 졸랐다.

"목사님, 뉴욕의 여름이 아주 덥네요. 한국에 있으면 해운대 해수욕장으로 가서 부산 갈매기가 되어 시원하게 날아다닐텐데 뉴욕에는 해수욕장이 없나요?"

김 시인을 태우고 존스비치로 달려갔다. 주중週中인데도 피서객들이 몰려들어 백사장을 까맣게 덮고 있었다. 주차장마저 만원이라 들어갈 틈이 없었다. 차를 돌려 북쪽으로 달리는데 김 여사가 소리쳤다.

"저기, 서북쪽에 푸른 물위를 달리다가 하늘위로 솟구쳐 오르고 있는 다리가 아름답네요. 다리 중간에서 반원형으로 올라간 두 개의 아치가 흡사 푸른 바다 위에 알몸으로 누워있는 미녀의 유방처럼 아름답군요. 저 다리 이름이 뭐죠? 가보고 싶어요."

"브르크린 브릿지와 더불어 아름답기로 유명한 다리인데, 나는 오작교라 부르지요. 그런데 저 다리를 함께 넘으면 견우직녀가 될지 모르는데, 그래도 괜찮을까요?"

70이 가까운 우리는 웃으면서 차를 몰았다. 존스비치에 올적마다 나는 이 다리를 드라이브한다. 비행기로 구름 위를 날 때처럼, 요트를 타고 물결을 가를 때처럼, 자동차로 이 다리를 건널 때마다 환상에 젖기 때문이다. 다리를 건너 유턴하여 동쪽 끝에 있는 로버트 모세스 파크로 갔다. 하얀 등대가 기다리고 있었다.

"우선 파크를 가로질러 등대에 올라가 대서양을 바라봅시다. 그리고 내려온 후에 백사장을 걸어가는 거예요"

등대로 가는 길은 나무다리로 깔려있었다. 뱀처럼 꼬불탕거리면서 숲속을 헤쳐나가고 있는 나무다리 위를 걷는 게 흡사 도미노 게임을 즐기는 기분이었다. 좌우 숲속에서 사슴과 토끼들이 풀을 뜯고 있었다. 등대에 올라보니 롱아일랜드 바닷가는 모두가 백사장이었다.

"요 아래 백사장에는 사람들이 그렇게 많지 않군요. 그리로 갑시다."

등대에서 내려온 우리는 언덕을 넘어 백사장으로 들어갔다. 입구가 좁아보였다.

"아이고, 저게 뭐야?"

들어서던 우리는 소스라치도록 놀랐다. 벌거벗은 사람들이 걸어다니고 있었기 때문이다. 위도 아래도 모두 벗고 있었다. 저런! 벌건 대낮에 벌거벗고 다니다니? 나체촌이었다.

"우리가 어쩌다가 나체촌으로 걸려 들어왔지. 우리도 벗어야 하나, 이걸 어쩌지?"

내가 얼굴을 붉히자 김 여사가 능청을 떨었다.

"그럼요, 남녀노소 모두 발가벗고 다니는데 우리도 벗어야지요."

"무용을 전공한 김 여사야 팔등신 미녀라서 벗을수록 아름답겠지만 나는 벗으면 추한 게 들통 나 버린다오. 어서 이곳을 빠져 나 갑시다."

에덴의 동쪽으로 쫓겨가는 아담처럼 급히 되돌아 나가는데 뒤에서 김 여사가 소리쳤다.

"목사님, 이 안내문 좀 봐요. '순수한 자유인이나 자연인이 되고자 하는 이는 벗어라. 그러나 안 벗어도 된다'고 쓰여 있어요. 들어가서 벗지 말고 그냥 있어도 돼요."

그래서 우리는 마음 놓고 나체촌을 방문하게 됐다. 한국에 있을 때 나체촌 기사를 읽은 적이 있었다. 미국에 가면 나체족들이 있단다. 그들은 나체촌에서 집단생활을 하는데 시아버지 며느리, 아들 어머니가 모두 벗고 산다는 것이다. 그런데 그들은 혼음混淫주의자들이 아니라는 것이다. 자유주의자들이라는 것이다. 하긴 최초의 인간 아담과 이브는 나체족이요 에덴은 나체촌이었을 테니까. 그래서 나체는 성경적이라는 것이다.

내가 익산 근처에서 첫 목회를 할 때였다. 신령하기로 유명한 익산의 어느 목사가 "우리가 구원받고 거듭나면 타락 이전의 아담으로 돌아가는데 그게 나체라"고 외쳐댔다. 그때 설교를 듣던 여신도가 홀라당 벗어버리고 강단위로 뛰어오르자 목사도 벗고 모두가 벗어 광란의 춤판을 벌렸다. 경찰이 들이닥치고 결국은 이단으로 몰리고 말았지만. 나체촌이 사철여름 플로리다에 있을까? 멀고 먼 캘리포니아에 있을까? 그런데 가까운 존스비치 근처 모세스파크에 있다니!

우리는 길목에 앉아 미인대회를 심사하듯 나체퍼레이드를 관찰했다. 늙고 뚱뚱한 나체족들은 누워 선팅을 하거나 낮잠을 즐기고 있었다. 떼 지어 생활하는 아프리카의 하마나 바다 사자처럼 그저 살덩어리로 보였다. 그때 김 여사가 속삭였다.

"미남 미녀 한 쌍이 무대를 밟듯 걸어오고 있어요. 까만 비키니로 아래만 살짝 가린 아가씨가 상체를 완전히 벗었네요. 저런? 새까만 게 비키니가 아니어요. 여인의 깊은 계곡에 숨어있는 검은 숲이네요. 숲속의 샘이 아름다워요."

"그 옆의 남자도 대단한군요. 농구선수처럼 헌칠한 키에 털이 수북한 가슴, 보디빌딩으로 다듬은 근육질 몸매는 남성미 만점입니다. 그런데 여인의 숲속에는 옹달샘이 숨어있는데 남자의 숲속에는 깃발처럼 몽둥이가 꽂혀 있군요."

벗어서 아름다운 팔등신 미녀와 함께 걷고 있는 남자들은 아래에 포도대장의 육모방망이를 빳빳이 세운 채 거들먹거리면서 걷고 있었다. 대신 늙거나 못생긴 여인과 함께 발가벗은 채 걷고 있는 남자들의 방망이는 시들어버린 수세미처럼 아래로 축 늘어져 있었다. 묘한 대조였다. 우리는 킥킥 웃으면서 에덴동산을 빠져나왔다.

"김 여사, 다음에는 우리들도 벗어볼까요?"

"노노, 늙고 죄 많은 육신은 벗으면 벗을수록 추한 것만 드러날 뿐이라는 걸 나체촌에 와서 깨달았어요. 오죽하면 범죄한 아담과 이브가 무화과 잎으로 치마를 만들어 몸을 가렸을라구요."

"오직 주 예수 그리스도로 옷 입고 정욕을 위하여 육신의 일을 도모하지 말라"(롬 13:14). (2006년)

나이아가라

며칠 전 나는 이민 13년 만에 일곱 번째로 나이아가라 폭포를 다녀왔다. 옆집에 사는 김 씨가 몹시 부러워하는 눈치다. 자기는 이민 5년인데도 아직 한 번도 못 가봤다는 것이다. 나이아가라 관광은 아무나 가는 게 아니라는 것이다. 지당한 말씀이다. 13년 전 이민 왔을 때 내가 맨 먼저 가보고 싶은 곳이 나이아가라 폭포였다. 먼저 이민 온 친척에게 나이아가라 관광을 시켜달라고 했더니 펄쩍 뛰는 것이었다.

"아니, 미국 온 지 며칠이나 됐다고 벌써 나이아가라를 구경하려고 그래요?"

"왜요? 한국에서 온 관광객들은 나이아가라 관광을 잘만 하던데, 이민 온 우리가 어때서요?"

"나이아가라는 아무나 가는 게 아니에요. 돈 벌고 성공하고서 가는 곳이지요. 대개 이민 와서 5년쯤 돼서 내 가게, 내 집 갖게 되면 그때서야 슬슬 나이아가라를 간다구요. 나는 이민 3년째라 나이아가라는커녕 코앞에 보이는 맨해튼의 엠파이어스테이트 빌딩도 아직 못 올라가 본 걸요."

그런데 나는 이민 2년 만에 보란 듯이 나이아가라를 갈 수 있었다. 내가 2년 사이에 떼돈을 벌어 내 집, 내 가게를 마련했기 때문에 간 게 아니다. 한국에서 여행 온 선후배 목사들을 가이드 하느라고 억지춘향으로 간 것이었다. 뉴욕 여행객들은 나이아가라 관광을 필수코스로 생각한다. 뉴욕을 찾는 친지들이 많다 보니 나는 심심하면 나이아가라다. 어느 해에는 일 년에 두 번씩이나 간 적도 있었다.

그런데 나이아가라는 갈 때마다 기분이 새롭다. 뉴욕에서 고속도로로 8시간을 달리는데 출발할 때부터 흥분이다. 버팔로 근처만 가면 땅이 흔들리기 시작하고, 나이아가라 강변도로에 들어서면 땅덩어리가 온통 폭포 속으로 떨어져 내리면서 질러대는 듯한 굉음이 들려온다. 그건 나이아가라가 부르는 소리다. 아! 나이아가라가 우릴 부르는구나. 어린애처럼 흥분하여 차에서 내리자마자 달려간다.

눈앞에 폭포가 떨어져 내리고 있다. 하얀 솜구름보다도 더 부드러운 모습으로 태산이 바다에 던져지는 굉음을 토해내면서 나이아가라 폭포가 하늘에서 떨어져 내린다.

아아! 아아!

나이아가라 폭포 앞에 서기만 하면 나는 천지개벽을 구경하는 얼간이가 돼버린다. 그저 입만 열고 감탄사 만 토해낼 뿐이다.

일반적으로 폭포는 계곡을 흐르는 물이 위에서 아래로 떨어지면서 생긴다. 그런데 나이아가라 폭포는 계곡이 아니라 강이다. 나이아가라 강을 따라 캐나다 이리호湖에서 출발하여 미국의 온타리오호湖로 흐르던 강물이 나이아가라 폭포를 만나 곤두박질하면서 생긴 것이다.

그런데 나이아가라 폭포는 수량이 엄청나 마치 바다가 거꾸로 떨어져 내리는 것만 같다. 계시록에 기록된 하늘나라의 유리바다가 거대한 함성을 질러대면서 나이아가라 호수로 떨어져 내리는 것만 같다.

나이아가라는 미국과 캐나다 양쪽에서 생겨나는 폭포다. 900미터의 폭으로 흐르다가 48미터 아래로 뛰어내리는 말발굽 모양의 캐나다 폭포는 남성미가 넘치는 장관이다. 300미터 폭으로 달려오다가 51미터 아래로 다이빙을 하는 미국 폭포는 체조 요정 꼬마네치의 기계체조처럼 아기자기한 여성미가 돋보인다.

모든 폭포가 아래로 떨어져 내릴 뿐인데 나이아가라 폭포는 떨어져 내렸다가 다시 올라간다. 아름다운 무지개로 다시 피어오르는 것이다. 60미터 아래 수면으로 떨어진 폭포가 부서지면서 물안개로 하늘높이 올라가 햇빛과 만나 무지개를 만들어내기 때문이다. 미국과 캐나다 사이를 흐르는 폭포호수 위에 떠있는 나이아가라 무지개는 견우직녀가 건넜다는 오작교처럼 아름답다.

캐나다로 넘어가는 레인보우 브릿지(Rainbow Bridge)에서 나이아가라 호수 위에 떠있는 무지개를 바라보고 있으면 세상에 저토록 아름다운 무지개가 있을까 싶은 생각이 든다. 40일 홍수 후에 노아네 식구가 보았다는 무지개가 저만큼 아름다웠을까?

나이아가라의 클라이맥스는 배를 타고 폭포 속으로 들어가는 보트라이딩(Boat Riding)이다. 비닐 비옷을 입으면 관광객들은 어린애처럼 흥분한다. 천상天上을 흐르던 유리바다가 나이아가라 폭포로 곤두박질로 내려오면서 거대한 물벽 커튼을 만드는데 그 물벽 사이를 우리를 태운 배가 통과한다. 지축을 흔드는 폭포소리에 맞서 사람들은 어린애들처럼 떠들어 댄다. 소나기로 쏟아져 내리는 물보라를 맞으며 폭포 깊숙이 들어가던 배가 파도에 밀려 요동치면 사람들은 괜히 신밧드의 항해처럼 용감해진다. 와! 와와!

나이아가라는 밤이 없다. 캐나다 쪽에서 비춰오는 야간조명이 수면 위를 비추기 시작하면서 밤새 폭포쇼가 벌어지기 때문이다. 폭포 건너편 캐나다 쪽에는 라스베가스의 시설이 거의 다 돼 있어서 나이아가라는 그야말로 불야성을 즐긴다. 전에는 미국 쪽이 더 화려했는데 얼마 전부터 캐나다 쪽이 더 북적거리기 시작했다.

나이아가라 폭포는 나이가 1만 년이라는데 해마다 1.2미터씩 늙어가고 있다고 한다. 옛날에는 현재 폭포에서 11킬로 하류인 나이아가라 에스카프멘트에 폭포가 있었다. 그런데 폭포가 타고 내려오는 벼랑을 만들고 있는 바위층인 석회암石灰岩 사암沙岩 혈암穴岩이 조금씩 부스러지고 깎여지면서 해마다 1.2미터씩 후퇴하여 지금 지점에 폭포가 머물러 있다는 것이다.

나이아가라는 늙어가도 나이아가라를 보고 있으면 늙음이 가버리고 젊어져 간다고 한다. 그래서 "나이아가라"를 한국말로 "나이야 가라"라고 한다던가!

"아하! 그래서 나이아가라에는 유난히 노인관광객이 많은가 봐요. 그 옛날 고향의 어린 시절 동화책에서 읽은, 마시면 젊어지는 옹달샘이 바로 나이아가라인 모양이예요. 여보, 우리 나이아가라에서 살면서 한결 젊어진 노청춘老靑春으로 성공적인 이민생활을 다시 해요."

내가 설명하는 나이아가라의 유래를 듣던 아내가 어린애처럼 떠들어댄다. 농담인데 왠지 쓸쓸하게 들린다. 우리 부부는 60을 바라보는 늙은 축이기 때문이다.

"당신, 그런 생각 말아요. 남들은 집 사고 가게 차려야 간다는 나이아가라를 우리는 13년에 일곱 번이나 구경했으니 이만 하면 이민 성공 아니오?"

나는 어린애 같은 말을 하고 있었다.

베어마운틴 새벽등산

베어마운틴 새벽등산은 꿈속에서부터 시작된다. 맨해튼의 이상철 형으로부터 베어마운틴으로 새벽등산을 가자는 전화가 왔다. 이민 10년을 아파트 속에 갇혀 살아온 나는 새벽 날개라도 탄 듯 여간 반가운 게 아니었다. 이민 와서 처음 등산이라 전날 밤은 설렘으로 잠이 오지 않았다.

12시가 넘어 억지로 눈을 감으니 잠이 반, 꿈이 반, 비몽사몽인데 나는 꿈속에서 내가 올랐던 조국의 산하를 모조리 오르고 있었다. 그건 지나온 나의 등산 과정을 비디오로 다시 보는 것처럼 아주 선명한 꿈의 등산이었다.

지리산, 설악산, 덕유산을 올랐다. 서울 주변에 있는 20여 개 봉우리는 학처럼 날아다녔다. 백운대, 도봉산, 인수봉, 원효봉, 의상봉, 관악산, 청계산을 올랐다. 수락산을 넘어 의정부로 내려가서 보신탕을 먹고는 개고기를 먹은 기세로 부처님을 닮았다는 불암산을 기어올랐다.

불암산 부처님 손바닥 바위에 올라서니 문득 손오공 장난을 하고 싶었다. 부처님 손바닥에서 구만리 창공을 날고 오줌으로 사인했다는 손오공 흉내를 내면서 무엄하게도 쉬를 해대며 원숭이처럼 깔깔대다가 잠을 깼는데 새벽 3시였다.

4시 출발을 약속한 맨해튼에 나가보니 도시는 아직 새벽을 잠자고 있었다. 불 꺼진 고층빌딩은 잠든 괴물처럼 조용하기만 했다. 엠파이어스테이트 빌딩에서 새어 나오는 네온불빛이 맨해튼의 불침번처럼 반짝이고 있었다. 이따금 청소차가 지나간 거리에는 소리없이 어둠이 깔리고 그러면 나는 어둠의 그림자가 되어 길옆에 서 있었다. 그때 이 형의 검은 세단이 미끄러지듯 다가왔다.

새벽 4시15분을 달리기 시작한 링컨타운카는 115마일의 과속으로 새벽을 뚫고 30분 만에 베어마운틴에 도착했다. 이렇게 해서 4시45분부터 등산이 시작됐다. 일행은 4명.

새벽안개가 베어마운틴을 덮고있어 산은 보이지 않았다. 안개를 헤치고 산을 오르는 기분은 구름을 뚫고 천상을 오르는 신비한 느낌이었다. 3년 동안 매주 등산으로 체력을 다져온 이 형 일행은 다람쥐처럼 빠르게 앞서 나갔다. 거북이처럼 엉금엉금 기어오르던 나는 중부능선을 오르기도 전에 지쳐버렸다.

길옆에 쓰러져 있는 고목에 걸터앉아 능청스레 자부송自俯松을 노래했다.

"청산의 자부송아 네 어이 뉘였느냐/ 풍상을 못 이기어 소리 없이 뉘었노라/ 가다가 명공을 만나거든/ 나 예 있더라 일러라!"

옛날 중학교 국어책에서 읽었던 유응부의 자부송. 단종 복귀를 모의하면서 사육신들은 유언처럼 충의를 노래했다. 무인武人 유응부가 자부송을 노래하자 성삼문은 단심가를 불렀지.

"이 몸이 죽고 죽어 일백번 고쳐죽어/ 백골이 진토 되어 넋이라도 있고 없고/ 봉래산 제일봉에 낙락장송 되었다가/ 백설이 만건곤할 때 독야청청 하리라."

앞서가던 일행이 나의 능청을 알아차리고 명공命公처럼 달려와 우리는 휴식시간을 즐겼다. 산등성이에 걸터앉아 여명이 밝아오는 새벽을 이야기 하면서 잠깐 쉬는 시간은 구름 위에 마주앉아 고담준론을 나누는 신선이라도 된 기분이었다. 그때 저 멀리 동녘숲속이 열리면서 해가 붉은 빛을 거느리고 떠오르고 있었다. 누군가 소리쳤다.

"해야 솟아라/ 말갛게 해야 솟아라/ 말갛게 씻은 얼굴/ 고운 해야 솟아라/ 산 넘어 산 넘어서/ 어둠을 살라먹고/ 산 넘어서 밤새도록/ 어둠을 살라먹고/ 이글이글 앳된 얼굴로/ 고운 해야 솟아라!"

그건 정말 박두진의 해였다. 동해바다 일출봉에서 보았던 바로 그 햇덩어리였다. 해가 떠오르자 안개는 사라지고 호수가 조용히 드러나고 있었다. 산새들이 지저귀자 산은 잠에서 깨어나고 우리들은 일어나서 정상을 향하여 도전하고…….

산위에 오르니 베어마운틴의 정상은 새벽 6시였다. 걸어 올라와서 보는 베어마운틴의 새벽 아침은 아름다웠다. 아침 햇살에 빗질을 한 가을단풍이 첩첩산중으로 이어져 단풍 천국인데 그야말로 얼머스트 해븐(Almost Heaven)이었다. 겨울에 베어마운틴을 등산해 보면 더 아름답다고 한다. 눈 덮인 베어마운틴은 하얀 천국일 테니까.

베어마운틴의 아름다운 아침 풍광을 시로 노래하고 싶었다. 시 공부를 안 해본 나는 꿀 먹은 벙어리처럼 답답하기만 할 뿐이다. 문득 초등학교 때 읽었던 시 작문詩作文 생각이 난다. 이름이 김효원이었던가? 옛날 김효원이란 문객이 평양을 찾아 대동강 부벽루에 올랐다. 3대 절경으로 꼽히는 대동강의 경치가 볼만했다. 부벽루 정자에는 풍광을 노래한 문객들의 시詩로 도배를 하고 있었다. 하나도 맘에 들지 않아 모두 찢어버렸다. 명문절구名文絶句가 떠올라 단숨에 일필휘지로 써내려갔다.

"부벽루를 휘감고 대동강은 동쪽으로 흘러가고/ 강 건너 구름 아래로 먼 산이 사라져 가고 있으니/ 산산산山山山 점점점点点点……."

그런데 더 이상 시상이 떠오르지 않았다. 풍광이 너무 아름다워 그의 필치로는 설명할 길이 없었기 때문이다. 시상을 찾지 못해 종일 끙끙거리던 김효원은 날이 어둡자 대성통곡을 하고 부벽루를 내려왔다고 한다. 두 번 다시 부벽루에 그의 시가 붙어있지 않은 걸 봐서 그는 끝내 시 공부에 성공하지 못했나 보다.

우리 조상들은 풍류가 대단하여 황진이 같은 기생도 풍월을 노래했다. 그런데 글깨나 읽었다는 나는 시 한 구절을 못 쓰니 어찌 부끄러운 일이 아닌가? 내 내려가서 열심히 시문을 공부하여 다시 베어마운틴의 새벽을 오르리라.

산을 내려오는데 올라오는 사람들이 있었다.

'우리 말고도 베어마운틴의 새벽을 등산하는 극성파들이 또 있구나!' 어느 나라 사람일까? 놀랍게도 6명의 한국인이었다. 저렇게 부지런하니 코리아 이민 만세일 수밖에!

아, 대한민국!

아, 우리민족!

조국찬가를 부르며 집에 돌아와 보니 겨우 아침 8시인데 조반상을 차리던 아내가 바보처럼 물었다.

"당신 오늘아침 어디 갔다 오는 거유?"

흑인들의 "마미" 김유순 할머니

김유순 할머니는 뉴욕에 있을 때 가끔 우리교회에 나오시던 성도님이시다. 먼 거리에 살고 계셨지만 마음으로는 가깝게 지냈다.

경기도 파주가 고향인 할머니는 무학이었지만 15년 전에 이민 와서 가게를 열고 계셨다. 1990년 여름 조국을 놀라게 했던 브루클린 흑인 시위사태로 뉴욕 일원 흑인지역의 교포가게는 크게 위축되어 있었다. 많은 교포가게 앞에는 과격한 흑인시위대가 공포의 검은 물결을 이루고 있었기 때문이다.

김 할머니의 가게도 흑인지역에 있었다. 그 때문인지 한동안 교회를 못 나오시기에 궁금하기도 하여 심방을 가봤다. 가게는 뉴저지 오렌지카운티에 위치해 있었다. 주위의 일곱 개나 되는 교포상점들이 강도 등쌀에 몸살을 앓고 있는 검은 우범지대였다.

가게에 도착하기까지 마음이 무겁고 어두웠다. 그런데 가게 문을 열자마자 이게 웬일인가? 눈앞에 벌어진 이상한 광경이 나를 놀라게 했다. 바글바글 가득찬 흑인들, 그들은 김 할머니의 계산대

앞으로 다가가 "헬로, 마미, 마미"를 외쳐대는 게 아닌가? 그러면 "마이선 롬, 마이 도터 엘리사벧"으로 대꾸하는 할머니의 음성이 우렁차게 들려오는 것이었다.

더욱 나를 놀라게 한 것은 할머니의 얼굴과 헤어스타일이다. 평소에는 파마로 단정하게 말아 올리시곤 했는데 그날은 머리를 거칠게 내려뜨린 모습이었다.

원래가 검은 얼굴이신데 거기다 검은 눈 화장, 자줏빛 루즈를 칠하고 보니 영락없는 흑인들의 "마미"였다.

아하! 바로 저거로구나. 나는 그분의 흑인 처세술에 감탄했다. 가게 안에는 축복과 사랑이 넘쳐흐르는 듯 했다.

"할머니 대단하십니다."

가게 문을 닫고 집으로 돌아가는 차 안에서 나는 다시 탄복했다.

"목사님, 말씀마세요. 제가 이 가게를 열고나서 넘어온 험산준령을 어떻게 표현할 수 있겠어요?"

영어에 일자무식인 김 할머니가 상점을 일군 간증은 장사꾼 얘기라기보다는 무용담에 가까웠다.

이민 온 지 5년이 지나 비즈니스를 찾으니 맘에 드는 가게는 비싸 엄두를 낼 수 없었다. 수소문 끝에 지금 가게를 만났다. 흑인들의 등쌀에 견디다 못한 주인이 빈손 들고 나가버린 망한 자리였다. 가게 문을 연 첫날 대낮에 권총손님이 찾아왔다. 그날 밤에는 벽을 뚫고 밤손님이 다녀갔다. 더럭 겁이 났다. 먼저 주인은 총에 맞아 쓰러지기도 했다는데…….

나는 그냥 가는 것 아닌가? 투자한 물건 값 때문에 그만둘 수도 없었다. 그날 밤 밤새 고민하다 기도하다 새벽녘에 얻은 결론은 "배짱과 사랑으로 맞부딪쳐 보자!"는 것이었다.

그리고 둘째 날 문을 열었다. 험상궂은 5명의 청년들이 문안에 들어와서 서성거리고 있었다. 저놈들이 권총 강도들이구나! 대개 강도들은 문 쪽에서 기회를 노리다 손님이 없으면 안으로 달려든다.

등골이 오싹하고 몸이 떨렸지만 용기 내어 접근했다.

"하이, 마이 보이스. 웰컴, 컴온."

껄껄껄 웃어대면서 다정스레 일일이 그들의 등을 두드려 주었다. 끌고 밀고하여 안쪽으로 들이 밀었다.

총기강도들은 안으로 깊이 들어오면 독안에 든 쥐처럼 돼버려 강도짓을 못하는 법이다. 초콜릿, 빵을 내주면서 수다스레 얼싸안아 주었다. 평생 강도질로 훔쳐 먹기만 하던 녀석들이 공짜대접을 받으니 처음에는 어리둥절하다가 차차 생각이 달라지더라는 것이다.

손님 중에 강도다 싶으면 그런 식으로 해서 위기를 넘기곤 했다. 밤벽을 허는 절도는 반드시 찾아냈다. 불량배들에게 수소문만 하면 순진하게 알려준다. 통역을 데리고 가서 혼을 내준다. 범행을 잡아뗄 때는 너 경찰서로 가자! 하면 꼼짝 못한다. 이번엔 용서해 주지만 한 번 더 하면 경찰에 넘기겠다고 위협하고 나면 그 후는 잠잠했다.

흑인사회의 애경사를 파고들었다. 초상난 집이 생기면 손님이건 아니건 가리지 않고 20달러씩, 입원환자에게는 10달러씩 부조했다. 1980년대에 흑인들에게는 대단한 은급이었다. 여론은 물결 타고 돌고 돌았다. 얼마 후부터 가게는 문전성시요, 만원사례였다. 동네 건달들은 밤이면 할머니가게의 자원봉사 청원경찰이었다. 김 할머니는 이 동네의 "마미"가 되었다. 근처 다른 한인가게가 지역마찰을 빚으면 할머니가 달려갔다. 그분은 보안관처럼 시장처럼 보였다.

나는 뉴욕을 떠나 지금은 콜로라도 스프링스에 살고 있다. 브루

클린의 흑인시위도 조용해졌다. 그런데 지난해(1991년) LA 4.29 흑인 폭동기사를 읽고는 큰 충격을 받았다. 흑인들은 점점 과격해가는구나 하는 생각이 들었다. 폭동의 계절 4월이 다가오고 있다. 이민의 나라 미국은 인종전시장이다. 인종갈등을 극복하지 않고는 아메리카의 꿈을 실현하기 어렵다.

우리 교포가 두각을 나타내면 나타낼수록 도전해오는 인종갈등, 이의 근원적인 해결책은 없을까? 문득 뉴욕시절에 알고 지내던 흑인들의 "마미" 김유순 할머니가 생각나 이 글을 써본다.

마피아 고티의 무덤

"목사님 월드컵도 끝났으니, 고티의 무덤을 찾아가 보셨나요?"
나는 요즘 심심치 않게 이런 전화를 받는다. 마피아 두목 고티가 "2002한일 월드컵" 기간에 죽었다. 고티는 내가 사는 릿지우드 공원묘지에 묻혔다. 장례식은 옆 동네 마스패스에서 했다. 고티가 워낙 악명 높은 마피아 두목이라서 장례 때 성직자의 집례도 못하게 했다는 기사를 읽고 나는 마음이 아팠다.

고티는 알 카포네 이후 가장 악명 높았던 마피아 두목이다. 종신형을 살다가 감옥에서 죽어서 뉴욕 매스패스로 온 것이다. 릿지우드 옆 동네 매스패스에 그의 집이 있었기 때문이다. 고티는 브롱스에서 태어나 가난한 소년 시절을 살면서 싸움질과 잔인함이 인정되어 마피아 보스에 등극한 전설적인 악인이다.

살아생전에는 그렇게 미워했던 마피아도 죽으니 불쌍하다는 생각이 들었다. 더구나 고티의 나이가 나보다 한 살 위요 그의 집이 내 옆 동네 매스패스인 걸 알게 되니 고향친구의 죽음 같은 연민이 생겼다. 갑자기 고티의 죽음이 보고 싶어졌다.

영화에서 본 수많은 장례식 중 내 기억에 가장 멋지게 남는 건 마피아 장례식이다. 마피아들은 세력다툼을 벌이느라 잔인하게 상대방 보스를 죽인다. 그러나 비록 내가 죽인 라이벌의 장례식이라도 꼭 참석하여 조의를 표한다. 마피아는 죽어도 죄인이라서 목사나 신부의 장례식 집례가 허락되지 않는다. 검은 복장의 마피아들이 검은 함 속에 누워 있는 보스에게 마지막 인사를 한다. 장미 한 송이를 놓는 게 인상적이다. 용감한 마피아 사나이답게 그들은 절대로 눈물 한 방울 흘리지 않는다. 그러나 속으로는 울면서

"두목 먼저 가시오. 우리 훗날 지옥에서 다시 만납시다."

했을 걸 생각하면 나는 눈물이 난다.

목사나 신부의 기도도 못 받게 한다니, 나는 더욱 마음이 아팠다. 나는 고티의 시신이 들어가 있는 관 근처에서나마 명복을 빌어주고 싶었다. 그래서 검은 정장을 하고 장의사를 찾았는데 경찰에게 거절당했다. 내가 목사라고 했는데도 그들은 나를 마피아의 동양졸개로 본 모양이다.

참석은 못했지만 나는 신문에 "고티의 장례식"이라는 글을 썼다. 장례식 참석 실패 대신 월드컵이 끝나면 옆 동네에 묻혀있는 고티의 무덤을 찾아가 보리라는 얘기를 했다.

그걸 기억해 둔 독자들이 문의한 것이다. 걸어서 15분 거리인데 월드컵이 끝난 뒤 보름이 넘도록 미적거리기만 했던 것이다. 오늘 아침 독촉전화(?)를 받은 김에 둘째딸 은범이와 무덤을 찾아 나섰다.

내가 사는 뉴욕 릿지우드는 무덤천국이다. 공원묘지가 앞뒤 사방으로 겹겹이 둘러싸여 있다. 고티가 묻혀있는 이태리계의 '성 요

한 세미터리'를 찾아갔다. 퀸즈 메트로폴리탄 80가에 있는 호화묘역이었다.

"고티의 무덤이 어디 있습니까?"

"노, 노, 그는 특이한 케이스라서 유가족의 허락이 없이는 누구에게도 알려 줄 수 없습니다."

고티는 암흑가의 황제답게 죽어서도 비밀인 모양이다. 딸애가 유창한 언어로 통사정을 해도 사무실 여직원은 지옥의 수문장처럼 차갑기만 했다.

새 무덤을 찾으면 되겠지! 한 시간이 넘도록 무덤 사이를 헤매면서 새로 만든 무덤을 모조리 확인해 봤으나 고티의 이름은 없었다. 그 때 일하는 사람이 슬쩍 가르쳐 줬다.

"그는 이런 들판에 묻혀있지 않고 저기 하얀 모설리엄(mausoleum : 실내묘소) 안에 있습니다."

"맞아요. 영화에 보니까 흙무덤에는 졸개 귀신들이나 묻혀 있고 대장 귀신 드라큘라는 건물 안 서랍함 속에 누워 있더라고요. 그는 마피아 황제니 그의 무덤은 마땅히 실내묘소가 되어야 해요."

딸이 거들었다. 우리는 하얀 궁궐처럼 보이는 4층짜리 건물로 들어갔다. 안내문이 있었다.

'방문시간은 9시부터 4시까지 입니다. 3시 35분이 되면 나가 달라는 경고 방송이 울리고 4시가 되면 자동적으로 불이 꺼집니다.'

"아빠, 방문객이 모두 가버리고 어둠이 찾아오는 시각이 되면 낮에 잠자던 유령들이 모두 일어나 어둠의 축제를 벌이나 봐요."

딸애는 도깨비 잔치라도 구경하고 싶어 하는 눈치였다. 모설리엄이라고 부르는 거대한 건물은 벽마다 송장을 넣어둔 서랍식 무덤으로 꽉 차 있었다. 부자들은 룸에 가족단위로 모여 있었다. 층마다 사자死者의 이름을 기록한 명부가 비치돼 있었다. 그런데 명부에는 고티의 이름이 없었다.

　숨긴 모양이니 찾아보자. 드라큘라 성처럼 워낙 넓고, 복도가 미궁처럼 여러 갈래라 우리 부녀는 헤어져서 찾기로 했다. 꼭 드라큘라를 찾아 나선 기분이었다. 거미줄처럼 여러 갈래로 복도가 뻗어 나간 건물 안에는 전깃불이 켜져 있고 엘리베이터도 있었다.

　그런데 신기하게도 일하는 사람이 하나도 없었다. 복도에는 적막만이 흐르고 있었다. 타그닥 타그닥 내 발자국만 걷고 있었다. 벽장 서랍 속에 숨어 있는 유령들이 내 발자국 소리에 귀를 기울이고 있을 거라고 생각하니 좀 쭈뼛 머리카락이 곤두서는 느낌이 들었다.

　엘리베이터는 작동하고 있었다. 꼭 유령들이 몰래 일하는 유령의 집처럼 보였다. 두 시간이 넘도록 수천 개의 벽 무덤을 샅샅이 살펴보고 룸까지 뒤져 봤으나 끝내 고티의 이름은 나타나지 않았다. 라이벌들이 송장을 꺼내어 부관참시라도 할까 봐 숨겨 묻었단 말인가. 답답했다.

　"고티, 고티는 어디 있는가? 고티는 나와라. 내가 그대를 위해 기도해 주러 왔노라."

　그러자 어디선가 여자유령의 목소리가 들려왔다.

　"호호호호… 그대는 고티를 찾지 말지어다. 고티는 드라큘라로 다시 살아나 지옥의 마피아 황제로 등극했기에 지금 여기에 없느니라."

　그건 다른 쪽에서 찾고 있던 딸애의 목소리였다.

　"하하하하."

　"호호호호."

　우리는 지옥에서 만난 드라큘라 부녀라도 된 듯 무덤이 떠나갈 듯 큰소리로 박장대소를 했다. 악인의 죽음은 무덤까지도 우리를 슬프게 하는가 보다(욥 8:22).

월드시리즈와 남북전쟁

양키즈의 승리로 끝난 이번 미 프로야구 월드 시리즈는 신판 '남북전쟁'이었다. 아메리칸리그 챔피언 전에서 오리온스를 4대 1로 쉽게 누르고 월드시리즈에 진출한 양키즈는 일찌감치 홈구장으로 올라와 기분 좋게 기다리고 있었다. 한편 카디날스에게 1승 3패로 몰린 브레이브스는 벼랑 끝에서 기사회생했다. 악전고투 끝에 4승 3패로 역전승을 거두느라 승리는 했어도 만신창이의 부상병처럼 파김치가 돼버렸다. 쉴 틈도 없이 곧바로 양키즈 스테디움으로 올라와 녹초가 된 브레이브스를 양키즈는 마음껏 두들겨 초전박살을 낼 참이었다.

그런데 하늘이 도왔던지 억수비가 내리는 바람에 브레이브스는 하루를 푹 쉬어 피로를 말끔히 씻었고 양키즈는 김 빠진 맥주가 되어버린 것이다.

1차전은 1대 12. 2차전은 0대 4로 양키즈의 대패였다. 애틀랜타 원정경기에서 벌어지는 3차전부터는 더욱 불리해졌다. 내셔널리그 구장에서는 규칙상 대타제도가 없어 투수도 배팅을 해야 하기 때문이다.

내셔날 리그팀인 애틀랜타는 평소에 투수도 배팅을 해 와서 문제가 없다. 그러나 배팅을 안 해본 양키즈 투수들은 헛방망이질만 하게 마련이다. 홈에서 대패한 양키즈가 어웨이에서는 보나마나 뻔

하다.

자식 죽어가는 모습을 보며 마주앉아 통곡한 아브라함의 첩 하갈이 생각났다. 나는 아예 TV를 안보고 자버렸는데 아침에 눈을 떠보니 양키즈가 5대 2로 이겨있었다. 이럴 수가?

신바람이 나 그날 밤은 초저녁부터 TV에 매달렸는데 초반에 6대 0으로 무너지는지라, 그럼 그렇지 별 수 있나? 또 자버렸는데 다음 날 일어나보니 8대 6의 대역전승이었다.

5차전이 벌어지는 그날 밤 아내는 TV연속극 '원지동 부르스'를 볼 양으로

"여보 당신이 중계 안보고 자니까 양키즈가 자꾸만 이기잖아요. 오늘밤도 일찍 주무시구려."

꼬셔댔지만 나는 뚝심을 부렸다.

"아니오. 5차전부터는 지더라도 끝까지 볼 작정이요."

1차전에서 스몰츠와 대결하여 1대 12로 참패한 양키즈의 페티트가 이번에도 스몰츠와 맞붙었는데 1대 0으로 이기고 있지 않은가? 그런데 페티트는 평균 4점을 내주는 선수라 1대 0 리드가 언제 1대 4로 바뀔는지 여간 불안한 게 아니었다.

광고시간에 옆 채널을 돌리니 '바람과 함께 사라지다'가 나오고 있었다. 남북전쟁을 다룬 애틀랜타 영화다. 그 영화를 보는 순간 이번 월드 시리즈는 '프로야구의 남북전쟁'이라는 생각이 들었다.

자유분방한 뉴욕커들이 제일 좋아하는 건 브로드웨이에서 7년간 공연된 뮤지컬 '아가씨와 건달들'이다. 보수적인 남부 애틀랜타 사람들은 '바람과 함께 사라지다'를 제일 좋아한다.

애틀랜타 출신 마가렛 미첼이 썼기 때문이기도 하지만 그 내용이 남북전쟁을 다루고 있기 때문이다. 우리가 6.25를 못 잊듯 남부 사람들은 죽어도 남북전쟁을 잊지 못하고 있다.

브레이브스는 캐롤라이나, 테네시, 조지아, 앨라배마, 플로리다 등 남북전쟁 당시 남부의 수도였던 애틀랜타 팀이다. '브레이브스'라는 이름 자체가 복수심에 가득찬 내력을 갖고 있다. "용감한"이란 뜻인 브레이브스(Braves)는 원래 용맹스런 남부 인디언 아파치족의 "전사"라는 뜻이었다.

스모키 마운틴의 전설적인 영웅 체로키추장 제로니모는 대표적인 아파치의 전사(브레이브스)였다. 한때 아파치의 브레이브스들은 도끼를 휘두르며 남미의 마야문명까지 정복하기도 했었다. 브레이브스팀의 로고는 그래서 도끼. 스타디움을 가득 메운 애틀랜타 팬들이 옛날 수호지의 살인귀 흑선풍이 벽력대부(큰 살인도끼)를 휘두르듯 프리스틱 도끼를 휘두르면서 응원한다. "와 와 워워워워" 응원가를 부르는 모습은 흡사 산등성이를 넘어오는 인디언의 함성을 듣는 듯 섬뜩한 기분이 들 정도다.

양키즈는 뉴욕 북쪽 뉴잉글랜드에 살던 인디언 이름인데 미국인을 조소할 때 많이 사용돼 왔었다. 독립전쟁 당시 영국군은 Yangkees doodle(얼간이 양키)이라는 군가를 부르며 미 독립군을 공격했다. 남북전쟁 때도 그랬다. 리장군 휘하의 남부군들도 "얼간이 북쪽 양키들아! Yangkees' doodle"들을 불러대면서 사기를 높였다고 한다. 실제로 북군 총사령관 그랜트장군은 퇴역한 술주정뱅이 출신이었다. 명장 리장군이 이끄는 남부군은 인디언 용사 브레이브스 전사답게 용감무쌍했다. 처음에는 연전연승했지만 3배나 되는 북군의 인해전술에 밀려 중과부적으로 끝내 항복하고 만다.

이번 월드시리즈는 남북전쟁을 연상케 하는 명승부전이었다. 남부팀 애틀랜타가 초전 연승하다가 막판 뒷심 부족으로 북부 뉴욕 양키즈에게 역전패했으니 말이다. 페티트가 1대 0으로 끝까지 잘 던진걸, 양키즈가 4승 2패로 월드챔프에 오른 건 남북전쟁을 승리로 이끈 링컨의 혼백이 도와서일까?

  옛날엔 전쟁으로 승패를 가렸지만 지금은 스포츠로 우의를 다진다. 남북전쟁 때는 수백만의 사상자와 공장이 부서졌지만, 이번 월드시리즈로 뉴욕시는 8천만 달러를, 애틀랜타는 4천만 달러를 벌었다니 스포츠야말로 얼마나 신나는 전쟁인가? 월드시리즈에 세계가 열광하는 이유를 알만도 하다. (1996년)

황금의 도시 샌프란시스코

  태평양에 석양이 물들기 시작하면 골든게이트(금문교)가 황금빛으로 빛난다. 금문교 아래로 흐르는 골든게이트 해협을 따라 샌프란시스코 만으로 들어오면 언덕이 눈에 들어온다. 저녁햇살을 받은 언덕위에는 황금색깔의 집들이 층층을 이루고 있는 게 보인다. 그림처럼 아름답다. 황금으로 꾸며진 동화의 나라에 들어가고 있는 느낌이다. 저기 샌프란시스코 거리에는 금덩어리가 지천으로 굴러 다니고 있을 것만 같다.

  아하! 그래서 150년 전 동부의 사나이들은 To West! To west! 를 외치면서 노다지를 찾아 샌프란시스코로 몰려들었구나!

  고향의 어린 시절, 나는 연인처럼 샌프란시스코를 그리워했다. 남인수가 부른 샌프란시스코라는 유행가 때문이었다. 가사도 내용도 다 잊어버렸는데 "샌프란시스코야 태평양 로맨스야!"라는 구절만은 영원한 그리움처럼 지금도 기억하고 있다.

  샌프란시스코에는 금문교金門橋라는 아름다운 다리가 있다는 말도

들었다. 금으로 만들어서 금문교일까? 그 다리를 통과하면 노다지를 캐낼 수 있어서 금문교일까? 샌프란시스코에 가면 사랑과 황금을 얻을 수 있겠지. 어른이 되어 뉴욕으로 이민 온 내가 제일 가보고 싶은 곳은 당연히 샌프란시스코였다. 상항桑港이라 부르는 샌프란시스코. 조영남이 팝으로 부른 "아름다운 곳 샌프란시스코."

내가 샌프란시스코를 찾은 건 가난한 이민 보따리를 황금으로 채우려고 간 게 아니었다. 이 도시에서 미주 나사렛 목회자수양회가 있었기 때문이다.

"나사렛교역자 수양회를 핑계삼아 이참에 샌프란시스코에 가보자."

나는 연인을 찾아가는 심정으로 샌프란시스코를 찾았다. 그런데 가보니 샌프란시스코는 황금의 도시도 연인의 도시도 아니었다. 금문교는 황금의 다리가 아니라 죽음의 다리였다. 다리가 생긴 지 100년 남짓인데 2천여 명이 금문교 아래로 뛰어내려 자살해 죽었다고 한다. 한꺼번에 3천 명이 떨어져 죽은 부여의 낙화암만은 못하지만 세계에서 자살자가 제일 많은 다리라고 한다. 푸른 물결 위에 걸쳐진 황금빛 다리를 걸으면서 보는 저녁노을에 물든 언덕이 너무 아름다워 보인다는 것이다. 그래서 다리 아래로 뛰어내린다는 것이다. 아름다움에 취하여 죽음의 조난을 자주 당하는 로렐라이 언덕처럼.

"괴로운 세상살이, 기왕 죽을 바에야 아름다운 이곳에서 죽는 것이 행복하겠지!"

붉은 색깔의 다리에 석양이 찾아오면 다리는 황금색이 돼버린다. 그래서 금문교다. 다리뿐이 아니다. 태평양 쪽으로 넘어가던 해가 석양을 뿌려주는 저녁나절이면 6개의 거대한 언덕으로 만들어진 도시는 황금색으로 물들어 버린다. 그래서 샌프란시스코는 황금의 도시처럼 보인다.

그런데 샌프란시스코가 황금의 도시였던 적이 있었다. 1848년 이 일대에 금광맥이 발견되자 그 이듬해 49년부터 일확천금을 노리는 사나이들이 샌프란시스코로 몰려들어 금을 캐내기 시작했다. 그 바람에 유명한 풋볼팀 49ers가 생겨났다. 1949년에 팀을 창단하여 "49ers"요 황금을 캐려고 모여서 "49ers"의 유니폼이 황금색깔이다. 당시 샌프란시스코는 세계의 금시장을 움직이는 부자 도시로 발전했다. 인구 150만에 여름과 겨울이 없는 낭만의 도시. 동쪽의 오클랜드와 버클리도 위성도시로 커나갔다. 그러나 2차대전 후 월가의 주식시장이 세계 경제를 움직이자 부자들은 뉴욕의 맨해튼으로 몰려들었다. 노다지를 꿈꾸던 젊은이들은 도박의 도시 라스베가스로 달려갔다. 그 바람에 황금의 도시 샌프란시스코는 석양에 저물어 가는 늙은 도시가 돼버리고 말았다.

급경사를 이루는 언덕이 많은 이 도시에는 케이블카가 버스처럼 땅위로 달린다.

"케이블카는 공중에서만 타는 줄 알았는데 여기서는 땅위에서도 타네요."

아내가 어린애처럼 말했다.

샌프란시스코에는 중학교 동창 인진식이 살고 있었다. 46년 만에 만난 우리는 목사 장로가 돼 있었지만 금방 죽마고우시절로 돌아갔다.

"옛날 안중 중학교시절 이 목사 집에서 설탕물 마시던 것 생각나?"

"그럼, 귀가길이 나는 10리요, 인 장로는 20리라 인 장로가 우리 집에서 자주 쉬어 가곤 했었지. 어느 날 우리 어머니가 아끼는 흑설탕 한 봉지를 훔쳐내어 대형 물주전자에 털어 넣고 술처럼 마셨는데 꿀맛이었어. 권커니 잡커니 하다 보니 주전자가 바닥이 나버렸지."

"그 바람에 설사가 나서 우리 둘이 뒷간을 들락날락 하느라고 얼마나 고생했던가?"

"그뿐이 아니야, 내 이제 밝히는 바이지만 인 장로가 간 후 흑설탕 훔쳐 먹은 죄로 나는 어머니에게 얼마나 많이 매를 맞았는지 몰라."

"하하하하, 재미있는 추억이구먼."

떠나는 날 우리일행은 관광지 Fisherman Wharf를 찾아 샌프란시스코의 별미 게 요리를 먹었다. 샌프란시스코는 세계 최대의 차이나타운이 형성되고 있어서 그런지 음식문화가 발달해있었다. 유럽에서도 게를 먹으러 찾을 정도로 Fisherman Wharf(어부들의 선창가)의 게 요리는 유명하다고 한다. 게 다리 하나가 농구선수 팔처럼 길었다. 미국 판 영덕게였다. 크기도 하려니와 맛이 일품이다. 선창가에 앉아 게맛살을 뜯으며 바다를 바라보니 샌프란시스코 만灣 푸른 물결위로 하얀 파도가 달려가고 있었다. 파도 저 멀리에 외롭게 떠 있는 하얀 섬이 보였다. 영화에 나올 법한 아름다운 섬이었다. 저 섬이 무얼까? 옆에서 누가 말해줬다.

"저게 종신형 죄수들을 가둬두는 미연방 알카트라즈 감옥 섬입니다. 41미터의 바위절벽에다 주변은 식인상어들이 득실거려 탈출이 불가능하지요. 마피아두목 알 카포네도 이 알카트라섬에서 죽어나가야 했던 악명 높은 감옥이었습니다. 1963년에 폐쇄시켜 지금은 유명한 관광명소가 됐는데 더스틴 호프만이 출연한 영화 "빠삐용"의 촬영장이기도 하지요."

"아하! 그래서 아름답고도 외롭게 보였군요."

왼쪽으로 눈을 돌리니 금문교가 무지개처럼 걸쳐 보인다. 인생은 한편의 영화 같다는 생각이 든다. 어린 시절에 불렀던 유행가

구절을 다시 한 번 불러본다.

"샌프란시스코야, 태평양 로맨스야!"

올림픽 도시 '애틀랜타'

　미국에는 세 개의 수도가 있다고 한다. 아메리카의 수도 워싱턴 DC, 세계의 수도 뉴욕, 그리고 남부의 수도는 애틀랜타라는 것이다. 1993년 애틀랜타에 처음 갔을 때 만난 미국인에게 나는 뉴욕에서 온 '뉴요커'라고 했더니 대뜸 적대감을 드러내는 것이었다.

　"Oh, No. You are not New yorker but Yankee. Real America is Southern!" (당신은 뉴요커가 아니라 양키요. 그리고 진짜 미국은 남부 뿐이지요)

　남북전쟁이 끝난 지도 120년이 지났건만 그들은 아직도 북쪽 사람만 보면 전의가 살아나는 모양이다.

　"걱정 마십시오. 나도 한반도 남부 출신입니다. 우리나라도 40년 전 북쪽이 6·25 남북전쟁을 일으켜 미국이 돕지 않았더라면 큰일 날 뻔 했었지요."

　내가 써던코리아 출신이라고 하자 '써던'이라는 말에 그는 얼른 반가워했고 한반도에도 북쪽은 나쁘다고 했더니 아주 흡족해 하는 눈치였다. 남북 전쟁 시 남부의 수도는 애틀랜타 였다. 남군은 북군의 3분의 1 병력이라 중과부적으로 질 수 밖에 없었다. 그러나 남부정신은 지금도 여전하여 북쪽사람들을 '양키'라고 쌍놈 취급하고 남부는 '양반써던'이라는 긍지를 갖고 있다.

우리는 3백 년 전 남인, 북인, 동인, 서인으로 당쟁을 벌였었는데 저들은 아직도 남인, 북인을 따지고 있는 것이다. 이 애틀랜타에서 지금 올림픽이 열리고 있다. 애틀랜타는 1970년대 까지만 해도 인구 50만에 불과한 전원도시였는데 지금은 3백만이 넘는 국제도시가 됐다. 겨울이 없는 기후에다 비가 많이 내려 강과 호수는 맑은 물이 넘쳐흐르고 밤낮없이 자란 숲이 울창하여 다운타운의 고층빌딩 말고는 시 전체가 숲속에 묻혀있는 듯하다.

넓고 시원하게 뚫린 북쪽 뷰포드 불바드는 신시가지로 개발된 애틀랜타의 동맥이다. 상술이 뛰어난 한인 동포들은 중국인 일본인들을 제치고 뷰포드의 요지를 점령하여 성황을 누리고 있다. 나와 신학교 동창인 조경제 사장은 뷰포드의 실력자이다. 경북고등학교를 졸업하고 나사렛신학교에 들어온 조경제는 수학의 천재였다. 고등학교를 졸업한 지 10년이 지났는데도 대학입시 수학이라면 어느 일류강사보다도 잘 가르친다. 신학교를 다니면서 야간으로 건국대 영문과를 나와 연대 신대로 옮긴 조경제는 어디를 가나 발군이었다. 사업방면으로 뛰어들어 "자미온"이란 이불회사를 차렸다. 자미온은 최고급의 이불회사로 1500여 종류의 침구를 만드는 대형회사다.

조경제는 일찍 애틀랜타에 눈독을 들였다. 휭하니 차만 달리는 한산한 거리 뷰포드를 차지하고 있는 태산만한 오피스 건물을 싼값으로 사들였다. 지금은 황금알을 낳는 애틀랜타의 노른자위다.

이 뷰포드거리를 북쪽으로 달리면 30분 후에 푸른 호수가 나타난다. 애틀랜타의 거울이라는 레니아호수다. 호수가 너무 넓고 아름다워 애틀랜타가 호반의 도시처럼 보인다. 시내 동남쪽에 솟아있는 스톤마운틴(Stone Mountain)은 애틀랜타의 큰 바위 얼굴이다. 스톤마운틴은 인왕산만한 큰 돌산인데 깨지거나 금간 것도 없는 돌멩이 한 개가 산을 이루고 있다. 깨끗하고 윤기 흐르는 흑진주

색깔이 천년 물속에서 건져 낸 수석처럼 보인다. 신의 손이 다듬어 놓은 조각처럼 느껴지기도 하는데 나는 감히 지상최대의 흑진주라고 부르고 싶다. 코카콜라, CNN본사, 지하상가, 미첼박물관도 유명하지만 아무래도 애틀랜타의 명물은 스톤마운틴이다. 스톤마운틴을 사랑하는 애틀랜타의 동포문인들이 모여 문학회를 만들었는데 이름이 "한돌 문학회"다. 한돌-〉큰 돌-〉아름다운 돌-〉스톤마운틴이다.

애틀랜타는 미동부 최대인 아팔라치안 산맥의 남쪽 끝이라서 아름다운 위성도시들을 많이 거느리고 있다. 록의 황제 '엘비스 프레슬리'의 고향 테네시도 이웃이고, 가을이면 수 천리 스카이라인이 단풍 천국으로 장관을 이루는 스모키 마운틴도 이 도시와 연결되고 있다.

애틀랜타는 문화예술의 도시다. 미국문화의 금자탑 "바람과 함께 사라지다"를 쓴 마가렛 미첼의 고향이기도 하다. 지금도 다운타운에 있는 미첼기념관엘 가보면 클라크 케이블이 비비안 리와 열연한 왕년의 명화 "바람과 함께 사라지다"가 연속 상영으로 돌아가고 있다. 작가 미첼도 명우 비비안 리도 클라크 케이블도 바람과 함께 사라져 버렸지만 그들이 남긴 예술은 문화도시 애틀랜타에서 영원히 살아 움직이고 있는 것이다. 그래서 인생은 짧고 예술은 길다고 하는가 보다.

애틀랜타에서 북쪽으로 1시간 반 거리에는 '보우든'이라는 시골 마을이 있다. 그곳에는 주홍글씨의 작가 나다니엘 호오손이 젊은 시절을 보낸 흔적이 남아 있어서 지금도 근방을 지나는 문인들의 발걸음을 멈추게 하고 있다. 주홍글씨의 무대는 보스턴 근교지만 호손은 이곳에서 주홍글씨를 썼다고 한다.

문화의 도시 애틀랜타가 올림픽을 치루는 스포츠 도시로 탈바꿈하게 된 건 순전히 프로야구 브레이브스(Braves) 덕분이다. 브레이브스는 내셔널리그의 최약체 팀이었는데 홈런왕 행크 아론의 등장으로 이름이 알려지더니 지난해에는 월드시리즈 챔피언에까지 오른 세계최강팀이 됐다. 용사(braves)란 뜻을 갖고 있는 브레이브스는 원래 인디언부족의 이름이다. 아팔라치안 산맥 일대에 웅거하고 지내는 인디언 브레이에부스는 용감무쌍한 남부의 인디언이었다.

브레이브스 인디언들은 도끼를 휘두르면서 미국의 남부를 무인지경으로 달렸다. 한때는 멀리 남미 페루까지 공격하기도 했다. 애틀랜타의 야구팀 브레이브스는 가슴에 붉은 색 도끼 그림이 새겨진 유니폼을 입고 홈런을 쳐댄다. 스윙 폼이 도끼를 휘둘러대는 용감무쌍한 인디언 아팔라치안을 빼닮은 듯하다. 도끼 로고가 너무 잔인하다는 매스컴의 지적을 받기도 했다. 그러나 브레이브스의 용감한 공격야구는 남북전쟁 당시 리 장군 휘하의 남군의 용맹을 생각나게 한다. 그래서 애틀랜타는 물론 남부 전체를 열광시키고 있다.

예술도시가 스포츠도시로 변해간다고 염려할 필요는 없다. 왜냐하면 요즘 스포츠는 예술화 돼가고 있기 때문이다. 체조는 발레보다도 우아하고, 각종 구기나 격투기까지도 드라마틱한 예술미를 가미해야만 관중이 좋아한다. 그러기에 예술의 도시 애틀랜타에서 치러지고 있는 이번 26회 올림픽 경기는 어느 때보다도 수준 높은 스포츠예술의 진수를 마음껏 감상하게 해줄 것이다.

난 애틀랜타에서 2시간 30분 거리에 있는 그린빌에 살면서 이 도시를 이웃마을 마실 다니듯 찾곤 했었다. 평택 향우회가 있는 날은 고향 길처럼 달려갔고, 한돌 문학회 날은 친구처럼 찾았다. 9달러짜리 막김치 한 병 사자고 애틀랜타까지 차를 몰기도 했는데 계산해보면 서울서 부산을 가고도 남는 왕복 5시간 거리에 가스 값만도 20달러가 넘는 밑지는 장사였다. 월요일만 되면 애틀랜타 가자고 졸라대던 나이든 여자 집사님들의 발음이 그때는 아주 촌스러웠는데 지금은 매력 있게 그리워진다.

"목사님 알라나 갑시다. 알라나 가요……."

파드레의 도시 샌디에고

해마다 열리는 나사렛 목회자 부부 세미나가 2008년에는 7월 7일부터 10일까지 샌디에고에서 열렸다. 앵무새처럼 성공사례만 세뇌시키는 목회자 세미나를 나는 싫어한다.

"그런데 이번 세미나는 저녁예배만 보고 낮에는 관광만 한대요. 당신이 좋아하는 무위자연無爲自然 세미나이니 가자구요. 샌디에고는 야구팀 파드레스가 있는 태평양의 해안도시이지요. 파드레스의 도시 샌디에고! 얼마나 낭만적인 도시 이름인가요?"

여행을 좋아하는 아내가 가자고 졸랐다. 사전 답사하듯 샌디에고에 사는 목사들에게 물어봤다.

"파드레스의 뜻을 아십니까?"

"샌디에고의 프로야구팀 이름이 파드레스이지요. 패티김이 데뷔할 때 미8군에서 부른 팝송도 '파드레'였지요. 패티김이 부른 '파드레' 가사 중에 '파드레 파드레/…그 축복 받던 날/ 행복했던 날/ 자비로운 신 앞에…'라는 가사가 있는 걸 봐서 사랑하는 연인의 이름이 아닐까요? 그런데 샌디에고 야구팀의 이름이 파드레스인 걸 봐서는 사람이름 같지가 않네요."

미국의 야구팀 이름은 애들 장난감처럼 귀엽다. 뉴욕 양키즈(Yankees)는 '북쪽에 사는 얼간이 양놈'이란 뜻이다. 한국말로 하면

'양코배기'쯤 된다. 같은 뉴욕팀 메츠(Mets)는 메트로폴리탄(Metropolitan)의 준말이고. 그런데 최고로 잘난 이름은 밀워키의 브리워스(Brewers)와 샌디에고의 파드레스(Padres)일 게다.

브리워(Brewer)는 양조장 주인이요 파드레는 신부님이란 뜻이기 때문이다. 프로야구팀 이름이 "양조장 주인" "신부님"이라니? 정말 웃긴다. 포도가 많이 나는 밀월키는 양조장(Brewers)이 많다. 해서 야구팀 이름을 "양조장 주인"(Brewers)이라 지었다. 샌디에고는 미국 가톨릭의 전진기지라서 신부님(Padre)이 많이 산다. 그래서 야구팀이름이 "신부님"(Padres)이다.

패티김이 부른 파드레만 해도 성당의 신부님 앞에서 사랑을 축복받는 노래다. 양조장 주인팀! 신부님 팀! 얼마나 재미있는가? 대구 야구팀도 맹수 라이온스가 아니라, 옛 이름 "달구벌"이라 하고, 부산 팀은 있지도 않은 자이언트 대신 부산명물 "자갈치"라 하면 얼마나 귀여울까? 나는 샌디에고와 파드레스라는 이름이 맘에 들었다.

"갑시다. 가서 샌디에고와 파드레스의 현장을 체험해 봅시다."

우리 부부는 수학여행을 떠나는 중학생 기분으로 비행기를 타고 샌디에고로 갔다. 야자수와 형형색색의 꽃들이 길가에 늘어서서 우리를 환영하고 있었다. 미국에서 여섯 번째로 큰 대도시인데도 샌디에고는 전원도시처럼 작아보였다. 너무 아름답기 때문이다. 우리는 샌디에고에서도 유명한 부자촌 포인트 로마로 갔다. 이곳에 포인트 로마 나사렛 유니버시티가 있기 때문이다. 태평양이 푸른 파도로 넘실거리는 아름다운 해안이었다. 포인트 로마 유니버시티는 부잣집 자녀들이 많이 다니는 샌디에고 유일의 사립대학이다. 우리가 묵은 학생기숙사는 호텔 수준이었다.

여장을 풀고 시내를 드라이브 해 봤다. 샌디에고에는 이상스레 개신교회가 드물다. 대신 가톨릭 성당이 자주 눈에 띈다. 동행한 목사가 이유를 설명해 줬다.

"샌디에고는 미국 가톨릭의 발상지입니다. 디에고 때문이지요. 14세기 멕시코에 후안 디에고라는 원주민이 성모의 계시를 받고 성당을 세웠답니다. 멕시코가 가톨릭 국가가 되는 데는 성자 디에고의 영향이 컸대요. 디에고를 따르는 신자들이 복음을 들고 멕시코에서 북상하여 가톨릭도시를 세우고 샌디에고라고 명명했습니다. 그러다 보니 태평양 해안을 따라 올라가면서 샌디에고 로스안젤리스, 샌프란시스코라는 가톨릭 이름의 도시들이 생겨났지요. 미국의 동부는 보스턴에 청교도가 상륙한 영향으로 개신교세가 강하고 서부는 디에고의 제자들이 샌디에고를 세우는 바람에 가톨릭이 강한 모양입니다."

100여 명의 나사렛 목사 부부들이 미국 전역에서 모였다. 밤에는 예배, 낮에는 관광. 한국 나사렛감독 임용화 목사가 "목회자 부부와 교회목회"를, LA지역회장 김성대 목사가 "목회자 자녀와 교회목회"를 설교 식으로 강의했다. 교회부흥도 어렵지만 목사의 부부생활도 어렵다. 목회자의 자녀양육은 더 어렵다.

첫째 날 관광은 세계에서 제일 크다는 Sea World를 가봤다. 둘째 날은 미국에서 제일 큰 사파리 Animal Park를 찾았다. 명불허전 名不虛傳! 60이 넘은 우리 부부는 돌고래쇼를 보고 어린애들처럼 깔깔거렸고 White water rafting을 하면서는 톰 소여의 모험처럼 환성을 질러댔다. 여름에는 에어컨이 필요 없고 겨울에는 히터가 필요 없는 샌디에고, 라스베가스, 샌프란시스코, 로스안젤리스, 콜로라도, 애틀랜타를 가봤지만 샌디에고는 내가 가본 도시 중에 가장 아름다운 도시였다.

샌디에고를 다녀온 후부터 나는 메이저리그 파드레스를 응원하는 버릇이 생겼다. 물론 양키즈가 쉬는 날에만.　　　　(2008년)

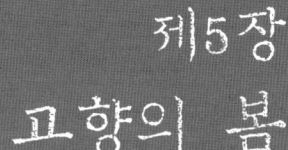

제5장
고향의 봄

이민생활을 하다 보니 남자인 나도 밥을 할 때가 많다. 밥이 뭔가? 된장 간장 고추장 넣고 만드는 된장찌개는 아예 전문가 수준이다. 밥이 다 되어 전기밥솥 뚜껑을 열다가 나는 가끔 주춤할 때가 있다. 솥뚜껑 안수기도를 하시던 어머니가 생각나기 때문이다. 그럴 때면 나는 어머니를 흉내 내어 전기밥솥 위에 손을 얹고 솥뚜껑 안수기도를 한다. 절로 빙긋이 웃음이 나온다.

고향의 봄, 타향의 봄

고향의 어린 시절, 옛 시인은 춘래불사춘春來不似春-'봄이 왔으되 봄이 아니라'고 노래했다. 민족시인 이상화는 "빼앗긴 들에도 봄은 오는가?" 아예 봄조차 오지 않는다고 절규했다. 당시 어린 나이로서는 이해하기 어려운 말들이었다.

일제말기 초근목피로 살아가던 그 어렵던 춘궁기에도 봄은 보릿고개를 넘고 넘어 고향의 들판을 찾아왔기 때문이다. 그런데 이민 생활을 해오면서 비로소 계절의 무정함을 느끼게 된다. 타향의 봄은 '춘래 불사춘'이요 봄조차 오지 않는다는 것을 발견했기 때문이다.

4월이 되니 이민의 땅에 봄이 찾아왔다. 자목련과 개나리가 꽃물결을 이루는 뉴욕의 봄이 아름답다. 그런데 교포들은 4월이면 지독한 봄 감기를 앓는다. 고단백질의 음식을 먹고 난방시설이 잘된 겨울에는 감기에 걸리지 않는다. 대신 봄만 되면 이상스레 몸살을 앓는다. 들쭉날쭉 하는 변덕스런 봄 날씨에 장단을 맞추기가 어렵기 때문이다. 그래서 이민의 봄은 춘래불사춘이다.

고향의 봄은 '회춘의 계절'인데 타향의 봄은 '몸살의 계절'이다.

겨우내 해수병으로 고생하시던 고향 할머니는 봄만 되면 기침소리가 뚝 끊어져 버리곤 했다. 고향의 봄은 만병통치의 계절이기 때문이다. 그런데 타향의 봄은 이민자에게 가장 잔인한 계절인가 보다. 겨우내 멀쩡하다가도 봄만 되면 잔병치레니 말이다.

워싱턴 벚꽃구경을 가기로 한 우리 부부는 보름째 감기몸살이다. 약을 복용하고 생강 레몬을 달여 먹어도 여전하다. 생각다 못한 아내가 콩나물국에다 고춧가루를 뻘겋게 풀어 한 대접 내왔다.

뜨거운 콩나물국 한 사발이면 감기몸살 감쪽같이 끝내준다는 고향 얘기를 들었던 것이다. 매운 눈물에 몇 사발을 먹었어도 별무 효과다. 아내는 짜증스러웠다.

"어떻게 된 거예요? 고향 식으로 콩나물국을 먹어도 낫지 않으니 말예요."

"여보, 콩나물국도 고향의 콩나물이라야지 타향의 콩나물은 효력이 없는 모양이오."

"아이고 당신도, 고향 고향 그만하세요. 봄이면 똑 같은 봄이지 고향의 봄, 타향의 봄이 어디 있어요. 콩나물도 고향 타향을 가리나요. 당신의 그 지독한 고향 체질이 타향의 봄을 앓고 있는 거리구요."

아내 말이 맞다. 어디 나뿐이랴. 한국인은 너무나 고향 체질이다. AT&T 전화 회사가 조사해 보니 이민자 중에 한국인의 국제전화 사용률이 단연 으뜸이란다. 아무리 어려워도 한 달에 한 번 이상 고국에 전화하는 건 한인 뿐이라는 것이다. 옆집의 루마니아인은 이민 20년인데 한 번도 고국엘 안 가봤다고 한다. 가보고 싶지 않느냐고 물었더니 미국이 살기 좋은데 뭣 하러 가보느냐고 이상한 표정이다. 금의환향을 제일 출세로 아는 우리로서는 이해하기 힘든 일이다.

우리는 독한 맘 먹고 고향을 떠나왔다. 여기서 뿌리를 내리고 이민의 열매를 거두려면 고향체질을 버려야 한다. 고국을 등지고 대서양을 건너온 유럽의 개척자들은 "To west, To west"를 외치며 서부로 서부로 전진하여 'West side Story'를 만들었다. 그들이 오늘 아메리카의 주인공들이다.

나무를 옆 땅에 옮겨 심어도 뿌리가 내릴 때 까지는 몸살이다. 언어 문화 체질이 다른 우리가 이역만리 미국에 와서 몸살을 앓는 건 이민토착을 위한 뿌리내리기 아픔일 뿐이다. 타향의 봄은 춘래불사춘이라고 슬퍼하지 말자! 눈서리 내리고 감기 앓아도 봄은 꽃 피운다! 아가서의 노래처럼 창문을 열고 봄 거리로 나가보자.

"나의 사랑 어여뿐 자야 일어나서 함께 가자/ 겨울도 지났고 비도 그쳤고 지면에는 꽃이 피고 새의 노래할 때가 이르렀는데 반구의 소리가 우리 땅에 들리는구나"(아가 2:11).

계절이 바뀌고 연륜이 쌓이다 보면 우리도 타향 체질로 바뀔 것이다. 그 때에는 타향의 봄도 고향의 봄처럼 아름답고 즐거워지겠지!

솥뚜껑 안수기도 하신 어머니

18년 전 어머니날이었다. 이민을 앞둔 나는 부모형제들과 함께 고국에서의 마지막 여행을 다녀왔다. 우리 남매들이 부모님을 모시고 어머니의 고향을 찾은 것이다. 경기도 화성군 향남면 가등리가 어머니의 고향이다. 발안에서 동북쪽으로 십리에 가등리가 있다. 우리 남매들은 가등리를 "갓댕이"라고 불렀다.

나는 갓댕이를 제2의 고향으로 좋아한다. 내 고향 글갱이는 산업개발로 땅값이 올라가는 바람에 지금은 마을이 폐허가 됐다. 우리 부모형제도 모두 글갱이를 떠나버렸다. 그러나 갓댕이는 지금도 옛 모습 그대로 있는 산골마을이다. 그래서 갓댕이를 고향처럼 좋아한다.

그보다도 어린 시절 나는 어머니를 따라 자주 갓댕이를 찾았다.

일곱 살 때는 어머니 치마폭을 붙잡고 70리를 걸어서 외가에 간 적도 있었다. 진달래 철쭉이 피는 봄이면 산골 마을 갓댕이는 마을 전체가 꽃속에 묻혀버렸다. 갓댕이 마을 앞에는 서봉산이 있었다. 외가에 갈 적마다 나는 서봉산엘 올라갔다. 거기에 쉰길바위가 있기 때문이다. 쉰길바위는 산꼭대기 바로 밑에 매달려 있었다. 멀리서 보면 이마처럼 보이기도 하고 얼굴처럼 보이기도 했다.

갓댕이 마을에서 바라보면 "쉰길바위"는 나다나엘 호손의 단편소설에 나오는 "큰 바위얼굴"처럼 보였다. 갓댕이 사람들은 쉰길바위를 바라보면서 소원을 빌곤 했다. 쉰길 바위는 갓댕이마을의 "큰 바위얼굴"인 셈이다. 어려서부터 유달리 욕심이 많은 나는 외가에 갈 적마다 꼭 쉰길 바위를 찾곤 했다.

'멀리서 바라보면서 복을 비는 것 보다 가까이 찾아가서 뵙고 복을 달라고 하는 게 더 효험이 있겠지!'

서봉산은 300미터 높이였다. 지금이야 뫼에 불과하지만 그때는 하늘 아래서 제일 높은 산으로 보였다. 땀을 뻘뻘 흘리며 올라가보면 서봉산의 이마쯤에 "쉰길바위"가 매달려 있었다. 마당만한 바위가 이마처럼 튀어나와 있는 것이다.

바위 위에 올라서서 아래를 내려다보면 까마득한 낭떠러지가 아래로 내려가고 있는 게 보였다. 낭떠러지의 높이가 쉰길(50)이라고 해서 쉰길바위였다. 그런데 어린 내 눈에는 쉰길이 뭔가? 꼰장 만장 영겁보다도 더 길고 더 무서워 보였다. 나는 바위 위에 무릎을 꿇고 "쉰길 바위님 쉰길 바위님" 하면서 욕심껏 소원을 빌었다. 기도를 끝낸 후에는 바위 아래를 내려다보고 큰 소리로 자기 이름을 불러야 한다고 했다.

바위 아래를 내려다보니 현기증이 날 정도로 무서웠다. 쉰길 낭떠러지 아래서 죽음의 사자가 입을 벌리고 있는 것처럼 보였기 때문이다. 이상하게도 내 이름을 부르면서 뛰어내리고 싶은 충동이 생기는 것이었다. 많은 사람들이 쉰길 바위에서 뛰어내려 죽었다고 한다. 그래서 쉰길 바위는 자살바위이기도 했다. 나는 바위 아래를 향하여 큰 소리로 외쳤다.

"계선아!"

그러자 낭떠러지 아래에서 나를 부르는 목소리가 들려왔다.

"계선아!"

아 하! 나를 잡아먹으려고 악마가 입을 벌리고 나를 부르는구나. 무서웠다. 나는 늑대를 만난 양치기 소년처럼 줄달음쳐 산을 내려오곤 했다. 그건 골짜기가 만들어내는 산울림의 메아리였다. 지금 생각하면 서봉산의 쉰길 바위는 알프스의 소년처럼 얼마나 아름다운 추억거리인가!

"어머니, 제가 미국으로 이민을 가기 전에 어머니를 모시고 여행을 다녀오고 싶습니다. 어디를 가고 싶으신가요?"

"이 목사와 함께 갓댕이나 한번 가보고 싶어."

어머니가 가고 싶어 하는 팔도유람은 당신의 친정 갓댕이였다. 갓댕이에는 어머니의 손아래 남동생이 살고 있기 때문이다. 6남매의 맏이로 태어난 어머니는 유달리 우애가 좋았다. 그래서 어머니가 외가엘 가면 서울에서 살고 있는 막내 남동생도 시집간 여동생들도 모두 갓댕이로 몰려왔다. 그 보다도 갓댕이 뒷동산에는 외할아버지와 외할머니의 무덤이 있었다. 그래서 어머니는 외로울 적마다 즐거울 적마다 갓댕이를 찾으셨다. 금년 94인데도 어머니는 자주 갓댕이를 다녀오신다.

우리 남매들은 어머니와 아버지를 모시고 갓댕이로 갔다. 어머니는 당신의 어린 시절을 보낸 고향의 뒷동산을 보시고는 어린애처럼 좋아하셨다.

돌아오는 길에 일제 때 일본인의 만행으로 불타버렸던 제암리 순교기념예배당을 들렸다.

"어떻게들 오셨나요?"

관리인이 물었다.

"이 분은 권사님, 이 분부터는 장로님, 목사님, 여선교회장님, 집사님……."

줄줄이 이어지는 직분소개를 관리인이 차단했다.

"어느 교회 제직회이신가요?"

그러자 이번에는 누님이 가족소개로 들어갔다.

"저 우리는 한 교회의 제직이 아나라 어머니 이은혜 권사님의 7남매들이지요. 여기 큰 사위는 장로님, 둘째 아들은 목사님, 저 손녀는 피아노 반주자이고……."

한바탕 가족자랑이 끝나자 관리인은 부러워했다.

"아, 그래요. 저는 목사님에 장로님이 두 분, 권사님, 집사님 등 20여 분이 모두 제직이라서 한 교회 제직인줄 알았지요."

순간 어머니 이은혜 권사의 눈에 아침이슬이 반짝였다.

어머니가 이은혜 권사가 되기까지는 50년이 걸렸다. 원래는 이은례로 시집오셨는데 면사무소 직원의 한글표기 실수로 이은혜가 돼버렸다. 면서기 실수가 아니라 하나님이 바꿔주신 거라고 예수 믿고 나서 어머니는 이름 바뀌지신 걸 그렇게 좋아하셨다.

우리 아버지는 자손이 끊긴 집의 양자로 오셨다. 내 고향 평택 글갱이에는 30여 호가 살았는데 우리 집이 있는 동쪽에는 10여 호가 몰려있었다. 그런데 동쪽은 삼살방이었던지 망하지 않는 집이 없었다. 애, 어른이 돌아가면서 죽더니 나중에는 패잔병처럼 겨우 세 집만이 남았다. 그런 풍파지역에서 어머니는 칠남매를 낳아 하나도 잃지 않고 고스란히 기르셨다. 우리 동네 30여 호 중에서 낳은 대로 모두 기른 집은 우리 집 뿐이었다.

야구 좋아하는 친구는 날보고 "자네 집안은 올 세이프"라고 감탄한다. 그러면 나는 "올 세이프가 아니라 퍼펙트게임"이라고 정정해 준다. 우리 집이 퍼펙트 게임승을 얻기까지 어머니는 50년간 '솥뚜껑 안수기도'를 하셨다. 새벽기도로 매달렸지만 워낙 아버지가 무서워 식구들은 교회 나갈 엄두를 못 냈다. 남편 핍박을 받아가며 어머니 홀로 십자가를 지셨던 것이다.

어느 날 아침이었다. 쌀보리를 씻어 밥을 안쳐 놓고 솥뚜껑을 닫는 순간 계시 같은 생각이 떠올랐다.

'솥뚜껑으로 자라 잡는다고 하지 않았나? 옳지! 이 솥뚜껑 위에 하나님의 능력이 임하시면 이 솥안의 밥을 먹는 식구들은 아들 딸 구별 없이 며느리 사위까지 몽땅 예수 안 믿고는 못 배기겠지!'

그 때부터 50년 동안 어머니는 솥뚜껑에 손을 얹고 안수기도를 하셨다. 병신 안수기도로 앉은뱅이 일으킨 일은 성경에 있지만 내 알기로는 기독교 역사상 솥뚜껑 안수기도보다 더 능력 있는 안수기도는 없는 줄 안다. 자라목처럼 요리저리 피해 50년을 버티시던 아버지가 집사님이 되셨고, 형님은 장로, 나는 덩달아 목사까지 됐다.

언젠가 평택에서 부흥회를 인도하는데 어머니께서 오셨다. 내가 어머니의 솥뚜껑 안수 기도 간증을 했더니 은혜의 웃음바다가 됐다. 그날 밤 어머니께서 웃으시면서 하시는 말씀,

"이 목사, 나는 50년간 솥뚜껑 안수기도만 한 게 아니야, 50년간 장독대 기도원 원장도 했었지……."

"어머니께서 기도원 원장이라니요? 금시초문인데요."

아무리 솥뚜껑 기도를 해도 꿈쩍 않는 남편과 자녀들을 보고 어머니는 장독대 기도를 병행하셨단다. 시골 우리 집 뒤뜰 안 장독대

에는 간장 된장 고추장을 가득 담은 항아리들이 수십여 개가 모여 있었다. 큰 항아리 작은 항아리가 사이좋게 서있는 게 꼭 맨해튼의 빌딩숲처럼 항아리 숲을 이루고 있었다. 장을 뜨러 간 어머니는 삼 년 묵은 간장독 앞에 무릎을 꿇으셨다.

"주님, 소금 절인 간장 고추장보다도 더 지독한 저들의 영혼을 구원해 주소서!"

아버지가 아셨다면 당장 장독대에 날벼락이 떨어져 항아리들이 박살났을 것이다.

"저 여편네가 장 뜨러가서 무어라 자꾸 꿍얼거리지."

나는 최자실 목사가 36년 동안 순복음기도원 원장한 것이 최장수 기록인 줄 알았는데 우리 어머니는 장독대 기도원 원장 50년 기록이라니! 솥뚜껑 안수기도 50년+장독대 기도원 원장50=한국기독교100년사와 맞먹는 찬란한 경륜이시다.

어머니는 지금 솥뚜껑 기도를 졸업하셨다. 장독대기도원 원장도 은퇴하셨다. 금년 94세가 되셨으니 벌써 정년 은퇴시다. 그보다 7남매 며느리 사위까지 모두 예수 믿으니 '명예은퇴' 하신 것이다.

이민생활을 하다 보니 남자인 나도 밥을 할 때가 많다. 밥이 뭔가? 된장 간장 고추장 넣고 만드는 된장찌개는 아예 전문가 수준이다. 밥이 다 되어 전기밥솥 뚜껑을 열다가 나는 가끔 주춤할 때가 있다. 솥뚜껑 안수기도를 하시던 어머니가 생각나기 때문이다. 그럴 때면 나는 어머니를 흉내 내어 전기밥솥 위에 손을 얹고 솥뚜껑 안수기도를 한다. 절로 빙긋이 웃음이 나온다. 웃는 얼굴로 거울 앞으로 달려간다. 거울 속에 비친 내 얼굴이 어머니를 닮았나 보고 싶기 때문이다. 고국 가는 길에 어머니를 모시고 갓댕이를 가봐야겠다.

(1999년)

영생 길로 가신 아버지

"형님, 암을 앓고 계신 아버지가 위독하세요. 연세도 84세 고령이라서 곧 돌아가실 것 같아요. 한번 다녀가시지요."

멀리 서울에서 걸려온 막내의 전화였다.

"내가 간다고 해서 죽음으로 가시는 아버지를 살려 낼 수 없지 않은가? 병은 의사가 고치는 거야. 아들인 내가 간다고 무슨 뾰족한 수가 있는 것도 아닌 걸. 예수 잘 믿다 돌아가셔서 천당 가시면 되는 거지 뭘……."

나는 매정스럽게 거절했다. 그런데 교회는 잘 나가고 계신지? 아버지를 모시고 사는 형님에게 전화를 걸었다.

"형님, 아버지는 집사님이니 교회는 잘 다니시겠지요?"

"웬걸 4년째 안 나가고 계셔. 흥미가 없으신가 봐. 교회 목사님도 돈 있는 젊은 교인들에게만 관심이 있지 늙고 벌이가 없는 노인들은 안 나와도 심방을 안 하시니 아버지는 이래저래 안 나가신다네."

"그래요, 그러면 제가 오늘 가겠습니다."

죽을병이야 천하 효자라도 고칠 수 없지만 죽어가는 사람 천당 가게 하는 거야 목사인 아들이 할 수 있는 일이기 때문이다.

나는 부랴부랴 영사관으로 가서 비자를 받고 저녁에 떠나는 비행기 표를 샀다. 급하게 사다보니 50%가 더 비쌌다. 둘째 딸 은범이도 울면서 따라나섰다. 슬픔으로 가슴이 아파오고 마음은 비행기보다도 더 빠르게 아버지 곁으로 달려가고 있었다. 그런데 케네디 공항에서 한 시간 반이나 비행기 출발이 연기되는 바람에 나는 더 조급해졌다. 대합실에서 성경도 보고 딸과 대화를 나누는데 어디서 향기로운 바람이 불어왔다. 40분 동안이나 계속됐다. 천당에 와 있는 듯 한 황홀한 평안에 묻혀 버렸다.

"은범아 너도 이 아름다운 향기를 맡니?"

"아니요. 저한테는 아무것도 안나요. 그게 무슨 향기인데요."

은범이는 코를 벌름거리기만 했다.

"성령의 향기란다. 하나님이 성령을 기름붓듯 하실 때 향기가 나게 마련이야, 이번에 아주 좋은 일이 있을 것 같구나."

우리 모녀를 태운 대한항공 점보기는 서울을 향하여 빠르게 날라 가고 있었다. 그러나 내 마음은 그보다도 더 빠르게 고향의 어린시절로 달려가고 있었다.

고향의 어린 시절 나는 아버지와 관계가 나빴다. 나는 아버지 생전에 그렇게 큰 불효를 저지른 적이 없다. 공부를 안 하여 당신의 애간장을 태워 드렸다거나 술 취하고 방탕하여 아무개 자식 못됐다는 소리를 듣게 한 적도 없다. 그러나 내가 불효자인 건 나도 알고 당신도 안다. 나는 성격과 식성이 닮은 어머니를 좋아했고 아버지와는 체질적으로 정이 덜 간 모양이다. 그러다가 초등학교 5학년 때 결정적으로 틈새가 벌어져 버렸다. 6년 동안 반장이었던 나는 서울의 일류중학교를 꿈꾸는 야심찬 소년이었다. 그런데 아버지께서 진학불가를 선언하신 것이다.

"돈 들여 중학교 고등학교 가느니 그 돈으로 장리쌀을 놔서 논밭을 사 두는 게 훨씬 이득이다. 그러니 둘째인 넌 아예 중학교 갈 생각을 말거라."

뒤늦게 시골 중학교에 다니게 됐지만 시골 중학교란 열등의식과 수치심으로 엉망이 됐다. 3년 동안 내 책가방은 소설책과 술병으로 무거웠다. 결혼을 하고 목사가 된 후에도 젊은날을 멍들게 했던 아버지에 대한 미운 감정은 지워지지 않았다. 기도로 매달려도 여전했다. 아버지도 마찬가지였다. 88년에 내가 이민을 떠나오자 아버지는 이민 오기 3년, 이민 온 후 3년, 도합 6년을 매일같이 우셨다고 한다. 아들 사랑해서 우신 게 아니다. 부자간의 잃어버린 사랑 때문에 가슴 아파 우신 아버지의 마음을 나는 잘 안다.

이민 10년을 넘기면서 나는 아들 해범이와 사랑을 나눌 적마다 아버지 생각에 울었다. 해범이는 덩치 큰 대학생이 됐으면서도 내가 어쩌다 녀석의 침대에 올라가면 그렇게 좋아했다. 어린애처럼 손을 꼭 잡은 채 할아버지 얘기를 해달라고 졸다가 잠이 들었다. 나와 함께 테니스를 치는가 하면 미국학생 답지 않게 나를 따라 조영남의 노래를 열심히 불렀다. 내 아들 해범이가 내게 들인 지극한 효성이 마침내 아버지에 대한 나의 불효한 마음을 녹여 버리게 됐다.

97년 11월 1일 아버지께서 위독하시다는 연락을 받고 나는 둘째 딸 은범이와 함께 10년 만에 고국을 찾아가는 것이다. 10년 만에 돌아온 둘째 아들의 큰절을 받으시는 아버지는 아픔을 잊으시고 행복해 하셨다. 돌아온 탕자처럼 착해진 아들의 심성을 당신은 아셨기 때문이다. 가랑잎처럼 바싹 마른 아버지의 손을 꼬옥 잡고 있는데 그 감촉은 내 아들 해범이의 손을 잡고 있을 때처럼 따스하고 행복했다.

"둘째야 미안하다. 내가 너를 그렇게 미워했었구나!"

아버지는 눈물을 흘리셨다. 사실 그 말은 내가 아버지에게 드리고 싶은 말이었지만 나는 너무 눈물이 나서 아무 말도 할 수 없었다. 7개월을 암으로 투병하시던 아버지는 10년 만에 찾아온 둘째 아들을 만나 56년간 가로막혀 있던 어둔 그림자를 지워버려서 그럴까? 한결 밝아 보였다. 그래도 아버지는 참혹한 모습으로 괴로워하고 계셨다. 목에 호박만한 암 덩어리를 달고 계셨다. 그런데 어머니와 형님 내외분은 아버지보다도 더 일그러지고 폐허가 된 모습이었다.
 '아버지를 괴롭히는 병마에 눌려 온 집안 식구가 엉망이구나.'
 예배를 드리는 데 어수선하기만 했다. 아무리 애를 써도 찬송도 기도도 건성일 뿐이었다. 손뼉을 쳐가면서 성령찬송 "이 기쁜 소식을 온 세상 전하세"를 부르고 통성기도를 하는데 형님 몸에서 별안간 코고는 소리가 들려왔다.
 '아하! 형님이 마귀에게 정복당하여 영력이 탕진되셨구나.'
 어머니가 수상쩍은 음성으로 걱정하셨다.
 "애야 큰 아범아, 통성기도 시간에 네 몸에서 코고는 소리가 우렁차게 들리니 무슨 조화냐?"
 "에이 어머니두, 제가 무슨 코를 골았다구요."
 형님은 얼굴을 붉혔다.
 "큰아버지, 저도 코고는 소릴 들었어요."
 은범이도 가세했다. 내가 나섰다.
 "코고는 소리는 마귀소립니다. 아버지를 괴롭히고 있는 병마가 집안 식구들을 억압하고 있다가 견디지 못하고 나가려고 그러는 증세예요. 시험 든 교회에 부흥회 하러 가보면 강단 밑에서 코고는 소리가 들려오곤 하지요."
 매일 세 차례 안수기도를 하는 은사집회를 했다. 3일이 되자 찬송이 터져 나오기 시작하더니 일주일째 되는 날 향기가 찾아왔다. 할렐루야! 케네디 공항에서 맡았던 성령의 향기가 병든 아버지 몸 위에 내려온 것이다. 아버지께서 눈물을 흘리셨다. 생전에 그렇게 예수를 믿어 보려 애를 썼어도 믿어지지 않았던 아버지. 아들이 목사이기 때문에 열심히 교회에 출석하여 이봉헌 집사가 됐지만 찬송도 성경도 믿어지지 않는 걸 어쩌란 말이냐! 객지에서 목회하는 내가 아버지를 전도하러 고향 길을 찾던 날 당신은 이런 말씀을 하셨다.

"애야, 내가 간밤에 꿈을 꾸었어. 큰 뱀이 안방 천정에서 방바닥으로 떨어져 나를 노려보더니 동아리를 풀고 문지방을 넘어 밖으로 나가버리는 꿈을 꾸었어."

"아버지, 좋은 꿈이에요. 아버지를 교회 나가지 못하게 꽁꽁 묶고 있던 마귀가 견디지 못하고 나가는 꿈입니다. 아버지께서 마귀와 죄악에서 해방되셨으니 열심히 나가세요."

그래서 열심히 나가 집사까지 됐는데도 믿음도 구원의 감격도 없었다. 그런데 오늘 구원의 향기가 내려온 것이다. 당신은 감동의 눈물을 흘리셨다.

"495장이 좋구나. '내 영혼이 은총 입어 중한 죄짐 벗고 보니 슬픔 많은 이 세상도 천국으로 화 하도다'라는 찬송이 좋아요."

아무튼 신기하게도 그렇게 아버지를 괴롭혀 대던 통증이 사라져 버렸다. 뿐만 아니라 너무나도 고통스러워 몇 번 자살을 시도하셨던 암의 통증이 씻은 듯 사라져 버렸다. 아버지는 혼수 20여일 만에 기적적으로 깨어나신 것이다.

"아버지, 이제 아버님의 영혼이 구원 받으셨어요. 향기가 내려온 걸 보면 성령님이 기름 부음으로 아버지 몸 안에 계시니 아버지는 돌아가셔도 천국으로 가시게 돼요. 소자는 이제 안심하고 뉴욕으로 돌아가렵니다."

18일간의 여행을 끝내고 뉴욕으로 돌아온 지 19일 만에 형님에게서 전화가 왔다.

"아버지께서 돌아가셨어. 아름답고도 깨끗하게 운명 하셨다네. 동생목사가 기도할 때 성령의 기름부음으로 향기가 내려온 후 아버지는 고통 하나 없이 20일을 지내셨어. 그런데 20일째 되는 날

피곤하다고 눕더니 잠자듯 영생의 나라로 가버리신 거야."
 아버지는 평생을 부지런하고 아름답게 사신 분이다. 그러나 아버지의 가장 아름다운 정점은 그분의 생애 마지막 20일 간이다. 성령의 향기로 암의 고통을 이기시다가 마지막 스무날이 끝나는 날 영생의 나라로 가셨기 때문이다. (1997년)

대통령 구두

 나는 요즘 대통령 구두를 신고 다닌다. 걸레처럼 낡았지만 대통령 구두라고 생각하니 여간 기분 좋은 게 아니다. 내가 이 구두를 신고 갈 짓자 걸음으로 세상을 활보하고 있는데 강 전도사와 딸 은주 모녀를 만났다.
 "엄마 엄마, 저것 좀 봐! 목사님이 거지발싸개처럼 다 떨어진 구두를 신고 신바람 나게 걷고 있어요."
 딸의 말에 한술을 더 뜬 엄마.
 "아유 목사님도, 그 거지구두 왜 또 신고 나왔어요? 제발 좀 버리세요. 우리가 보기에도 창피해 죽겠어요."
 "은주 모녀가 이 구두의 내력을 잘 몰라서 그러는군요. 이 구두가 보통 구두가 아니에요. 대통령 구두라구요 대통령 구두!"
 대통령 소리에 터져 나오는 은주의 탄성.
 "와! 우리 목사님이 김대중 대통령한테 구두선물을 받으셨나 봐요."
 "아니야, 언감생심 내 어찌 감히 대통령의 구두를 받았겠어."

은주 에미의 심술보.

"맞다 맞아, 목사님이 한국 간 김에 김 대통령 만나 보겠다고 청와대 찾아갔다가 문전박대 당하고 쫓겨나오는 길에 청와대 쓰레기통에서 내다 버린 대통령 구두를 주어온 걸 거야."

"족보가 틀렸어요. 이 구두는 김대중 대통령의 구두가 아니라 최규하 대통령의 구두랍니다."

"@@**???%%??"

어리둥절해 하는 은주 모녀에게 나는 내가 신고 다니는 대통령 구두의 내력을 설명해 줘야 했다. 이 구두는 14년 전 이민 올 때 막내 여동생한테서 받은 선물이었다. 여동생이 준 구두가 대통령의 구두가 되기까지에는 기막힌 사연이 있었다. 7남매 중 셋째인 내가 이민 길에 나서자 남매들이 각각 기백만 원씩 전별금을 내놓는데 막내 여동생은 달랑 5만 원짜리 구두 한 켤레 뿐이었다.

중학교 때부터 교회에서 피아노 반주를 한 막내는 목사에게 시집 갈 뻔한 재원이었다. 그런데 우여곡절 끝에 그 애가 결혼한 남자는 목사가 아니었다. 천주교회에만 나가게 하는 교회 반대자였다. 동생은 이래저래 우울증을 앓게 됐다. 남편이 사장까지 올라가 재력은 단단했지만 정서적으로 많이 불안했다. 그래서 미국으로 떠나가는 오빠에게 겨우 브라운 색깔의 에스콰이어 구두 한 켤레를 선물 할 수밖에 없었던 것이다.

막내 여동생의 고통이 배어있는 구두인지라 냉큼 신을 수가 없었다. 나는 신데렐라의 요술 구두처럼 아끼고 아끼면서 신지 않았다. 그런데 신지 않고 정성껏 보관만 했는데 10년이 지나니 구두가 저절로 늙어가기 시작하는 것 이었다. 부드럽던 쇠가죽은 늙은 소나무 껍질처럼 딱딱해지더니 볼썽사납게 금이 가버렸다. 구두 속은 바싹 오그라들어 내 발이 들어가 주질 않았다. 신주 모시듯 하던 구두가 못 신게 돼버렸다고 투덜거리던 아내가 어느 날 그 구두를 쓰레기통에 내다 버렸다. 가슴이 아팠다. 나는 아내 몰래 쓰레기통을 뒤져서 찾아내 신고 다녔다. 발이 맞질 않았다. 마당발 팥쥐가 예쁜 콩쥐 나막신을 억지로 신는 것처럼 발이 으스러지고 뼈가 부러지듯 아파서 견딜 수가 없었다. 그래서 구두 뒤꿈치를 꺾어 신고 게다짝처럼 질질 끌고 다녔더니 얼마 안가 에스콰이어 구두는 걸레가 돼버렸다. 그 후 일주일에 한 번꼴로 아내는 쓰레기통 아니면 길바닥에 던져 버렸고 그럴 때마다 나는 열심히 찾아서 신고 또 신었다. 버리고 찾고, 쓰레기통 뒤지기도 지쳐서 이제 그만 버릴까 말까? 나는 고민하기 시작했다.

그러던 어느 날 나는 신문에서 최규하 전 대통령 기사를 읽게 됐다. 80 넘은 노인이 45년 된 선풍기를 쓰는데 40년 된 에어컨은 절전하느라 아예 켜지도 않는다는 것이었다. 더욱 감동적인 건 대통령의 구두이야기였다. 10년 넘은 구두를 절대 버리지 않고 손수 고치고 고쳐서 마르고 닳도록 신고 다닌다는 것이다.

'아! 대통령은 역시 뭔가 다르구나!'

최규하 대통령을 우유부단한 군부의 협조자라고 욕했던 나 자신이 한참 부끄러웠다. 평화의 집을 지으러 비행기를 타고 세계를 누비고 다니는 카터 전 미대통령 보다도, 다 떨어진 구두를 기워 신고 서울의 골목길을 걸어 다니는 한국의 최규하 전 대통령이 더 위대해 보였다.

아! 대한민국 아! 우리조국. 저런 전직 대통령이 있는 한국은 복 받은 나라다. 조국이 한없이 자랑스러워 보였다. 조국이여 영원하라! 내 비록 미국에 살지만 구두만은 조국의 대통령처럼 신으리라. 나는 즉시 슈즈리페어가 되어 구두 속을 넓히고 찢어진 거죽은 꿰매고 문질러댔다. 그랬더니 버릴까 말까 했던 걸레구두는 반질반질

윤이 나는 삐까삐까 구두가 돼버렸다. 나는 이 구두를 대통령구두라고 이름 짓고 VIP용으로 신고 다니기로 했다. 하나님 만나러 교회 가는 날엔 대통령 구두를 신는다. 얼마 전 종교인과의 대화 모임으로 김수환 추기경을 만나러 갔을 때도 이 구두를 신고 갔다. 왜냐 하면 대통령구두이니까.

"와! 우리 목사님 정말 멋쟁이네요."

구두간증(?)에 은주 모녀가 은혜를 받은 모양이다. 섬섬옥수 하얀 손수건을 꺼내더니 내가 신고 있는 구두에 달려들어 닦아주고 문질러주고 야단이다. 흙먼지 덮인 예수님의 샌들에 입을 맞추고 옥합을 깨뜨려 향유를 부었던 막달라 마리아처럼 은주 모녀는 순진해 보였다. 그런데 나는 그 순간 은주 모녀의 모습에서 14년 전에 구두를 선물한 막내 여동생이 생각나는 것이었다. 은주 어미 또래의 막내 여동생이……. (2000년)

누나가 시집가던 날

7남매의 맏이인 누나가 시집간다고 우리 집은 들떠 있었다. 어머니는 비단이불에 자개장롱을 혼수로 마련했고 아버지는 살찐 통돼지를 잡았다. 나도 덩달아 신바람이 나서 다니는 초등학교에 결석계를 내고 기다렸다. 잔칫날은 온 동네가 몰려들었다.

누나가 시집가는 날은 음력으로 12월 6일이었다. 추운겨울 날씨로 마을 앞 냇가의 시냇물 뿐 아니라 땅까지 꽁꽁 얼어 있었다. 검은 구름이 안개처럼 대지를 덮어버리고 이따금씩 가느다란 눈발이 날리곤 했다. 어디선가 까마귀의 울음소리가 들려 날씨는 더욱 음산했다.

안마당에 차려 놓은 쌀가마 위에 신랑신부가 올라서서 맞절을 하는 게 결혼식의 전부였다. 얇은 신부복을 입은 누나는 오들오들 떨고 있었다. 궁중결혼식처럼 호화판인 줄 알았는데 여간 시시하고 쓸쓸한 게 아니었다.

결혼식이 끝나자 누나는 두 명의 교자꾼들이 메는 작은 검은 가마 속으로 들어갔다. 나는 갑자기 누나가 불쌍하다는 생각이 들었다. 옛날 중국의 미녀 왕소군이 북방 흉노족 추장에게 팔려간 것처럼 누나도 납치당해 가는 게 아닐까? 가마를 쫓아가 살며시 헝겊문을 열고 가마 안을 들여다보았다. 좁은 가마 안에는 달랑 요강하나가 놓여있을 뿐인데 누나는 요강을 부둥켜안은 채 울고 있었다. 누나는 따라오지 말라고 사정을 했다. 나는 집으로 돌아가 잔치떡국도 먹지 않은 채 골방에 들어가 얼마나 울었는지 모른다.

3일 후에 누나가 매부와 함께 재행再行한다고 돌아왔다. 결혼 후 처음 처가를 찾는 걸 재행이라 했다. 매부라야 17세의 중학교 꼬마 신랑이었고 누나는 스무 살짜리 촌색시였다. 동네 청년들이 몰려와 새신랑 축하해 준다고 법석을 떨더니 죄인 다루듯 문초한 후 거꾸로 매다는 것이었다. 그리고는 각목과 목침으로 발바닥을 두들겨 패대는데 나는 가슴이 졸여서 눈을 뜨고 볼 수가 없을 지경이었다. 꼭 빨갱이들의 인민재판처럼 잔인해 보였다. 나도 커서 장가가면 저런 홍역을 치러야 할 텐데 무서워 어떡하나 별의별 생각이 다 들었다.

6.25 때 이런 일이 있었다고 한다. 작전을 수행 중이던 미군 병사가 시골마을을 지나다보니 마침 결혼식을 끝낸 신랑이 재행의식을 벌이고 있었다. 신랑을 매달고 때리는데 미군의 눈에는 빨

갱이를 잡아 신문하는 걸로 보였다. 미군은 영어로 물었다.
"여러분, 이 사람은 간첩질 하던 빨갱이입니까?"
시골사람들이 영어를 알 턱이 없지만 '예스' '노' 야 못하랴! 예스까 노가 하다가 아무래도 예스가 나을 것 같아서 "예스"로 답변했다.
"오우 원더풀, 영어도 할 줄 아는 코리언이로구나."
미군은 또 물었다.
"여러분은 이 빨갱이를 문초하는군요?"
먼저 '예스'가 통하자 마을 사람들은 자신을 얻어 큰 소리로 "예스"했다.
그러자 미군은 심각하게 또 물었다.
"여러분이 빨갱이를 처벌하려고 린치하는 모양인데 내가 이 총으로 한 방에 총살시켜 버릴까요?"
마을 사람들은 예스 영어가 계속 맞아들자 더욱 신이 나서 더 큰 소리로 합창하듯 "예스" 해버렸다. 그러자 뒤따라 총소리가 울려 퍼졌다고 한다.
우리 고향마을은 경기도 남단의 후방인지라 미군병사들이 올 리는 없지만 그래도 나는 어린 마음에 걱정이 태산이었다. 그때가 6.25 휴전 직후였기 때문이다. 매부는 초주검을 치루고 나서야 동네 청년들과 술파티를 벌였다.
그 때부터 나는 결혼식 공포증에 걸린 셈이다. 나는 스물여덟 이후부터 뒤늦게 선을 보기 시작했는데 결혼의 전제 조건은 '함'을 판다든가 '재행'을 하는 구식 결혼식은 절대로 반대한다는 것이었다. 여자들은 내가 돈이 많아서 황태자의 결혼식처럼 호화판 호텔결혼식을 시켜 준줄 알고 대환영이었다. 그런데 내가 고집한 결혼식은 수요일 밤 예배 후 광고시간에 치루는 조용한 결혼식이었다.
50년 전 눈길 속에 가마를 타고 시집간 누나는 4남매를 낳아 홀

륭하게 키워 모두 출가시키고 지금은 장로 권사 부부가 되어 하나님의 축복을 누리며 살고 있다.

요즘 젊은이들은 결혼식을 애들 소꿉장난 하듯 등산결혼, 수중결혼, 비행기결혼은 물론 심지어는 위험스럽기 짝이 없는 행글라이더결혼식까지 한다. 희한한 결혼식 개발에 열중이지만 나이 들고 보니 구관이 명관舊官名官이라는 생각이 든다. 온고지신溫故知新이라고 결혼식은 그래도 전통있는 것일수록 좋은 것 같다. 내가 만일 다시 결혼식을 한다면 가마 타고 시집간 누나처럼 구식결혼식을 하고 싶다.

현옥이의 죽음

현옥이가 죽었다. 12살 어린나이에 죽었다. 현옥이는 누나의 첫딸이다. 내 생질이 되는 셈이다. 1968년에 죽었으니 현옥이가 살아있으면 50살이다. 현옥이가 죽은 지 38년이나 됐다. 그런데 나는 그 애를 생각하면 어제 본 것처럼 기억이 생생하다. 그만큼 현옥이는 예뻤다. 별처럼 차가운 눈, 꼭 다문 입술, 갸름한 얼굴이 어려서부터 미인 형이었다. 조금 까무잡잡한데 호리호리하게 키가 커 날쌔고 강인했다. 5학년 반장이었고 핸드볼 선수였다. 교회에서는 주일학교 풍금 반주를 했다.

어린것이 어른들의 노래자랑대회에 나가 상을 타기도 했다. 현옥이는 어딜 가나 스타였다. 농사를 짓는 매부는 현옥이에게 풍금을 사줬다. 당시 시골에서는 흔한 일이 아니었다.

무더웠던 그해 여름은 유난히 모기가 극성스러웠다. 가을에 있는 전국체전 출전을 앞두고 핸드볼 연습을 하던 현옥이가 급성 뇌염으로 쓰러졌다. 뇌염모기에 물린 것이다. 백약을 썼지만 한 달을 못 넘기고 현옥이는 죽었다.

어머니와 누님의 슬픔이 컸다. 7남매를 낳아 하나도 잃지 않고 키운 어머니는 많은 친손자 외손자를 두셨는데 그들이 지금 모두 살아있다. 첫 외손녀인 현옥이만 잃었으니 얼마나 슬프실까? 그러나 어머니는 외손녀의 죽음을 슬퍼할 수가 없었다. 첫딸을 잃은 누나도 마찬가지였다. 매부 때문이었다.

사랑하는 딸을 잃은 매부는 하루 종일 술을 퍼 마셨다. 그리고 밤이면 딸이 묻혀 있는 대작산을 찾았다. 딸의 무덤을 부여잡고 통곡하다가 슬픔에 지치면 매부는 속삭였다.

"현옥아! 아빠가 왔다. 네가 좋아하는 오징어땅콩, 맛동산, 삼립빵을 사 갖고 왔어. 찬이슬이 내리고 늑대가 나타나는 대작산의 밤이 춥고 무섭지? 걱정 마. 대작산의 여우와 늑대가 너를 해치지 못하게 아빠가 이렇게 널 지켜 주고 있어."

매부는 울다가 웃다가 중얼거리면서 밤을 지새웠다. 현옥이의 무덤 위로 아침 해가 떠오르고 무덤 풀섶에 맺힌 이슬이 아침햇살을 받아 반짝이면 매부는 일어섰다.

"현옥아, 맛동산 먹으면서 잘 있어. 아빠가 저녁때 또 올게."

학교 가던 현옥이 친구들도 길 옆 숲속에 누워있는 현옥이 무덤엘 들렸다.

"현옥아 간밤에 잘 잤니? 학교 가는 등교길에 네가 보고 싶어 우리들이 왔어."

그런데 무덤위에 빵과 과자가 수북이 싸여 있는 게 보였다.

"현옥이 아빠가 갖다 놓은 거구나. 아냐! 이건 현옥이가 우리들에게 주는 거야. 현옥아 고맙다."

애들은 깔깔 대면서 맛동산과 삼립빵을 맛있게 나눠 먹었다.

밤이 되어 딸의 무덤을 다시 찾은 매부는 과자봉지가 없어진 걸 보고 아주 기분이 좋았다.

"현옥아 잘 있었니? 아빠가 또 왔어. 어, 빵과 과자가 없어졌네. 아, 그렇지. 네가 다 먹었구나. 잘 먹었어, 아빠가 여기 또 사왔는 걸."

매부는 매일 밤 맛동산을 사들고 무덤을 찾았다. 현옥이 친구들은 매일아침 등교길에 맛동산을 먹었다. 매부는 그렇게 미쳐갔다. 처음에는 슬퍼하더니 다음에는 실성해갔다. 그리고 완전히 미쳐버렸다. 밥 한 숟가락 안 뜨고 술만 퍼마시며 지내는 매부는 뼈만 남은 산송장이 돼버렸다. 제대로 걸어다닐 힘도 없는 폐인이 된 것이다.

누나보다도 매부의 어머니가 더 몸이 달았다. 나이 20에 유복자 遺腹子로 매부 하나를 달랑 낳고 평생을 청상과부 靑孀寡婦로 늙은 그녀에게 아들은 세상의 전부였다. 무당을 찾고 정신병원엘 가봤지만 소용없었다. 출구 出口도 지푸라기도 안 보였다.

이때 어머니가 사돈에게 교회를 권했다. 사돈은 기다렸다는 듯이 매부를 데리고 교회로 나왔다. 참으로 이상한 일이었다. 매부와 사돈은 교회라면 이를 갈며 미워하는 사람들이었기 때문이다.

우리 아버지는 첫 딸인 누나를 인근마을 박 서방에게 시집 보내기로 했다. 달랑 홀어머니를 모시고 사는 박 서방은 전답이 꽤 많은 알부자 청년이었다. 식구가 단출하여 시집살이가 편할 거라는 계산을 한 것이다. 맞선을 보던 날 어머니는 신랑 어머니에게 다짐을 받았다.

"우리 집은 예수를 믿는 집입니다. 우리 딸이 박 씨 가문으로 시집가도 교회 나가는 걸 허락해주시겠습니까?"

"암요 암요. 허락하다 말다요. 우리 아들도 마땅히 며느리 따라서 교회 나가도록 하겠어요."

모두 출가시켰다. 장로 권사부부가 되어 하나님의 축복을 누리며 살다가 2006년에 매부 먼저 하늘나라로 갔다.

그런데 결혼식을 올리고 나자 마음이 변해버렸다. 매부는 교회 나가는 누나를 때리기 시작했다. 제삿날 우리 집에서 교회 식으로 추도회를 열면 술을 퍼마시고 행패를 부렸다. 학창시절 유도를 한 데다 외아들로 자란 매부는 과격한 마마보이였다.

신앙의 자유를 잃어버린 누나는 대꼬챙이처럼 말라갔다. 겨우 현옥이를 교회에 보낼 수 있을 뿐이었다. 그런데 매부는 이상하게 모른 체했다.

'어른이 아닌 애들이야 교회에 다녀도 괜찮겠지? 어린애들이 뭐 하나님을 알라구? 그저 주일학교에서 노래 배우고 동화 듣고 성탄절에 선물 타려고 다니는 것일 테니까.'

매부는 현옥이가 교회 다니는 걸 말리지 않았다. 교회에서 풍금 반주를 하는 현옥이가 오히려 자랑스러웠다. 그런데 사랑하는 딸 현옥이가 죽은 것이다. 그리고 자신은 미쳐버린 것이다.

그리고 폐인이 된 채 교회로 끌려 온 것이다. 딸이 다니던 교회라서 딸의 잔영(殘影)이라도 만날 것 같은 그리움에 매부는 덜렁거리면서 따라왔다. 그런데 그곳에 하나님이 기다리고 계셨다. 매부는 교회 나가자마자 고꾸라졌다. 그를 괴롭혀대던 귀신이 나간 것이다. 깨어나자마자 매부는 말짱한 정신으로 주님을 영접했다.

"오, 하나님. 제가 교회를 핍박한 죄 값으로 죄 없는 내 딸 현옥이를 하나님이 데려가셨습니다. 귀여운 내 딸 현옥이가 무지막지한 애비를 살리려고 희생의 제물이 되어 죽었습니다."

매부는 울고 또 울었다. 그리고 새사람이 됐다.

현옥이가 죽은 지 38년이 지났다. 지금 매부는 박원환 장로, 누나는 이계화 권사가 됐다. 첫 딸 현옥이를 데려가신 하나님은 새로 2남 2녀를 주셨다. 대작산에 봄이 오면 현옥이의 무덤가에는 철쭉이 아름답게 피어오른다. 엊그제 부르크린 보타니칼 가든을 걷는데 길옆에 철쭉이 피어 있었다. 생질 현옥이가 생각나서 추억해 봤다.

(2006년)

소라의 추억 - 제주도 여행기

18일간의 고국방문을 마치고 뉴욕으로 돌아왔다. 어깨에 멘 큼지막한 선물보따리를 본 처자식들은 내가 개선장군이라도 되어 돌아오는 듯 열렬히 환영이다. 아내는 빼앗다시피 보따리를 끌어내린다. 산 도적에게서 훔쳐온 보물보따리를 풀어제치는 아라비안나이트의 알리바바 마누라처럼 그녀는 보따리를 풀면서 즐거운 비명이다. 고급 양복, 케쥬얼 반코트, 여자 투피스, 화장품 등 값진 물건을 집어들던 아내는 비닐로 몇 겹을 싸맨 이상한 보물 상자를 보더니 눈빛이 빛난다.

'이거야 말로 기막힌 보석이겠지!'

그런데 호기심 가득 조심스레 풀던 아내의 표정이 갑자기 풀어져 버린다. 비닐 속에 감춰있는 건 보물이 아니라 소라와 고동껍데기 두 개였기 때문이다.

"에게게 이건 소라 껍데기 아냐?"

쓰레기통에 내다 버릴 기세다.

"여보 그냥 나둬요. 그게 보통 소라 껍데기가 아니라 사연이 있는 소라 껍데기라구요."

내가 대경실색 하자 아내는 심술이다.

"사연이라니 이게 장곡토의 소라 껍데기라도 된단 말예요?"

"아무렴, 장곡토의 소라 껍데기 보담도 더 멋진 제주도 소라 껍데기라구."

짧은 시로 유명한 장곡토는 소라 껍데기로 "바다"를 이렇게 노래했다지.

'내 귀는 소라 껍데기/ 영원한 바다의 물결소리여.'

장곡토의 소라 껍데기에서는 바다의 물결소리가 들려온 모양이지만 나의 소라껍데기에서는 제주도 아가씨의 목소리가 들려온다. 얼마나 아름다운 사연이 소라껍데기에 숨어 있길래?

지난 3월 미국이민 14년 만에 나는 두 번째로 모국을 방문했다. 여장을 풀자마자 송금섭 목사에게 전화했다. 송 목사는 잊을 수 없는 후배다. 14년 전 미국 이민을 앞두고 조국을 떠나는 게 아쉬웠던 나는 하루 종일 조국의 땅을 걷기로 했다. 그래서 서대문을 떠나 성남으로 걸어가는데 누구하나 따라와 주지 않았다. 내가 돈키호테로 보였기 때문인 모양이다. 그런데 그때 바보 산초처럼 남한산성까지 걸어준 동행이 있었으니 그가 바로 송금섭 목사다. 그래서 나는 송 목사를 잊지 못한다. 전화를 받은 송 목사가 30분 후에 전화를 걸어왔다.

"형님 다음 화요일 3박 4일로 제주도 가는 비행기 표를 예매해 놨습니다. 꼼짝없이 가셔야 합니다."

"이 사람아, 내가 자네와 함께 또다시 걸어 다니자 했지 언제 비행기 타고 다니자 했나?"

3월 21일 이렇게 해서 우리는 제주도로 날아갔다.

처음 길이었다. 제주도는 파초의 꿈이 있는 남쪽나라처럼 아름다운 섬이었다. 산과 바위와 흙이 기름진 검은 색깔인데 섬 전체에서는 건강한 기운이 뿜어 나오는 듯 했다. 고속도로가 산과 시내 해변을 시원하게 달리고 있었다. 도로변에는 야자수와 종려나무가 멋쟁이 서양 아가씨처럼 서 있었다. 그 옆에는 노오랗게 익은 귤이 주렁주렁 매달린 감귤나무와 터질듯 붉게 봉오리진 동백꽃이 수줍은 동양미녀 모습으로 기다리고 있었다. 섬 중앙에는 한라산이 솟아오르고 남쪽에는 전설의 섬 마라도가 관광객을 손짓하고 있었다. 제주도는 동서양이 어우러진 천혜의 관광지처럼 보였다.

삼성혈, 지삿대, 백록담, 천지연폭포, 정방폭포가 아니더라도 제주도는 가장 이상적인 관광조건을 갖추고 있었다. 겨울이 없는 제주도에 어쩌다 눈이 내리면 섬 전체가 백록담처럼 아름답다고 한다. 내가 다녀본 라스베가스, LA, 뉴욕, 애틀랜타보다도 더 아름다운 관광지였다. 이 넓은 섬에 인구 60만이 산다. 1년 관광객이 1천만인데 관광수입은 수억 달라라고 한다. 제주도의 한 귀퉁이만한 라스베이거스가 인구 1백만, 1년 관광객이 3천만에 3백억 달러의 수입을 올린다. 이에 비하면 제주관광 만세는 아직 요원해 보였다.

산속 콘도에서 첫날 밤을 지내고 다음날 아침 한라산을 찾아 나섰다. 숲속을 걷는데 꿩 한마리가 우리 곁으로 날라왔다. 붉고 푸른 색깔이 아름다운 장기다. 숫놈이라서 그런지 도무지 겁이 없다. 바짝 다가가면 달려들 듯 다가오고 짐짓 도망가는 시늉을 하면 '게 섯거라'는 듯 꽁지를 세우고 쫓아왔다. 내가 미국에서 온 이방인이라 얕잡아 보고 그러는 걸까? 자연동물 보호자인 걸 믿고 그러는 걸까? 우리는 20분 동안 사람이 꿩이 되고 꿩이 사람이 되어 재미있게 어울렸다. 동물 착하기로 소문난 미국에서도 상상할 수 없는 일이다. 미국의 파크를 거니노라면 가끔 멍청한 청둥오리나 사슴이 먹을 것 주는 줄 알고 접근하는 일은 있어도 영리한 꿩은 놀라 날라가 버리기 때문이다.

"형님, 새침떼기 꿩이 우릴 환영해 주는 걸 보니 오늘 일진이 기막히게 평탄할 길조 같습니다."

송 목사가 점쟁이처럼 예언했다. 앞으로 전개될 제주도 여행이 아주 재미있을 것 같은 생각이 들었다.

노오란 유채꽃 들판을 지나 조랑말들이 뛰노는 평원을 나서자 눈앞에 한라산이 우뚝 선 채 기다리고 있었다. 한걸음에 달려가 쉽게 오를 듯 가까워 보였다. 등산길이 소풍길처럼 즐거울 것 같다. 그런데 막상 등산을 시작해 해보니 그게 아니었다. 오르면 오를수록 한라산은 더 높아지는 것이었다. 한라산은 백두산 다음으로 높은 1950미터의 남한의 지붕이 아닌가? 얼마 못가 턱밑으로 숨이 올라오기 시작했다. 길가에 주저앉아 쉬는 등산객이 보였다. 쉬는 놈이 있으면 나는 놈도 있나 보다. 벌써 등산을 마치고 내려오는 사람과 마주쳤다. 부러웠다.

"아이구 대단하십니다. 벌써 정상을 정복하고 내려오시는군요."

"웬걸요. 산을 오르기가 하도 힘들어 그만 포기하고 내려오는 길인걸요."

그 말을 듣고 나니 힘이 더욱 빠져버렸다. 길가에 쓰러진 나무가 있기에 걸터앉으니 그 옛날 중학교 때 배운 자부송自仆松이 떠올랐다. 나도 모르게 옛 시인을 흉내 내어본다.

"청산의 자부송自仆松아, 네 어이 누웠느냐. 풍상을 못 이기어 소리 없이 누웠노라. 가다가 명공明公을 만나거든 나 예 있더라 일러라."

자부송自仆松은 사육신의 유응부가 단종 복귀를 애타게 추진하면서 노래한 장부가丈夫歌다. 사육신의 옛 노래를 부르고 나니 힘이 솟기 시작했다. 등산은 힘든 맛에 하는 게 아닌가? 일어나 다시 걸었다. 한참 오르고 나니 이상스레 발이 가벼워졌다. 등산길 좌우로 서너 뼘짜리 산죽山竹이 파랗게 깔려있었다. 그 위로 겨울을 지낸 나목들이 줄줄이 서있었다. 봄을 기다리는 한라산의 나목들은 실오라기 하나 걸치지 않은 여인의 누드처럼 아름다워 보였다. 해발 1743미터 "윗세오름"에 올라서니 백록담을 품고 있는 한라 정상이 (1950미터) 눈앞에 나타났다. 200미터 거리에서 보는 한라 정상이 신비해 보인다.

백두산 천지天池와 더불어 한라산 백록담白鹿潭은 삼천리반도 7천만의 정기를 담고 있는 배달민족의 쌍탯줄이다. 하늘에서 내려온 하얀 사슴이 물을 마신 호수라고 해서 백록담白鹿潭이다. 200미터만 올라가면 하얀 사슴들이 백록담의 샘물을 마시고 있는 모습을 볼 수 있을 것만 같았다. 그런데 자연보호 차원에서 2년간 정상정복이 금지라고 한다. 그렇다면 입산금지가 해제되는 2년 후에 다시 와서 백록담의 흰 사슴을 꼭 보리라! 나와 송 목사는 숲속 호수에서 미역을 감고 있는 하늘 선녀를 놓쳐버린 나무꾼 머슴처럼 아쉬운 마음으로 하산해야 했다.

중문과 서귀포를 돌아 남원을 찾아가니 제주 미녀 이춘희 전도사가 기다리고 있었다. 이 전도사는 서울 송 목사 교회의 전도사였는데 고향 제주도로 내려와 남편 김영기 집사와 대형 일식집 "태평양"을 운영하고 있었다. 일식집 여사장이지만 믿음은 여전히 펄펄 끓는 전도사다. 우리를 천사 모시듯 한다. 우리를 호텔에 모시고 고급 요리로 대접이다. 이미 지불하고 온 비행기 왕복료를 내놓는다. 잠깐 가정 예배를 드리는데 어떤 부흥회보다도 성령 충만했다. 제주도를 돌아본 관광 중에 이 전도사 내외가 베풀어준 사랑이야말로 제일 즐겁고 아름다운 관광이었으리라.

헤어지는 날 부부는 제주도 해녀가 자맥질하여 캐낸 소라와 고동을 한바구니 싸주던 것이었다. 나는 뉴욕까지 가져갈 욕심으로 비닐로 몇 겹을 싸서 메고 다녔다. 그런데 소라껍데기의 뾰족한 돌출기가 비닐을 찢었다. 줄줄이 물이 흘러내려 더 이상 메고 다닐 수가 없게 됐다. 그냥 버리기가 아까워 점심 먹으러 들어간 식당에서 소라를 구어 잔치를 벌였다. 주인과 손님들과 실컷 나눠먹고 나니 빈껍데기만 수북하게 남아 버렸다. 이춘희 전도사에게 여간 미안한 게 아니었다. 정표로 껍데기라도 가져가면 덜 서운할 것 같았다. 나는 그중 손바닥보다도 큰 고동과 주먹만 한 소라껍데기를 하나씩 골랐다. 보물처럼 비닐로 몇 겹을 싸매고 선물상자로 포장하여 미국까지 가져왔다.

깜빡 속은 아내가 보석상자 인줄 알고 흥분한건 어쩔 수 없는 일이었다.

"참 멋진 선물이네요!"

소라껍데기의 사연을 듣고 난 둘째딸 은범이가 아주 멋있어 했다. 신기한 듯 소라를 이리저리 만지작거리던 은범이가 소라 껍데기를 귀에다 살짝 대보더니 소릴 질렀다.

"야, 들린다 들려. 소라 껍데기에서 영원한 바다의 물결소리가 들려요."

정말이었다. 은범이 말을 듣고 나도 소라껍데기에 귀를 대어보니 거기서 신비한 소리가 들려오는 것이었다. 바다의 물결소리로, 시인의 음성으로, 아니 제주도 여인 이춘희 전도사의 목소리로 들려오는 것이었다.

소라의 비밀을 알고 난 후 은범이는 소라껍데기와 고동을 깨끗이 씻어서 신주 모시듯 했다. 고동은 뒤끝을 후벼 파서 구멍을 냈다. 입으로 불면 통수처럼 소리가 나도록 만들었다.

조국이 그립고 다녀온 제주도가 생각날 때면 나는 몰래 소라 껍데기에 귀를 기울여 보는 버릇이 생겼다. 그러면 소라 껍데기에서 제주도 바닷가 파도소리가 들려오고, 파도를 타고 한라산 천지연폭포 지삿대가 나타나 보이고, 유채꽃처럼 아름다운 이 전도사 부부의 모습이 보이는 듯하다.

이번에는 조용히 고동을 불어본다. 그 옛날 목선을 타고 고기잡이를 나간 어부들이 두고 온 처자식들이 그리울 때면 뱃머리에 기대어 고동을 불어대듯이, 나는 소라의 추억이 그리우면 고동을 불어본다. 그러면 쌍고동이 울어대는 이별의 인천항구 보다도, 선창가 고동소리보다도 더 아름다운 고동소리가 나의 작은 거실에 울려 퍼진다. 소라의 추억을 담은 아름다운 고동소리가.　　　(2001년)

청와대 대통령 봉하마을 대통령

"이명박 대통령 취임식에 뉴욕에서만도 수 백 명의 동포들이 참석하고 있답니다. 우리는 못가는 대신 TV중계라도 봅시다."

나는 드라마를 보는 아내를 달래어 채널을 돌렸다. 한강에서 불어오는 영하의 칼바람으로 여의도 국회의사당 앞은 꽁꽁 얼어 붙어있었다. 그러나 5만 인파의 열기로 행사장은 뜨거웠다.

"이제 우리는 이념의 시대를 넘어 실용의 시대로 가야 합니다. 대한민국은 기회의 나라입니다. 가난한 좌판소년이 대학을 졸업하고 기업에 입사하고 12년 만에 사장이 되고 국회의원이 되고 서울시장이 되고 대통령이 되는 기회를 준 고마운 나라입니다. 나는 저에게

준 대통령직 5년을 대한민국 선진화의 기회로 만들 것입니다."

취임사가 끝나자 정명훈이 지휘하는 서울시향이 베토벤의 "환희의 송가"를 연주했다.

이명박 대통령이 노무현 대통령을 찾아가 악수를 했다. 인수인계처럼 보였다. 신구新舊대통령은 담소를 나누면서 계단을 내려왔다. 그리고 각자의 차에 올랐다. 취임하는 이명박 대통령이 탄 차는 청와대가 있는 북쪽으로 달렸다. 퇴임하는 노무현 대통령이 탄 차는 경상도 봉하마을을 향하여 남쪽으로 달렸다. "너는 상행선, 나는 하행선" 유행가 가사가 생각나 언짢은 생각을 하고 있는데 아내의 목소리가 들려왔다.

"청와대로 향하는 이명박 대통령의 카퍼레이드가 아름답네요. 무개차無蓋車 위에 몸을 드러낸 신임대통령이 노변의 환영인파에게 손을 흔들고 있어요. 서울시청 앞에서 5분 동안 환영행사에 참석하고 청와대가 있는 효자동 주민들을 만나보고 청와대로 들어간대요. 여의도에서 청와대까지가 먼 거리에요. 저격이 있을까 말렸는데도 이명박 대통령이 우겨서 카퍼레이드를 하게 됐대요. 손을 흔드는 대통령얼굴이 착해 보여요. 피곤할 때는 앉아서 차창 밖으로 손만 내밀고 흔드는데 그 모습이 더 눈물겹도록 정겨워 보이구요."

"이명박 대통령은 얼굴이나 음성이 착한 양반이야. 착했으니 윗사람 눈에 들어 회사에서도 고속승진을 하여 사장까지 됐고 교회에서 장로가 됐겠지."

우리부부가 이명박 대통령칭찬을 하고 있는데 딸의 전화가 울려왔다.

"아빠, 노무현대통령이 서울역에서 기차를 타고 고향 봉하로 내려가고 있어요. 환송하는 노사모의 노란 풍선이 하늘을 가리우고 고향마을 봉하는 벌써부터 꽹과리를 두들겨대면서 기다리고 있어요. 낙향거사落鄕居士가 아니라 금의환향錦衣還鄕처럼 멋져요. 5년 전 청와대 들어갈 때보다도 더 멋져 보이구요. 청와대로 향하는 이명박 대통령의 카퍼레이드도 아름답지만 대통령직을 내놓고 KTX 기차를 타고 고향 봉하로 내려가는 노무현 대통령의 모습이 더 아름다워요."

딸의 말을 듣자 나는 정신이 번쩍 드는 기분이었다. 생각해보니 정말 아름다웠다. 노무현 대통령의 퇴임이 아름다운 건 노대통령은 한국헌정사상 최초로 퇴임하는 대통령이기 때문이다. 이승만 윤보선 박정희 최규하 전두환 노태우 김영삼 김대중에 이르기까지 역대대통령들도 청와대에서는 퇴임했다. 그러나 완전퇴임을 거부하는 듯 청와대가 있는 서울에 머물러 웅크려 지냈다. 대통령을 그만두었으면 청와대가 있는 서울을 떠나야 한다.

중국 삼국지에 이런 이야기가 있다. 황건적의 난이 일어나자 천하의 제후들이 사방각지에서 들고 일어나 일지군마를 이끌고 낙양으로 몰려들어 황건적을 토벌했다. 황건적의 난이 평정되자 각자 자기 본거지로 돌아간다. 그런데 동탁은 미적거리면서 낙양에 남아 정권을 찬탈할 기회를 노린다. 그 바람에 피바람이 인다. 한국의 역대 대통령들이 동탁 꼴이다. 대통령직이 끝났는데도 상도동에 동교동에 연희동에 웅크리고 남아서 훈수를 즐기는 것이다. 낙양에 남아 역적질하다가 망한 동탁의 심보처럼 보인다.

그런데 노무현은 달랐다. 임기가 끝나자 그날로 가솔들을 데리고 고향 봉하 마을로 내려가는 것이었다. 노무현이 고향에 도착하여 던진 귀향일성.

"야! 기분 좋다."

멋지다. 과연 천하의 노무현답다. 사실 노무현은 5년 재임시절도 멋졌다. 언론이나 여론 심지어는 미국의 눈치를 무시했다. 탄핵도 두려워하지 않았다. 때로 위선이나 이중인격을 써야하는 게 지도자인데 말이다. 장로교 총회장을 지낸 임택진 목사는 퇴임하면서 이런 말을 한 적이 있다.

"하고 싶은 말은 안해야 하고, 하기 싫은 말은 해야 하는 이중인격자가 돼야 할 때가 있는 게 목사입니다. 이중인격자가 되지 않고 어떻게 큰 교회목회를 할 수 있습니까?"

그러나 노무현은 안 그랬다. 솔직했다. 인기영합도 거절했다. 국민들을 달래는 경기부양景氣浮揚책도 안 썼다. 떨어질 것을 뻔히 알면서도 사각지대死角地帶인 부산에서 출마했다. 단언하건대 한국정치사상 노무현보다 깨끗하고 올곧은 정치인은 없다. 정치인이 뭔가? 그의 양심과 기백은 성직자 수준이다.

그래서 현실정치에서는 맞지 않는다. 플라톤의 "이상국가理想國家"에서나 가능할까? 그래도 노무현대통령은 공약대로 2만불 시대를 이룩했다. 말 많은 부동산 시세도 35% 상승에서 억제시켰다. 어느 때보다도 남북관계가 평화로웠다. 군신君臣 관계에서 친구親舊 관계로 한미관계를 격상시켰다.

그러나 노무현 대통령의 최대의 치적은 퇴임 후 고향 봉하마을로 내려가는 귀향 일 것이다. 역대 대통령 중 최초의 일이기 때문이다. 가장 젊은 대통령인데 말이다. 그래서 청와대를 떠나 고향 봉하로 내려가는 노무현 대통령의 모습이 딸의 눈에 그렇게 아름다워 보인 모양이다.

"아빠, 한국 가면 꼭 봉하마을에 가요."

(2008년)

DJ의 로맨스

　DJ의 숨겨진 딸이 나타났다가 슬그머니 사라져 버렸다. SBS TV가 DJ의 35살짜리 딸이 있다고 폭로하여 일파만파—波萬波를 기다렸는데(?) 매스컴이 합작이라도 한 듯 일제히 입을 다물어 버린 것이다. 전직 대통령의 사생활을 점잖게 덮어 줄줄 아는 한국 언론의 성숙한 자세가 고마웠다. 왕년의 인기배우 조 모 여인에게서 나온 YS의 숨겨진 딸이 LA에서 살고 있는데도 언론은 눈감아주고 있다. 그런데 4.30 보궐선거에서 DJ의 고향을 찾은 한화갑 민주당 대표가 "있지도 않은 DJ의 딸이 있다고 언론이 떠들고 있다"고 떠들고 나왔다. 언론이 모른 체 해주어 가만히 있으면 그냥 사그라져 버릴 것을, 왜 촐싹거려 여론의 심기를 건드린담. 모른 체 할 수 없지. 그래서 DJ이의 로맨스를 다뤄 보려고 한다.

　DJ가 40대 유부남 시절에 요정에서 만난 24세의 여인과 몰래 사랑을 나누다가 실수(?)로 생긴 딸이 이번에 나타난 것이다. DJ를 죽이지 못해 안달이던 군사정권은 스캔들을 캐내려고 혈안이었을 것이고 야당의 길을 걸어가는 DJ는 이를 숨기느라고 진땀을 뺐을 것이다. 그런데 DJ가 대통령시절인 2000년에 딸의 어머니가 자살해 버렸다. 그간 DJ이의 마음고생이 오죽했을까?

　이제 DJ는 얽매였던 과거를 모두 정리하고 싶은 80노인이다. 그래서 SBS TV가 이를 폭로, 방송해 버리자 후련해 하는 표정이었다고 한다. 간음한 딤즈 데일 목사가 "주홍글씨"의 비밀을 스스로 폭로하고 웃어가면서 죽어가듯, "죄와 벌"의 라스코르니코프가 창녀 쏘냐에게 노파를 죽인 사실을 고백하고 평안을 얻듯, DJ가 그랬을 것이다.

우리는 DJ에게 돌을 던질 마음이 없다.

"야당 투사 DJ에게도 저런 로맨스가 있었구나."

인간 DJ를 이해하고 싶을 뿐이다.

그런데 한나라당과 매스컴은 돌을 던지며 아우성이다. DJ의 숨겨진 딸을 은폐하려고 국정원이 동원된 진승현 게이트의 실체를 밝히라고 야단이다. 죄 없는 자가 돌로 치라고 했는데 똥 묻은 돼지가 겨 묻은 돼지를 나무랄 수 있을까? 군사정권에 아부하여 언론 재벌이 된 매스컴이나, 독재자 박정희의 후예를 자처하고 있는 한나라당이 DJ를 욕할 자격이 있을까?

한나라당의 주군이었던 박정희의 주색잡기는 황음무도의 극치였다. TV를 보다가 마음에 드는 미녀가 나타나면 독재자는 입맛을 다셨고 그러면 경호실은 그녀를 대령시켰다고 한다. 중앙정보부의 의전과장은 독재자에게 여인을 공급하는 채홍사였다. 독재자에게 미녀를 공급하던 채홍사 박선주가 후일 궁정동 파티에서 독재자에게 권총을 쏜 건 역사의 아이러니다. 박정희 주변이 얼마나 썩었던지 대통령, 총리, 정치인들과 돌아가면서 놀아난 정인숙의 아기가 박 씨인지 정씨인지 지금도 구분하지 못하고 있다. 이 점은 전두환 시절도 비슷했다. 전두환 형제는 형님 먼저 아우 먼저 하면서 미스 코리아 출신의 미녀사냥을 즐겼으니 말이다.

이에 비하면 DJ의 사랑은 아주 얌전한 고전이다. 박통처럼 권력을 휘두른 청와대시절이 아니라 가난한 야당시절의 일이었다. 박통이 권력의 힘으로 강간을 즐긴 것이라면 DJ는 순수하게 사랑을 나눈 것이다. 박통은 요정 여인 정인숙이가 아들을 낳자 그녀를 쥐도 새도 모르게 죽여 버렸지만 DJ는 요정 여인이 딸을 낳자 쥐도 새도 모르게 모녀를 도와주어 대학원까지 졸업시키고 평생 살길을 마련해 주었다. 정인숙의 아들이 정일권의 아들인 정승일이라고 믿어지지 않는다. 국무총리와 바람을 피워 아기를 낳았다고 그 여인을 죽이는 나라는 지구상에는 없기 때문이다. 불법살인은 총리 이상의 독재 권력자에게나 가능한 일이다.

진승현 게이트만 해도 그렇다. 청와대에 대통령 친인척 담당부서가 있다. 김대중 대통령의 숨겨진 딸을 권력기관이 보호하는 건 어쩔 수 없는 일이다. 야당은 그걸 진승현 게이트로 부풀려 DJ 죽이기에 혈안이다. 과거 박정희 전두환 시절에는 독재자가 안가에서 무슨 짓을 해도 보호 해준 게 정보부가 아니던가? 권력을 이용한 청와대의 황음무도는 위안부 이상의 죄악이다. 마릴린 먼로를 백악관으로 끌어드려 정사를 벌린 케네디도, 르윈스키를 불러 백악관을 러브호텔로 사용했던 클린턴도 미국은 용서하지 않았다. 그러나 장례식날 아버지의 시신 앞에서 울고 있는 미테랑 전 대통령의 숨겨진 딸의 출현을 프랑스인들은 따뜻하게 받아들였다. 미테랑 대통령의 젊은 시절의 로맨스로 봐준 것이다.

요즘 한국은 폭로시대다. 숨겨졌던 과거가 하나씩 하나씩 드러나고 있다. 중앙정보부의 특수요원이 김형욱을 파리에서 처단한 사실을 털어놨다. 반 마취상태의 김형욱을 양계장 분쇄기에 거꾸로 처넣어 갈기갈기 찢어 가루로 만들어 닭 모이로 처리했다고 한다. 군사독재의 잔인함에 다시 한 번 치를 떨게 한다. 그에 비하면 김대중 대통령의 숨겨진 딸의 등장은 DJ의 로맨스를 보듯 것 같아 따습기까지 하다. 이제는 DJ도 떳떳하게 딸을 맞아줬으면 좋겠다. 죽었다 살아난 심청이가 왕비가 되어 눈물로 아버지 품에 안기듯, 35년 만에 나타난 DJ의 딸이 대통령을 지낸 아버지 DJ와 손을 잡고 둘이서 죽은 어머니의 무덤을 찾아간다면 얼마나 아름다울까.

(2007년)

한나라당을 구한 왕팔채

"왕팔채를 아십니까?"

"왕팔채 왕팔채… 거 팔보채 잡채 비슷한 중화요리 이름 같군요. 그것도 아니면 파리채 같은 게 아닌가요?"

"아닙니다. 왕팔채는 이번 4.15 총선에서 한나라당을 구해 준 괴물입니다."

"그래요? 왕팔채가 도대체 뭔데요?"

나는 아직까지 왕팔채를 아는 사람을 만나본 적이 없다. 자칭 국어사전에 만물박사라는 이에게 물어봤더니 금시초문이란다. 나는 왕팔채의 기능보유자(?)라도 된 기분으로 왕팔채의 내력을 밝혀야겠다.

1950년대였다. 시골중학교에 다니는 게 창피하여 나는 공부 대신 소설에 열심이었다. 그때 월간 "야담과 실화"에서 왕팔채 이야기를 읽었다.

옛날 이조시대에 놀고먹는 허풍선이 백수가 있었다. 신수가 훤하여 누가 봐도 팔자 좋은 부자로 보였다. 부러워하는 사람들이 몰래 살금살금 뒤를 밟아 염탐해 봤는데 아 글쎄, 백수의 집안 꼴이 말이 아니었다. 날품팔이로 양식을 벌어오는 마누라 덕으로 겨우 입에 풀칠을 하고 있었기 때문이다. 그런데 아내의 공밥을 얻어먹느라고 비위를 맞추려 애쓰는 남편의 꼴이 눈물겨웠다. 여왕폐하를 섬기는 환관이나 내시처럼 마누라 앞에서 연신 굽실거리며 설설 기고 있었던 것이다.

사람들은 그를 왕팔짜라고 불렀다. 세상에 일하지 않고 놀고먹는 팔자 좋은 남자는 왕 밖에 없기 때문이다. 왕 같은 팔짜 그래서 왕팔짜다. 그런데 어느 날 왕팔짜는 의금부(義禁府)에 끌려가 죽도록 매를 맞는다.
 "그대가 정말 왕팔짜인가?"
 "예 그렇사옵니다."
 "뭐, 왕이 될 팔짜라고? 여봐라 임금이 되겠다는 저 대역무도(大逆無道)한 죄인을 주리를 틀어 모반의 사실을 자백 받도록 하거라."
 당시에는 어린애들이 임금놀이 장난을 해도 대역무도 죄에 걸려 치도곤을 당하던 때였다. 고문 끝에 왕팔짜의 내력을 알게 된 금부도사는 어이가 없었다.
 "계집에게 빌붙어 사는 이런 지지리도 못난 놈을 봤나. 그러나 아무리 농담이래도 다시는 왕이라는 표현을 쓰지 말렸다!"
 그 후부터 사람들은 그를 왕팔짜라는 말 대신 왕팔채라고 불렀다. 왕팔채 왕팔채…. 왕팔채는 마누라 덕에 먹고사는 무능한 남편을 일컫는다. 여인의 치마폭에 숨어서 아양 아첨을 떨면서 시류를 타려는 간사한 남자들도 왕팔채다.
 지난 4.15총선 때 한나라당, 민주당, 자민련이 합친 한민자 연합 야당은 노대통령을 탄핵하여 출발기세가 자못 등등했다. 그런데 북핵보다도 더 쎈 탄핵 역풍을 맞아 전 지역에서 후보들이 추풍낙엽을 당할 처지가 돼버렸다.
 한나라당이 믿었던 영남 표는 낙동강 오리알 신세, 민주당의 호남 표는 목포의 눈물 신세가 됐다. 한나라당은 최병열 대표가 물러나 심기일전을 노렸다. 민주당은 조순형 대표가 적지인 대구로 뛰어들어 출마하여 배수진을 쳤다. 그래도 소용없었다. 당원들이 삭발 금식을 해도 여전했다.
 길은 하나. 박정희 향수를 끌어내어 지역주의를 살려내는 길밖에 없다. 죽은 박정희의 망령을 살려낼 신통한 무당이 누구란 말인가? 그건 여인의 눈물이다. 여인의 눈물, 그것도 불쌍한 여인의 눈물을 앞세워 감성에 호소하는 것이다. '갈대의 순정'에서 박일남은 이렇게 불렀지.

"사나이 우는 마음을 그 누가 알랴/… 사랑에 약한 것이 사나이 마음. 울지를 마라/ 아~ 갈대의 순정……."

그렇다. 박근혜로 하여금 갈대의 순정을 부르게 하는 것이다. 차떼기 도둑들은 박근혜의 치마 속에 숨어서 졸졸 따르고 박근혜는 열심히 여인의 우는 마음 비슷한 감성만 보이면 되는 것이다. 아니나 다를까? 박근혜의 여인의 우는 마음은 대 히트를 쳤다.

"우리 아버지는 여러분을 사랑했고… 여러분은 우리 아버지를 사랑했습니다."

이 한마디에 영남의 지역주의는 금방 부활해버렸다. 박근혜는 계속 울먹였다.

"나는 모든 것을 잃어버린 여자입니다……."

맞는 말이었다. 아버지 박정희의 종신 독재가 얼마나 잔인했던지 멀리 일본의 재일교포 문세광이 한국까지 와서 어머니를 쏴 죽였다. 아버지의 고향 후배요 오른팔 노릇을 하던 김재규 정보부장은 아버지를 사살했다. 박정희가의 상속자 박지만은 마약중독자로 시련을 겪었고 동생 박근영은 이혼의 시련을 겪었다. 박근혜 자신은 50이 넘도록 시집을 못간 노처녀 신세다. 말 그대로

"나는 모든 것을 잃어버린 여자입니다."

박근혜의 눈물에 감동을 받은 영남인들, 그리고 박정희시대에 호강을 누렸던 수구세력들은 박정희 향수에 젖은 채 투표장으로 달려갔다. 그래서 영남을 석권하고 그 여세로 121명의 국회의원을 당선시키는데 성공한 것이다.

선거운동 기간 내내 한나라당의 당직자들은 여왕폐하를 모시는

내시들처럼 박근혜 뒤를 졸졸 따라다녔다. 그래서 한나라당은 왕팔채 작전에 성공한 것이다. 민주당도 추미애를 내세워 왕팔채 작전을 벌였다. 그러나 경상도 출신인 추미애가 전라도에서 부른 목포의 눈물은 히트할 리가 없다.

열린 우리당은 드라마 "무인시대"의 경대승 작전으로 정면승부를 걸었다. 불과 50명의 도방都房 결사대로 군부세력을 무너뜨리고 정권을 거머쥔 경대승처럼 정동영은 47명의 국회의원을 이끌고 정면승부로 나갔다. 노풍盧風으로 당이 휘청거리면 남자답게 자신을 내던져 국민의 시선집중에 성공했다. 그래서 정동영 본인은 국회의원이 되지 못했지만 152명의 의원을 이끌고 17대 국회를 정복할 수 있었다.

"왕팔채를 아십니까?"

나는 왕팔채 이야기가 옛날 그리고 또 옛날 전설의 고향에 나오는 사랑방 이야기로 알았다. 그런데 지난번에 끝난 4.15총선을 보니 왕팔채는 바로 한나라당 이야기였다. 왕팔채는 옛날이야기로 끝나야 한다. 한나라당이 4년 후에 있을 대선에서 또 왕팔채를 써먹을 궁리를 한다면 그건 경상도의 비극이다. 그렇게 되면 거세당한 황소처럼 경상도 남자들이 풀이 죽어버릴 게 뻔하기 때문이다.

청와대 동창회

연말연시는 동창회 시즌이다. 금년에 가장 멋진 동창회는 어느 동창회일까? 단연 청와대 동창회일 것 같다. 지난 가을 노무현 대통령이 졸업한 부산상고 동창회를 청와대에서 열었기 때문이다.

그런데 청와대 동창회를 물고 늘어지는 사람들이 많다고 한다. 청와대는 국무를 관장하는 대통령의 공적인 집무실인데 고교시절의 동창들을 끌어드려 동창회를 연 건 무엄한 게 아니냐? 청와대의 존엄을 떨어뜨리고 공사를 구분 못한 철부지 짓이라는 것이다. 청와대는 아무나 들어가는 곳이 아니라는 것이다. 맞는 말이다. 청와대는 아무나 들어가는 곳이 아니다.

4·19때 민주주의를 열망하는 데모학생들이 이승만 대통령을 만나러 청와대(경무대)로 향했다가 떼죽음을 당했다. 김신조 일당은 박정희 대통령의 목을 따겠다고 청와대로 들어가려다 몰살당했다.

전두환, 노태우 시절에는 재벌 쯤 돼야 들어가는 곳이 청와대였다. 소환장을 받은 재벌들이 마른 북어 꿰매듯 줄줄이 끌려 들어와서는 벌벌 떨면서 몇백 억씩 몇십 억씩 검은돈을 토해놓고 가는 곳이 청와대였다. 김영삼 정부시절에는 칼국수 먹는 사람들만이 들어갈수 있는 곳이 청와대였다. 정치자금 한 푼도 안 받겠다고 공언한 YS가 유명인사들을 청와대로 초청하여 칼국수 잔치를 벌이면서 청빈을 과시하는 곳이 청와대였다.

"보래이! 여러분이 두 눈으로 똑바로 보듯이 이 앵샘이는 칼국수만 먹고 산데이."

그러나 아버지가 칼국수 잔치를 하는 시간에 아들 김현철은 청와대 주방에 숨어서 검은 돈을 바리바리 싣고 온 도둑소를 잡고 있었다.

김대중 정부가 들어서면서 청와대를 일반에게 공개했다. 월요일에서 토요일까지 청와대문을 활짝 열어 놨다. 이때부터 청와대는 구경거리가 됐다. 우리가 어린 시절 창경원 구경 가듯 지금 청와대는 대한민국에서 가장 인기 있는 관광명소다. 그렇다면 청와대에 들어가서 동창회한 게 뭐가 잘못인가? 새 집을 샀다 하면 허물없이 쳐들어가 한턱잔치를 벌리는 게 고교동창들이다. 공무가 끝난 시간에 대통령으로 출세한 동창을 찾아와 청와대에서 투박한 부산경상도 사투리로 떠들어대면서 동창회를 한 모양이다. 얼마나 인간적이고 민주주의적인 청와대인가? 청와대는 독재자가 숨어사는 경무대가 아니다. 흡혈귀가 사는 드라큐라 성처럼 한번 불려 가면 벌벌 떨면서 수십억 수백억씩 검은돈을 놓고 나오는 공포의 집이 아니다.

청와대 동창회시비를 읽으면서 미국대통령의 집인 백악관은 어땠나 궁금했다. 이참에 우선 청와대와 백악관을 비교해 보자. 조선조 세종이 북악산 아래에 왕궁인 경복궁을 짓고 임금이 활쏘기를 즐기며 궁중 수비대가 교련을 하고 무과 과거시험을 볼 수 있는 넓은 뒤뜰을 만들었다. 이게 지금 청와대다. 임금이 친히 볼 수 있는 높은 대를 만들어 이를 경무대景武臺라 했다. 일제 강점기에는 총독관저로 사용하다가 이승만 대통령의 관저가 되면서 경무대로 불렀다. 윤보선 대통령 시절에 청와대로 바꿨다. 노태우 대통령때 신축한 청와대 본관은 청기와로 덮인 한옥모양인데 대지가 무려 7만 7천 평에 대궐만한 부속건물이 여러 동이나 된다.

백악관은 미국의 초대 워싱턴 대통령시절에 짓기 시작하여 2대 아담스 대통령 때 완공했다. 1814년 영국군에 의하여 불타버렸는데 보수 재건축을 하면서 검게 불탄 자국을 하얗게 칠하다 보니 건물전체가 하얗게 돼버렸다. 그래서 사람들이 하얀 집(백악관-White House)이라 부르기 시작했는데 루즈벨트 대통령 시절에 공식명칭이 돼버렸다. 지상 4층 지하 2층에 방이 132개나 되는 하얀 본관과 하얀 부속건물들이 푸른 초원 위에 그림처럼 서있다. 백악관은 관광명소다. 앞에는 유명한 워싱턴 벚꽃 공원이 있고 각종 관광시설이 주변에 밀집해 있어 백악관 앞은 일 년 내내 잔치 집처럼 북적거린다.

　미국 대통령들은 고향친구들을 백악관으로 불러들여 우정을 즐기는 걸로 유명하다. 클린턴 부부는 기업인, 연예인, 방송앵커, 스타배우들을 불러들여 잠을 재우면서 정치자금을 거뒀다. 상원에 출마한 힐러리의 선거자금 40%가 백악관에서 모은 것이란다. 하룻밤 자는데 5만 달러였다니 백악관은 지상최고의 호텔인 셈이다. 케네디는 마릴린 먼로를, 클린턴은 르윈스키를 백악관으로 끌어들여 러브호텔로 사용하기도 했다. 그런데도 미국인들은 백악관을 심하게 물어뜯지 않는다.

　이런 백악관에 비하면 청와대의 고교동창회는 여간 순진한 게 아니다. 노무현 대통령이 청와대에서 고교동창회를 열었다는 뉴스를 미국사람들이 들었다면 틀림없이 박수를 쳐댔을 것이다.

　"오 원더풀! 청와대가 백악관 보다 훨씬 낫습네다. 대한민국의 노무현 대통령 넘버 원입네다!"

　연말연시가 되니 이민의 땅에 고교 동창회 러시다. 내가 다닌 동도공고는 생전 동창회가 없다. 동도 뿐이 아니다. 마포시대의 패권을 다툰 동도 마포 균명 광신고는 하나같이 동창회 안하기로 유명한 학교들이다. 공부 보다는 주먹으로 악명을 떨친 고교 야인시대 출신들이기 때문인 것 같다.

　겨울이 가고 꽃피는 4월이 오면 워싱턴으로 달려가 백악관 앞 벚꽃공원에서 마포시절 연합동창회라도 열어봤으면 좋겠다. 그러면 청와대 동창회보다도 멋진 백악관 동창회가 되겠지! (2006년)

김재규 장군 추모회

일몰의 시각이 어둠을 타고 뉴욕의 한인 타운 후러싱을 찾아오고 있었다. 일단의 검은 복장들이 메인스트리트의 2층 건물에 모여 장군의 그림자처럼 침묵했다. 1996년 5월 23일 밤 뉴욕에서 있었던 '의사 김재규 장군 추모회' 분위기다. 참석자들은 장군과 전우애를 나눴던 선후배 퇴역장성들, 민주인사와 친척들이 대부분이었다.

장군과 일면식을 가진 적도 없고 민주인사 축에도 끼지 못하는 나 같은 사람이 그런 곳에 가자니 망인에 대하여 죄스런 마음마저 들었다. 그런데 왜 이럴까? 2층 추모회장으로 오르는 계단을 밟자마자 나는 갑자기 자객의 발걸음처럼 조심스러워졌다. 장군의 영정을 대하니 대학살의 공범자처럼 설레는 느낌마저 드는 것이었다.

추모회가 끝난 후 제삿밥(?)을 먹으면서 궁정동사건 비디오를 보았다. 그건 영화로 만든 "그때 그 사람"보다도 더 감동적인 Amazing Video이었다. 어디서 어떻게 구해왔는지, 장군에 관한 참고자료들이 수북하게 쌓여 있었다. 생생한 육성으로 증언하고 있는 60여 개의 테이프에 담겨있는 군사 재판기록이 인상적이었다. 장군은 형장의 이슬로 사라져 갔지만 장군이 테이프에 남겨둔 목소리는 역사의 증언처럼 산 자들의 가슴을 마구 울리고 있었다. 참석자들은 궁정동의 총소리보다도 더 과격한 울분을 토해내기 시작했다. 돌려가면서 입을 열었다. 장군의 손아래 여동생 김재숙은 장시간동안 단 한 번도 입을 열지 않았는데 아픈 듯, 웃는 듯, 조용한 모습이 죽음 앞에선 장군의 최후의 모습을 연상케 했다.

막내 여동생 김단희의 1분 발언은 마치 장군의 어록처럼 들려왔다. "오빠에게 물어봤어요. 오빠는 정보부장이라서 하수인을 시켜도

될 터인데 왜 오빠 손으로 총을 쐈느냐고요. 오빠 말은 그건 꼭 내가 할 일이고 내 손으로 해야만 역사 앞에 떳떳할 것 이라는 거예요."

장군의 육사 후배인 매제 오수춘은 이런 말을 했다.

"거사 2개월 전에 장군을 만났는데 이런 말씀을 하시는 거예요. '앞으로 무슨 일이 있어도 흔들리거나 낙심 말고 열심히 공부하게….' 왜 저런 말씀을 하실까? 속으로 괴이쩍게 생각했는데 10.26이 터진 후에 그 말을 생각해보니 장군은 오래 전부터 거사를 계획하여 온 것 같다는 생각이 들었습니다."

사회자는 나에게도 한마디를 권했지만 나는 웃음으로 사양했다. 내가 여기 온 건 죽은 자를 만나러 온 거지 산 자들과 떠들어대면서 남을 재판하러 온 게 아니기 때문이다. 산 자와 죽은 자 사이에는 건널 수 없는 죽음의 강이 가로막혀 있다. 그러나 교령술사가 아니더라도 사랑과 신령한 심령만 있으면 죽은 자와의 연락이 가능하다. 추억으로, 기억으로, 느낌으로, 강할 때는 엑소시스트 같은 환상으로 만날 수 있을 것이다. 나는 사람에게 지칠 때면 동작동 무명용사의 무덤을 즐겨 찾곤 했었다. 이름도 계급도 모르는 무명용사 무덤 앞에 서 있으면 환청이나 환상이 아니더라도 죽음처럼 조용한 평안이 있어서 좋았기 때문이다.

왜, 김재규 중앙정보부장이 박정희 대통령을 쏘았을까? 김재규와 박정희는 고향의 선후배 사이다. 박정희가 9살 위지만 육사 2기 동기들이다. 군에서도 군사정부에서도 형제처럼 가깝게 지냈다. 전두환 보안사령관의 말대로 차지철 경호실장과의 권력다툼에 밀려 욱하는 성질에 우발적으로 방아쇠를 당긴 것일까? 아니면 장군의 증언대로 한국 민주화를 앞당기기 위한 살신거사이었을까?

현장에 서 보면 영감을 얻는다고 한다. 비극의 현장 궁정동 안가를 찾아 갈 수는 없지만 김재규 장군의 추모회에 가 보자. 그러면 모인 사람들의 분위기나 장군의 영정에서 무언가 영감을 얻을 수 있을는지도 모른다. 그래서 나는 김재규 장군 추모회에 가 본 것이다. 그것도 딱 한 번.

장군이 궁정동의 총성을 쏘아올린 지도 어언 28년이 지나갔다. 세상은 강산처럼 변하여 한국은 민주화 경제대국이 됐다. 장군을 사형에 처하고 대통령이 됐던 전두환, 노태우는 감옥을 거쳐 역사의 죄인으로 숨어살고 있다. 역사 바로 세우기, 과거사 진상 조사 바람을 타고 제주도 좌익폭동도 인정을 받고, 지리산 공비들도 '태백산맥' 영화의 주인공으로 등장하고 있다. 그런데 한국민주화의 물꼬를 트고 죽은 장군은 아직도 대역무도의 죄인으로 남아있으니! 아아! 이건 장군에 대한 예우가 아닌데….

장군의 저격이 없었다면 조국은 지금도 박정희 일인독재 국가로 신음하고 있을 것이다. 10년 독재자는 영구 독재하기 마련이요 타락한 독재자는 죽을 때까지 독재하기 때문이다. 유신 말년 총기를 잃어버린 독재자는 TV를 보다가 맘에 드는 미녀가수나 탤런트를 보면 입맛을 다셨고 그러면 눈치 빠른 경호실은 그녀를 대령시켰다고 한다. 그 때 죽었기에 조국 근대화의 영웅으로 남았지, 그렇지 않았으면 백제 말년의 의자왕처럼 황음무도에 빠져 오욕스런 말년을 채웠을는지도 모른다. 또 김재규 장군의 죽음도 억울하기는 했지만 그게 영웅답게 잘된 것인지도 모른다. 장군이 살아서 권좌에 올랐었다면 과연 민주 대통령 대접을 받을 수 있었을까?

죽은 사람에게 관대하는 건 산사람이 음복을 받는 길이다. 부관참시는 살인보다 더 큰 죄악이다. 죄의 값은 사망이란 말은 죽음으로서 그 사람의 생전 죄 값이 모두 탕감 받는다는 의미도 된다. 장군의 10.26 거사로 박 대통령이 죽고 김대중 씨의 연금이 해제되자 매스컴은 해금 후 김대중 씨의 첫걸음이 어디로 갈 것인가 궁금해 했었다. 나는 그때 동교동의 남궁진 비서에게 전화로 일렀다.

"해금 첫걸음으로 박 대통령 무덤을 찾으십시오. 그건 원수를 사랑하라는 크리스천의 사랑실천이요, 정치 라이벌에 대한 가장 인상적인 승리자의 모습입니다. 또 김대중 선생이 현하의 웅변으로도 해결하지 못한 영남과 호남의 지역장벽을 단 1분간의 묵념으로 헐어버리고 영남 표를 긁어모을 수 있는 절호의 기회가 될 것입니다."

'……?'

죽으면 세상일은 다 잊게 된다. 아마 지금쯤 죽음 넘어 영원의 세계에서 만난 박정희 씨와 김재규 씨는 고향 선산의 어린 시절을 회고하듯 지난 세상사를 얘기하고 있을지 모른다.

김재규: "형님, 미안합니다. 내가 궁정동에서 형님에게 총질한 거 용서해 주십시오."

박정희: "앗따, 이 사람 별걸 다 기억하네. 유치원 시절에 발가벗고 치고 때린 불알싸움 한 걸 갖고 어른이 돼서 시비하는 사람 누가 있나? 죽음의 세계에서 보면 세상사가 다 유치원 장난 같은 거야."

세월은 흐르고 인걸은 간다. 박정희 씨도 가고 김재규 씨도 갔다. 박 대통령의 최대 정적 김대중 씨는 대통령이 되는 데 성공했다. 그러나 김대중 씨도 얼마 있으면 박정희 씨와 김재규 씨를 만나러 먼 길을 떠날 것이다. 고국 가는 길이 있으면 김재규 장군의 무덤을 찾아봐야겠다.

(1996년)

이순신을 좋아하는 사람들

서경덕 이지함 병해대사 황진이 임꺽정이 팔도유람을 떠났다. 조선제일의 학자시인 화담 서경덕, 좌견천리로 천하를 내다보고 겨울에도 호랑나비를 날게 하는 기인 토정 이지함, 경천지 동귀신驚天地動鬼神하는 불력佛力을 지니고 있으면서도 평생을 가난한 갓바치로 사는 생불生佛 병해대사, 양귀비 뺨치는 미색에다 초승달마저 눈물 흘리게 하는 시문詩文으로 남성들의 마음을 사로잡고 있는 기생 황진이, 항우와 맞먹는 만부부당의 괴력으로 훗날 청석골에 도적왕국을 세웠던 임꺽정. 하나같이 슈퍼스타들이다. 이들은 부귀와 영화를 비웃으면서 바보들의 행진으로 주유천하周遊天下를 즐기고 있었다.

평택을 거처 아산길목을 지나고 있는데 마침 어린애들이 길바닥에서 전쟁놀이를 하고 있었다. 돌멩이로 쌓은 장난감 성城 앞에서 목검을 휘두르는 꼬마 대장의 모습이 그럴 듯 했다.

"애야, 어른들이 지나가시니 장난 그만하고 길을 비켜드려야지?"

그러자 꼬마대장의 입에서 불호령이 떨어졌다.

"이런 무엄한 짓이 있나? 사람이 성을 비켜가야지 성이 사람을 비켜가라니! 여봐라, 저런 무엄한 놈들의 목을 당장 베거라."

그때 임꺽정이 떡두꺼비 같은 손으로 꼬마대장을 덥석 붙잡아 어깨 위에 올려놓았다.

"아무리 철없는 어린애라도 그렇지, 이 녀석아, 이 분들이 누구신줄 아느냐?"

그리고 소도둑놈 발처럼 생긴 큰 마당발로 장난감 성을 걸어차 버리려고 했다. 그때 화담이 말렸다.

"그냥 두게. 대장님 말씀이 맞아. 사람이 성을 피해가야지 성이 사람을 피해 가는 법은 없거든. 그런데 애야, 네 이름이 뭐냐?"

"이자 순자 신자 이순신이예요."

이번에는 토정이 중얼거렸다.

"이순신! 음, 저 애는 장차 조선을 구할 훌륭한 장수가 되겠구나."

이순신은 어릴 때부터 주위의 눈길을 끌었다. 그래서 이순신을 좋아하는 사람들이 많았다. 내가 이순신을 좋아하는 사람이 된 건 순전히 일본 사람들 때문이다. 60년대 초 김진규가 주연한 영화 "성웅 이순신"을 보고도 나는 이순신을 좋아하지 않았다. 독재자 박정희의 영웅 만들기로 보였기 때문이다. 그런데 일본인이 쓴 역사소설 "덕천가강"을 읽고 생각이 달라졌다. 일본작가도 이순신을 위대하게 묘사하다니! 충격이었다.

임진왜란에서 이순신과 목숨 건 싸움乾坤一擲을 벌였던 일본 수군 대장 와키자카는 열렬한 이순신 팬이 됐다. 이순신이 난중일기를 쓰듯 와키자카도 매일 군중일기를 썼다. 와키자카의 일기에는 이순신의 함대를 침몰시키려는 전략일지가 가득했다. 그런데 전략일지 사이사이에는 이순신을 흠모하는 글들을 몰래 채워놓곤 했다. 와키자카가 얼마나 이순신을 좋아했으면, 400년이 지난 지금 와키자카의 후손들은 해마다 충무공의 탄신일인 4월이면 현해탄을 건너와 현충사를 참배한다. 세상에 이렇게 아름다운 원수 사랑이 또 있을까?

더 놀라운 건 중국과 일본의 이순신 연구다. 이순신을 좋아하는 중국학자 5명 일본학자 7명이 8년에 걸쳐(1990-1998) 「아세아 역사를 바꾼 이순신」 32권을 펴낸 것이다.

「이순신은 누구인가?」(5권) 「일본 장수가 본 이순신」(2권) 「명나라 장수가 본 이순신」(1권) 「임진란 당시의 3국」(10권) 「이순신과 임진란」(5권) 「토요토미 대 이순신」(2권) 역사적 내용을 다룬 25권 말고 역사적 근거로 가설을 붙여 7권을 더 펴냈다. 그래서 32권이다.

이순신을 좋아하는 사람들의 증언은 신앙고백처럼 경건하다. 일본군 2천으로 조선육군 6만을 무찌른 일본 제일의 수군장수 와키자카는 한산대첩에서 이순신에게 대패한 충격으로 6일을 굶는다. 와키자카의 일기의 어느 날.

"내가 가장 두려워하는 사람은 이순신이며 가장 미워하는 사람도 이순신이다. 내가 가장 좋아하는 사람도 이순신이요 가장 흠숭하는 사람도 이순신이다. 내가 가장 죽이고 싶어 하는 사람도 이순신이요 차를 함께 마시고 싶어 하는 사람도 이순신이다."

명의 수군제독 진린은 대명황제 신종에게 이순신의 구명을 요청하는 간곡한 편지를 보낸다.

"황제 폐하! 이순신을 살려주소서. 이순신은 단 한 번도 패한 적이 없는 명장입니다. 그러나 전쟁이 끝나면 조선왕과 대신들은 저를 시기하여 죽일 것입니다…. 이순신을 명나라로 불러 대장군을 삼으신다면 그는 반드시 청나라를 궤멸하고 명나라를 구할 것입니다."

중국학자 장쉐이랑은 일찍이 고구려를 중국영토라고 주장한 어용학자였다. 그런데 이순신 연구에 합류한 후 장군의 인격에 크게 감동을 받고 1995년에 역사왜곡운동에서 손을 뗐다.

일본학자 아리모토는 이순신을 십자가를 진 예수에 비유했다.

"세계의 전쟁영웅들은 피로 만들어졌습니다. 알렉산더, 시저, 징기스칸, 나폴레옹처럼 말입니다. 그러나 이순신은 달랐습니다. 이순신 장군은 피로 혁명을 일으키기보다 바로 십자가를 선택하셔서 그걸 홀로 지고 가셨습니다. 2천 년 전의 한 청년이 그랬듯이….

그래서 그분은 영웅英雄이 아니라 성웅聖雄입니다."

지면이 부족하여 생략하지만 이순신을 좋아하는 아세안, 특히 일본사람들의 증언은 끝이 없다. 한국인인 나보다도 더 이순신을 사랑하여 질투마저 느끼게 한다.

이순신은 세계최고의 슈퍼스타다. 전쟁에서 한 번 지는 건 병가지상사兵家之常事라고 했다. 천하의 제갈공명도 전쟁 천재 알렉산더도 패한 때가 있었다. 그러나 이순신은 단 한 번도 패한 적이 없다. 23전 23승! 불패不敗의 전승기록이다. 역사상 가장 위대하다는 세계챔피언 무하마드 알리도 5패의 기록이 있는데 이순신은 전승무패全勝無敗다. 마지막 노량전투에서는 죽어서도 이겼다. 그래서 불멸의 이순신이다. 아! 이순신! TV드라마 "불멸의 이순신"은 끝났지만 이순신의 난중일기亂中日記를 다시 한 번 읽어 봐야겠다.

물밥과 비빔밥

내가 일본을 이해하게 된 건 얼마 전에 읽은 책 때문이다. 그 책은 조영남이 쓴 「맞아 죽을 각오로 쓴 친일선언」도 아니요 전여옥의 「일본은 없다」도 아니다. 야마오까 소오하치가 쓴 「덕천가강」이라는 일본 역사소설 이다. 33권짜리 「대망大望」을 2권으로 축소 번역한 「덕천가강」은 일본판 삼국지다. 중국판 삼국지는 조조·유비·손권이 천하통일의 쟁패를 벌였다. 소설 덕천가강에서는 오다 노부나가織田信長, 도요토미 히데요시豊臣秀吉, 도꾸까와 이에야스德川家康 3인이 서로 견제하고 이어가면서 일본 통일을 완성해 낸다.

아버지에게 얼간이 취급을 받던 노부나가는 칼을 잡고 보니 일본 제일의 맹장이었다. 노부나가의 말고삐 끈을 붙잡고 전장을 뛰어 다니던 천덕꾸러기 히데요시는 노부나가가 암살당하자 최초로 일본을 통일하는 일본의 진시황제가 된다. 세 살 때부터 열아홉 살 때까지 히데요시의 볼모생활을 해야 했던 이에야스는 히데요시가 죽자 후계자가 되어 일본의 근대화의 물꼬를 튼 도쿠가와 막부德川幕府시대를 연다. 이들 삼인은 평화로운 후계자가 됐으면서도 전임자의 유족을 몰살해야 했다. 이게 권력의 속성이기 때문이다.

덕천가강을 읽으면서 나는 일본을 이해하기에 앞서 먼저 이순신을 이해할 수 있어서 좋았다. 나는 TV드라마 "불멸의 이순신"을 보다 말다 했었다. 억지와 과장이 심하다고 생각했기 때문이다. 그런데 일본 작가가 쓴 덕천가강에도 이순신은 위대하게 묘사돼 있는 것이었다. 이순신은 정말 위대하구나! 덕분에 나는 TV 앞으로 달려가 이순신 드라마에 푹 빠져버릴 수 있게 됐다.

일본인이 쓴 덕천가강을 읽어보면 임진왜란은 이순신과 풍신수길토요토미 히데요시의 대결인 걸 알게 된다. 이순신의 신출귀몰로 울화병을 얻은 풍신수길이 일찍 죽는 바람에 임진왜란이 끝나고 일본은 혹독한 내란을 치른다. 고구려 침공으로 수양제가 망한 것처럼 풍신수길은 임진왜란 때문에 망한 것이다. 풍신수길은 이순신에게 죽은 셈이 된다.

역사소설은 국민성 이해의 교과서다. 홍명희의 「임꺽정」과 소오 하치의 「덕천가강」은 한일양국을 대표하는 역사소설이다. 비슷한 시대(1900년대)의 작가가 비슷한 시대(1550년대)의 이야기를 그려 냈는데 한일양국의 풍속도를 보는 것 같아서 재미있다.

덕천가강에 나오는 일본 장군들은 밥에 물을 말아먹는 "물밥"을 즐긴다. 머슴 장사치 죄수로 지내다가 도둑소굴 청석골로 몰려든

임꺽정 패들은 "비빔밥"을 즐겨먹는다. 한국 국민성은 "비빔밥"이요 일본 국민성은 "물밥"같다는 생각이 든다.

보리밥에다 콩나물 김치 풋고추 간장 된장을 집어넣고 썩썩 비벼서 매운맛에 눈물을 찔끔거려가면서 먹는 게 비빔밥이다. 원래 비빔밥의 원조는 거지밥이었다. 각설이들이 이 집 저 집 아침 구걸을 다니다 보니 부자들이 먹다 남은 찬밥 더운밥 쌀밥 보리밥 된밥 진밥에 역시 먹다 버린 김치 줄거리 생선 찌꺼기 고기 부스러기 된장 국물을 몇 깡통 넘게 많이 얻어왔다. 남이 먹다버린 음식 찌끼들인지라 제아무리 거지라 해도 비위가 상하여 그대로는 먹을 수가 없다. 머리를 맞대고 연구한 끝에 이것들을 큰 양푼에 넣고 고추장을 잔뜩 넣어 썩썩 비벼 먹어보니 천하일미天下一味다. 식도락食道樂을 즐기는 양반이 지나다가 달려들어 먹어 보니 팔진미오후청八珍味 五嗅鯖을 이 맛과 바꿀쏘냐! 그래서 비빔밥은 한국인이 제일 좋아하는 음식이 됐다. "임꺽정의 양반들은" 남인 북인 노론 소론이 얽히고 설켜 이합집산을 거듭하면서 비빔밥투쟁을 벌였다. 지금 한국의 정치현실도 비빔밥 정치다. 적당히 얼버무려 통째로 꿀꺽 삼키려는 게 한국인이기 때문이다.

물밥은 원래 출전을 앞두고 먹는 일본 군인들의 메뉴였다. 급히 싸우러 나가야 하는 군인들이 체滯하지 않고 빨리 먹는 방법으로는 물밥이 가장 적합했던 것이다. 밥에다 물을 부으면 쉽게 물밥이 된다. 몇 수저 떠먹다가 훌훌 마셔버리면 금방 식사 끝이다. 그리고 곧장 전장으로 달려나갈 수 있다. "물밥"은 일본인을 적절하게 설명하는 단어인 "앗쌀하다"에 맞는 음식인 것 같다. 소설 덕천가강에 나오는 주인공들은 물밥처럼 투명하고 단순하다. 구질구질하지 않다. 싸움에 지면 도망갈 생각을 안 하고 깨끗하게 자살한다. 일본인들은 자살을 죽어서 이기는 걸로 생각한다. 자살 방법도 물밥처럼 앗쌀하다. 단검으로 배를 갈라 할복하는데 옆에서 칼로 목을 쳐서 고통을 덜어주기도 한다. 카이샤쿠.

그들은 죽어가면서 이승의 마지막을 짧은 노래短歌로 부른다. 유언이다. 자살하면서 남긴 한국인의 유언은 비벼놓은 비빔밥처럼 애매모호하다. 자살이냐 타살이냐 의구심을 불러일으킨다. 일본인은 자살하면서 유언으로 단가短歌를 남겨놓는다. 일본 문학의 꽃인 단가短歌는 여기서 유래됐다. 일본이 노벨문학상을 받을 수 있는 건 단가短歌로 연마된 아름다운 문장력 때문이다. 단가를 들어보면 죽음이 참 아름답고 깨끗하다는 생각이 든다. 전쟁에 지면 패한 적장의 일가족이 집단 할복을 한다. 노예로 사는 것 보다 죽어서 전사한 장군의 뒤를 따라가겠다는 것이다. 어린애도 스스로 칼을 들고 배를 가른다. 덕천가강에게 패한 장군의 일가족이 자결하면서 읊은 단가를 읽어본다.

다섯 살짜리 손자가 자살하여 죽는 걸 힘들어하자 할미니가 손자의 넋을 달래는 노래시를 읊는다.

"그 모두 져야 할 늦은 봄날이건만/ 가지 끝 어린 꽃이 먼저 짐이 애달프다."

며느리가 시어머니의 뒤를 이어 어린 자식을 달랜다.

"보람 없구나/ 꽃봉오리 먼저 지고 잎은 남았어도……."

남자들도 이승을 노래한다.

"일찍 지는 꽃이라 아까워 마소서/ 언젠가는 비바람 칠 늦봄이 찾아오리니."

친정이 사가미인 둘째 며느리

"돌아가는 기러기야 말 부탁 하자꾸나/ 이 사연 물고 가서 사가미 고을에 알려다오."

셋째 며느리도 아름답게 죽음을 노래한다.

"지는 꽃 아까워서 지저귀는/ 꽃빛 어린나무 가지의 꾀꼬리야."

비천한 출신이지만 주인과 함께 죽어가는 시녀의 노래가 "논개" 시처럼 아름답다.

"필적에는 틈에도 못 끼웠던 꽃이련만/ 질 적에는 함께 가는 저 무는 몸."

아!

세상에 이렇게 슬프고 아름다운 문학이 있을까? 둘째딸 은범에게 독후감을 얘기해 줬더니 느닷없이 물밥 타령이다.

"아빠, 일본 장군들이 즐겨먹었다는 물밥을 먹고 싶네요. 비빔밥보다 물밥이 더 맛있을 것 같아요."

"물밥이 별 것 아니야. 아빠의 어린 시절인 가난했던 일제시절에 물밥을 참 많이 먹었단다. 일제시대 라서 물밥 좋아하는 일본인의 영향을 많이 받아서 그랬던 게 아니야. 먹을 게 없어서 그랬어. 일본이 일으킨 대동아 전쟁에다 흉년까지 겹쳐서 아주 가난했어. 대개가 초근목피草根木皮로 연명했고 좀 나은 집은 조반석죽朝飯夕粥이라 해서 아침에는 밥을 먹고 점심은 굶고 저녁은 죽을 먹었단다. 그런데 한 끼 먹는 밥도 꽁당보리밥인데 밥 한 그릇이 겨우 댓 숟갈이라 입에 넣어봐야 간에 기별도 안 갔지. 그래서 밥그릇에 물을 가득 부어 물밥을 만들어 훌훌 마셔 물로 배로 채웠단다. 그게 물밥이야. 물밥 먹고 참 설사도 많이 했지. 아빠는 그때 먹던 물밥 생각을 하면 진저리가 난단다. 한국인에게는 비빔밥이 최고란다. 비빔밥이 최고야! 물밥을 먹을 게 아니라 이번 여름 휴가철에 꼭 일본의 역사소설을 읽어 보거라." (2005년)

서동요 스캔들

　옛날 백제 땅에 서동이란 청년이 홀어머니와 함께 살고 있었다. 해처럼 맑은 얼굴에 별빛 같은 눈을 하고 있는 서동은 누가 봐도 비범한 인물임에 틀림없었으나 그는 어릴 때부터 아버지 콤플렉스로 시달려야 했다. 부여의 남지연 호수에 사는 용왕이 밤마다 찾아와 꿈속에서 잉태시켜 서동을 낳았노라고 어머니는 그의 출생신비를 자랑스럽게 얘기해 줬지만 사람들은 그렇게 생각해 주지 않았다. 바람난 과부가 사생아로 낳은 후레자식이라고 서동을 놀려댔던 것이다. 그러나 서동은 용왕의 아들도 과부의 사생아도 아니었다. 백제왕의 아들이었지만 사연이 있어 숨어살고 있었다. 서동은 자신의 출생비밀을 모르고 있었다. 그저 가난한 참마 장사꾼으로 생각했다. 덕분에 어느 누구도 서동에게 딸을 주려 들지 않았다. 어머니는 잘 생긴 외아들이 총각으로 늙어 죽을까봐 걱정이 태산이었다. 그러나 서동은 태평이었다.

　참마를 캐내다 팔아서 근근이 어머니를 뫼시고 사는 서동은 비록 가난했지만 야심이 대단했다. 어머니가 아들 장가를 걱정하자 서동은 엉뚱한 결혼을 하기로 결심한 것이다.

　'그 옛날 평양성 밖의 바보 온달은 나무꾼 주제에 평강공주와 결혼하여 대장군 까지 됐다는데 그렇다면 나도 공주와 결혼하여 한 번 출세하자! 들자하니 이웃나라 신라 진평왕의 셋째 딸 선화공주가 천하절색이라니 내 마땅히 선화공주를 아내로 맞이하리라'

　작심한 서동이 공주결혼 작전을 생각해 봤으나 뽀족한 전략이 떠오르지 않았다. 온달처럼 바보연기를 해볼까 했는데 바보노릇 하기에는 그의 얼굴이 너무나 잘 생겼다. 호동왕자처럼 사냥꾼으로 나서기에는 아무래도 무예가 달렸다. 그가 갖고 있는 재주라곤 애들에게 참마를 팔 때 엿장수처럼 가위를 짤랑거릴 줄 아는 게 전부였기 때문이다.

'그렇지! 곰도 뒤집는 재주가 있다고 하지 않나? 내가 갖고 있는 유일한 밑천인 참마 장수의 전법으로 밀어붙여 보는 거야.'

서동은 허름한 참마 장수 차림 그대로 신라 서울인 서라벌로 잠입해 들어갔다. 서라벌은 지금 경주를 말한다. 그는 참마를 가득 실은 리어카를 끌고 가위를 짤랑거리면서 경주 골목을 누비면서 참마 사려!를 외쳐댔다.

고향의 어린 시절 부잣집 애들은 눈깔사탕이나 초콜릿을 먹고 다녔지만 나처럼 가난한집 애들의 군것질은 참마나 고구마가 최고였다. 고구마 과의 다년생 풀로서 뿌리가 2미터까지 자라나는 참마는 여름이면 파아란 줄기에 하얀 꽃이 피곤했다. 고구마처럼 자란 참마뿌리는 여름내 자라다가 대지가 꽁꽁 얼어붙은 겨울에는 따뜻한 땅속에서 겨울잠을 자면서 굵고 연하게 익게 마련이다. 얼음이 녹아내리는 춘삼월에 참마 뿌리를 캐내어 날로 먹으면 배처럼 시원한 단물이 흘러나왔고 솥에다 쪄서 먹으면 고구마처럼 그 맛이 아주 고소했다.

신라 서울 경주에 나타난 서동은 골목을 누비면서 엿장수처럼 커다란 가위를 쨍그랑거리며 애들에게 참마를 팔았다. 그의 참마 리어카로 애들이 구름같이 몰려들었다. 판매 전략이 특이했기 때문이다. 그는 애들에게 참마를 팔면서 덤으로 재미있는 동요를 가르쳐 줬던 것이다.

서동이가 슬쩍 슬쩍 가르쳐준 노래를 애들은 서동요라 불렀다. 서동요는 우선 가사가 기막히게 재미있었다. 선화공주와 서동이의 스캔들을 음담패설로 지어 만들었기 때문이다. 마땅한 어린이 오락 프로가 없던 그 시절, 공주와 장사치의 로맨스를 익살스럽게 풍자한 서동요는 누가 들어봐도 인기 만점이었다. 서동요는 경쾌한 리듬에 맞춰 어린애들의 줄넘기를 타고 골목으로 동네로 퍼져나가더니 급기야는 구중궁궐에 있는 임금님의 귀에 까지 들리게 됐다.

善花公主主隱 他密只嫁良置古. 薯童房乙夜矣卯 乙抱遺去如
'선화공주주은 타밀지가양치고 서동방을 야의묘을 포유거여'
"선화공주님은 남몰래 정을 통하며 사귀어 밤마다 서동의 방엘 마를 안고 찾아간다네."

선화공주가 참마장수 서동이와 은밀하게 연애를 하는데 밤마다 정을 통하려고 참마를 사는 척하고 서동의 방을 찾아간다는 스토리였다.

동서고금 남녀노소를 통틀어 인간이 제일 재미있어 하는 얘기는 남녀 간의 러브스토리요 그중에도 스캔들인가 보다. 우리가 어릴 때 줄넘기를 하면서 부른 노래 중 제일 인기곡은 남녀의 사랑을 노래한 가십이었다. 이를 테면

"김 서방 들어오세요. 들어와서 인사하세요. 짱께미 셔 오매가라셔." 하는 남녀합방 노래라던가

"얼래 껄래나 얼래 껄래나 나는 보았지 나는 보았지" 하는 남녀의 밀애장면을 몰래 훔쳐보는 노래였던 것이다.

궁궐 뜰을 거닐다가 애들이 불러대는 서동요를 들은 진평왕은 그만 넋을 잃었고 만조백관들은 선화공주의 스캔들을 문제 삼아 공주 탄핵을 들고 나왔다.

"폐하, 아니 땐 굴뚝에 연기 나리이까? 발 없는 말이 천리를 달려 지금 신라 전국이 서동요 노래로 들끓고 있나이다. 궁중을 음란하게 만든 선화공주를 마땅히 서인으로 만들어 이 나라에서 추방하소서!"

이리하여 억울하게 누명을 뒤집어쓰고 하루아침에 서인이 된 선화공주는 궁궐에서 쫓겨나 신라땅 밖으로 유랑의 길을 떠나게 됐다. 어머니가 몰래준 금덩이를 몸에 지니고 공주는 가녀린 여자의 몸으로 험산준령을 넘어 나라밖으로 가야했다. 산마다 고개마다 도적들과 짐승을 만나는 위험의 연속이었다. 그런데 산 도적을 만나면 웬 복면의 사나이가 나타나 일격에 적당들을 격퇴하여 구해주고는 바람처럼 사라지는 것이었다. 맹수가 달려들면 어디선가 비수가 날아와 맹수를 쓰러뜨려 주곤 했다. 흑기사처럼 신출귀몰하는 복면의 사나이는 물론 서동이었다. 이렇게 하여 자연스레 서로 사랑하게 된 공주와 서동이는 무사히 신라국경을 넘어 백제 땅에 도착하여 결혼하게 된다. 소원대로 공주와 결혼에 성공한 서동은 공주가 갖고 온 금덩이를 팔아 장사하여 거부가 되고 급기야는 왕위에까지 오르게 되니 그가 바로 백제 30대왕 무왕이다. 무왕은 신라와 고구려를 꼼짝 못하게 하여 백제의 국운을 떨치게 했던 명군이었다.

민족마다 아름다운 로맨스를 갖고 있는데 세계적인 러브스토리는 대개가 상류와 상류가 만나 비극으로 끝나는 이야기들이다. 트로이의 목마로 유명한 파리스와 헬렌의 사랑, 로미오와 줄리엣, 클레오파트라는 물론이요 동양의 미인들인 양귀비나 왕소군의 러브스토리도 모두 비극으로 끝난다. 그러나 우리민족의 러브스토리는 아주 다르다. 평강공주와 바보온달, 선화공주와 서동, 춘향이와 이도령, 선녀와 나무꾼처럼 이루어질 수 없는 상류와 하류가 만나면서도 해피엔딩을 이룬다.

서구인들은 스캔들을 보면 돌 세례를 퍼부어 응징하려 들기에 모든 러브스토리가 비극으로 끝나야 한다. 한국인들은 스캔들을 세기의 사랑으로 승화시켜 구국의 모멘트로 만들고 싶어 하기에 언제나 해피엔딩이 되기 마련이다.
 얼마나 멋진가! 베들레헴의 부자 보아스가 이방 여인 룻을 아내로 맞이하여 다윗왕가의 조상이 됐다는 바이블 러브스토리만큼 한국인의 남녀사랑은 아름답다. 한국의 사랑 문화가 세계 제일이라는 생각이 든다. (1997년)

감옥에서 만난 박동선 씨

 서운瑞雲 박동선 씨가 수감돼 있는 뉴욕 웨스트체스터 감옥을 다녀온 후 나는 마음이 무거워졌다. 면회는 못했지만 주혜란 여사가 박동선 씨와 나눈 대화에 내 얘기가 끼어든 걸 알았기 때문이다.
 "주 박사는 서울에 있는 병원원장으로, 무형문화재진흥재단 회장으로 아주 바쁜 몸인데 이역만리 미국까지 면회와줘 고마워요. 뉴욕에서 여기까지는 어떻게 오셨오?"
 "이계선 목사님이란 분이 운전해줘서 왔어요. 그분이 집필한「변영로 아들 변천수회고록」도 가져 왔구요. 이 책에는 교포들의 힘으로 감옥에서 풀려난 감동스토리가 여러 개 있으니 꼭 읽어 보세요."
 "이계선 목사님은 나이가 얼마나 되는 분인데?"
 "저보다는 위이고 박 선생님보다는 아래일 거예요."
 "음, 그러면 내 동생뻘이 되겠네. 그분을 꼭 만나보고 싶군. 전화번호나 주소라도 알면 내가 먼저 연락 할 텐데…. 이 목사님에게 꼭 부탁해 주어요. 편지라도 보내주면 내가 아주 행복해 할거라고…."

'동생뻘'이라는 말에 가슴이 저려왔다. 박동선이 누군가? 17살에 유학하여 명문 조지타운대학 총학생회장을 지내고 워싱턴 정가를 주름잡았던 로비의 천재. 박정희 대통령의 부탁을 받고 미국 쌀을 수입하느라 85만 달러 로비자금을 뿌려 코리아게이트로 유명했던 거상巨商. 미륭그룹과 숭의학원의 소유주로 다협회茶協會 난협회蘭協會를 만든 문화인. 60년대 초 그가 값싼 미국 쌀을 들여오지 않았으면 가난한 한국은 보릿고개를 넘기지 못하고 많이 굶어 죽었을 것이다.

박동선! 비록 감옥에 있다 해도 나 같은 범부凡夫와는 감히 비교될 수 없는 일세의 영웅이 아닌가? 그런데 그 박동선이 나에게서 편지 한 장이 오기를 그렇게 기다리고 있다니!

이렇게 해서 나는 박동선 씨에게 편지를 쓰게 됐다. 사실 나는 그동안 박동선 씨에 대하여 별로 관심이 없었다. 국제사기꾼이요 바람둥이 정도로 알고 있었다. 그런데 얼마 전에 나온 「월간조선」의 "박동선 옥중 인터뷰"를 읽고 박동선의 참 모습을 알게 됐다.

박동선 씨는 사기꾼이 아니었다. 대동강 물을 팔아서 돈을 번 봉이 김선달처럼 엉터리로 미국 쌀을 한국에 팔아먹은 사기꾼이 아니었다. 한국정부의 요청을 받고 정정당당하게 미국 쌀을 수입하여 차익으로 돈을 번 사업가였다. 정치자금을 빙자하여 수백억 원을 차떼기한 정상배들처럼 부당이익으로 폭리를 취한 것도 아니었다. 정당하게 로비를 벌여 그 대가를 받은 것 뿐이었다.

바람둥이만 해도 그렇다. 박동선 씨가 미녀들의 남자로 소문났지만 유부녀를 건드렸다거나 처녀를 임신시키고 도망쳤다는 스캔들은 단 한 번도 없었다. 진시황이 삼천궁녀를 거느리고 다녔듯, 코리안 박동선 씨가 헐리웃의 늘씬한 미녀들을 데리고 놀았다는 이야기는 왜소한 한국 남자들에게 얼마나 뿌듯한 무용담인가? 박동선 씨는 바람둥이라기보다는 자유를 즐기는 멋쟁이 낭만주의자였다. 그는 난초 향기가 은은한 저택에서 바이올린을 연주하고, 차를 마시며 시를 쓰는 낭만주의자다. 틀에 갇혀 지내는 구속을 싫어하는 자유주의자이다. 그래서 결혼을 거부한 채 평생을 독신으로 살아오고 있다.

황해도민회장을 지낸 최병헌 옹의 증언.

"박정희 정부시절 박동선 게이트로 시끄러울 때 TV 특집으로 미 국회 청문회에서 증언하는 박동선 씨를 봤어요. 전 세계의 언론이 지켜보고, 미국 국회의원들에게 겹겹이 포위당하고 있는 워싱턴 국회의사당에서 증언해야 하는 박동선 씨는 독안에 든 쥐였어요. 그런데 박동선 씨는 기가 죽기는커녕 당당하고 조리있게 나라사랑이 배어있는 감동적인 연설을 하더라구요. 기백이 넘치는 대한의 남아였습니다. 그의 나라사랑에 가슴이 뜨거웠지요. 1990년대 초 미국의 원유原油 금수禁輸조치로 이라크 국민들은 매년 수십만 명이 굶어 죽어갔다. 이라크는 유엔을 통하여 금수조치를 해제하려고 애썼다. 미국과 유엔은 이라크의 금수조치를 둘러싸고 힘겨루기를 하고 있었다. 유엔은 금수조치를 하려했고 미국은 반대했기 때문이다. 미국은 말을 안 듣는 유엔을 길들이려고 골몰하고 있었다. 그때 유엔 사무총장의 고문으로 있는 박동선 씨가 후세인으로부터 200만 달러를 받고 불법로비를 했다는 것이다. 이 일로 박동선 씨는 미국의 눈에 가시가 돼버린 것이다. 그 후로 9.11테러, 이라크전쟁이 터지고 박 씨는 한국으로 귀국한다. 2005년 4월 미국은 박 씨를 기소했다.

2006년 1월 사업차 파나마로 가던 박 씨는 경유지 멕시코에서 미 FBI에 붙잡혀 미국으로 압송 당했다. 한국 여권 소지자를 미국이 제3국에서 체포하는 건 불법이었다. 멕시코의 인터폴이 박 씨를 체포하여 미국에 넘겨야 합법이다. 박 씨는 대한민국 국민이기 때문이다.

"나는 미국의 유엔 길들이기 희생양이다. 나는 무죄요 미 FBI는 나를 불법 납치했다"고 주장했지만 박 씨는 배심원 유죄판결을 받았다. 배심원들의 약점에 호소한 검사의 길티(Guilty)작전이 교묘했다.

"이 사람 박동선은 돈이 많아 몇 만 달러 쓰는 건 아무것도 아닙니다. 그런데 우리는(배심원을 지칭) 하루하루 벌어서 어렵게 살면서도 꼬박꼬박 세금을 내면서 열심히 살아가는 일반시민이지요. 더구나 이 사람은 미국의 대적인 후세인을 대변하는 로비스트랍니다."

가난한 배심원들이 애국심에 호소한 검사의 읍소에 넘어간 건 어쩔 수 없는 일이었다. 한국에 있는 박동선 구명운동본부는 지난해(2006) 11월 24일 미 대사관 앞에서 항의 데모를 벌였다. 캘리포니아 유학생시절 억울한 사형수 이철수를 석방시켜 흑기사(?)의 명성을 떨쳤던 유재건 의원은 뉴욕을 찾아 옥중의 박동선 씨를 면회하고 갔다. 일본에서는 33명의 일본 국회의원들이 서명한 진정서를 미국판사 앞으로 보냈다. 일본에는 아베총리를 비롯하여 박동선 씨를 아끼는 친구들이 많다.

멀리 한국과 타민족 일본도 그러는데 박 씨 곁에 사는 뉴욕의 동포들은 오히려 무관심한 편이다. 박 씨는 맨해튼에서 30분 거리에 갇혀있기 때문이다. 미국에 사는 이민동포들은 본국의 한나라당보다도 더 반북反北 친미親美. 미국과 이라크의 관계가 껄끄러운 판이라 내놓고 박 씨를 두둔할 처지가 못 된다. 한국에서 주혜란 박사가 박 씨를 면회 왔다. 그녀는 뉴욕과 LA 워싱턴을 돌면서 한인들의 도움을 호소하고 있다. 미국 동포들의 청원서를 모아 본국 정부에 보내고 있다. 대한민국 정부가 자국민인 박동선 씨 구명에 나서

기를 촉구하자는 것이다.

그가 무죄이기 때문에 구하자는 건 아니다. 유죄 무죄는 법이 판단할 일이요 동포이기 때문에 구하자는 것이다. 미국 FBI에 불법으로 체포됐으니 구하자는 것이다.

그러나 엄밀하게 보면 박 씨는 체포가 아니라 납치다. 김대중 씨가 일본에서 한국중앙정보부에 불법납치당하여 서울로 압송 당했다. 박동선 씨가 그랬다. 멕시코에서 미중앙정보부에 의하여 불법 납치당하여 뉴욕으로 끌려온 것이다.

박 씨는 미국 상류사회에서 50년을 살았지만 시민권은 물론 영주권도 거부한 진기한(?) 한국인이다. 그는 신장이식수술을 받은 72세 고령에 당뇨와 고혈압으로 고생하고 있다.

나는 박동선 씨에 보내는 편지를 썼다. 전화와 이메일이 발달한 요즘에는 육필편지를 쓸 일이 별로 없다. 미국 이민 18년 동안 두 번째 쓰는 편지였다. 10년 전 고향의 형님에게 편지를 써 보고 이번이 두 번째다. 형님에게 편지를 쓸 때처럼 눈물이 나왔다. 만나 본적도 없는 그에게 편지를 쓰는데 눈물이 나다니? 나는 편지와 함께 나의 저서 「멀고먼 앨라배마」와 「강낭콩보다도 더 푸른 그 물결 허드슨 강으로 흘렀네」를 보냈다. 편지와 내 작품을 읽은 박동선 씨는 나를 만나보고 싶어 했다. 면회 가 보니 첫 만남인데도 형제처럼 따뜻하고 다정했다. 호가 서운瑞雲이었다. 일곱 번째 면회를 간 날 서운은 외로움을 호소해 왔다.

"나는 세계 각국의 대통령이나 왕들인 정상급들과 로비를 하면서 국제무대를 주름잡아 왔습니다. 한국에서는 국무총리급이 친구들입니다. 한국의 중앙정보부에서도 나에게 대한 뒷조사는 하지 못하지요. 나와 친하게 지내려고 하는 사람들이 내 주변에는 많아요. 그러나 외로워요. 친구가 없어요."

"그건 어쩔 수없는 일입니다. 권력자나 사업가처럼 인생의 톱에 올라있는 성공인들에게는 친구가 없는 법입니다. 성공하기 위하여 이해관계로 만든 우정과 사교는 있어도 친구는 없지요. 가난하고 괴롭고 어렵게 사는 사람들에게나 피붙이처럼 느껴지는 친구가 있을 뿐이지요."

내 얘기를 들은 서운은 한동안 말이 없더니 더듬거리며 이런 말을 했다.

"이 목사님을 목사님이라기보다 형제로 대하고 싶습니다. 속을 터놓고 얘기 할 수 있는 동생으로 말예요…."

나는 덥석 그의 손을 잡았다.

"동선 형님, 형님이 감옥에 있을 동안만 형님으로 불러드리겠습니다. 밖에 나가시면 저 같은 동생은 필요 없을 테니까요."

'……?'

그는 가만히 웃기만 했다.

나는 자존심이 강하여 고향의 부모형제들에게도 어려움을 털어놓은 적이 없다. 94세가 된 어머니에게 보름에 한 번씩 전화를 하는데 그게 아주 힘들다. 속을 감추고 전화하는 게 힘들기 때문이다. 어머니 말씀에 의하면 내가 불효는 아닌데도.

"7남매 중에 단 한 번도 부모에게 대들지 않은 자식은 둘째밖에 없지. 둘째 목사가 제일 효자야."

2007년 2월 박동선 씨는 5년형을 선고받았다. 미국 감옥에서 2년을 살고 한국으로 보내주기로 대강 합의를 봤다. 잘되면 8개월 후 한국으로 가게 될지도 모른다. 그래도 늙고 병든 서운에게 감옥생활 8개월은 천년처럼 지루하다. 우리가 자주 찾아가 만나주는 면회와 격려 편지가 필요하다. 몇 개월 후 서운은 보스턴에 있는 병원으로 옮겨졌다. 영오의 생활이지만 특권층만 들어가는 특별대우다.

2008년 9월 10일 서운瑞雲은 감형을 받아 한국으로 돌아갔다. 따라서 우리의 형제기간도 끝난 셈이다. 서울을 찾아 서운瑞雲이 서쪽으로 간 건 다행이지만 그래도 나는 서운하다. (2008년)

목련화와 동백아가씨

"목련화와 동백꽃 중에 어느 꽃이 더 예쁠까요?"
아내가 뜬금없이 물었다.
"글쎄, 목련화는 봄에 피는 도시 꽃이고 동백꽃은 겨울 바닷가에 피는 시골 꽃이라서 한곳에 놓고 비교 해볼 기회가 없을걸. 도시의 부잣집 정원에 봄이 찾아오면 맨 먼저 피는 꽃이 목련화이지요. 목련화는 하얀 칼라의 교복을 받쳐 입은 60년대의 서울 여고생들의 흰 목덜미처럼 하얀 목련꽃 한송이 한 송이가 지고지순 깨끗해 보이지요. 동백꽃은 겨울바다에 찬바람이 일고 서해안 백사장에 하얀 눈이 내리면 그제야 빨갛게 피기 시작하지. 그런데 왜 느닷없이 꽃 이야기요?"
"이번에 목련화와 동백꽃이 뉴욕에 와요. 테너 엄정행이 12월 19일 뉴저지 존햄극장에서 '목련화'를 부른데요. 그보다 먼저인 13일 14일에는 이미자가 뉴저지 메리어트호텔에서 동백아가씨를 불러요. 엄정행은 '목련화'를 불러 가곡의 황제가 됐고 이미자는 '동백아가씨'를 히트시켜 가요의 여왕이 됐으니 목련화와 동백꽃은 가곡과 가요를 대표하는 셈이지요."
"그러고 보니 12월에 가곡과 가요의 대결이 있구려!"

엄정행은 목련화를 닮은 성악가요 이미자는 동백꽃을 닮은 가수다. 엄정행은 목련화처럼 이목이 수려한 미남이다. 영화배우 신영균을 연상케 하는 서글서글한 눈매, 정열을 상징하는 곱슬머리, 거기다 배구선수로 다져진 탄력 있는 몸매에서 터져 나오는 엄정행의 폭발적인 테너는 하얀 꽃봉오리를 터치고 나오는 목련화의 향기처럼 감미롭다. 경희대학교 음대를 나와 강원도 시골에서 음악교사생활을 하던 엄정행은 어느 날 "목련화"를 불러 가곡의 황제로 등극했다.

이미자는 동백꽃 같은 가수다. 따듯한 계절에는 피지 않고 눈서리가 내리는 추운 겨울철에 바닷가에서만 피는 동백꽃 같은 가수다. 고아원출신으로 거친 세파를 억세게 헤치고 살아왔다. 열아홉 살 어린 나이에 "열아홉 살 순정"을 노래하여 신데릴라가 되더니 "동백아가씨"로 가요계의 여왕이 됐다. 만약 이미자가 정규음악교육을 받았더라면 마리안 앤더슨 같은 세계적인 소프라노가 됐을 것이다. 목련화와 동백꽃이 둘 다 아름다운 것처럼 엄정행의 가곡과 이미자의 가요는 우열을 가리기가 힘들다.

"여보, 우리 형편상 한곳만 가야겠는데 목련화를 보러 갈까 동백아가씨를 보러갈까?"

나는 아내의 의견을 물었다.

"동백아가씨를 보러가요. 사실은 저에게도 처녀시절 동백꽃잎에 얽힌 사연 같은 게 있었어요.

"그래요?"

결혼 35년에 처음 들어보는 아내의 고해성사다. 아내는 여고시절 음악 실기에 빵점짜리 음치였는데 이상하게 가요만은 가수 뺨치게 불렀다고 한다. 특히 이미자의 노래를 잘 불렀다. 별명이 이미자였다. 이름은 이현자. 이미자 같은 가수가 되고 싶었다. 마침

가요선생에게 스카우트되어 가요지도를 받았는데 주위 반대로 그만뒀다는 것이다. 70년대의 인기가수 김추자가 그때 동기라고 했다.

"아하! 이제 알겠구먼. 내가 당신이 메들리로 불러대는 흘러간 노래를 들을 적마다 이상하게 생각했지. 주현미의 쌍쌍파티 저리 가라이었으니까. 특히 당신의 18번지 '울어라 열풍아'는 이미자 뺨치는 실력이었지. 그런데 알고 보니 그게 이미자가 히트한 노래였군. 당신이 이미자 쇼에 가자는 심정을 이해 할 만 하오."

나는 가요라면 질색하는 사람이다. 예수 안 믿던 젊은 시절부터 그랬다. 지금은 초등학생들도 가요를 부르지만 70년대까지만 해도 가요는 대학생들에게도 금지곡이었다. 50년대 말 중학교를 졸업하고 고교진학을 못한 나는 힘든 농사일을 했다. 내 또래들은 막걸리만 마시면 돌아가면서 유행가를 잘도 불렀다. 나는 애국가를 부르면 불렀지 유행가는 절대 안 불렀다.

'내 이래 뵈도 중학교를 나왔는데 어찌 천박하게 유행가를 부르랴!'

사실 그 당시 유행가 가사나 멜로디는 요즘 교회에서 부르는 복음성가보다도 훨씬 점잖고 은혜(?)스러웠다. 그런데도 나는 유행가를 타락한 노래로 혐오했던 것이다. 그런데 나이가 들어 이민 15년을 넘기고 보니 고복수의 "타향살이"가 그럴듯하게 들려오는 것이었다. 그래도 나는 가곡 마니아다. 뉴욕에서 가곡전도사 서병선 테너 말고 나처럼 가곡을 좋아하는 사람도 드물 것이다. 그런데 아내의 눈물겨운 사연을 듣고는 동백아가씨를 외면 할 수가 없게 됐다.

"여보 우리 동백아가씨를 보러 갑시다.

"좋아요 좋아요."

그런데 신문광고를 살펴보던 아내가 갑자기 소리쳤다.

"원 세상에! 동백아가씨가 너무 비싸요! 음대교수가 부르는 가곡 목련화는 40불인데 유행가 가수가 부르는 가요 동백아가씨는 200불이네요! 가곡이 200불이요 가요가 40불이라면 몰라도… 우리 목련화를 보러가자 구요."

둘째딸이 끼어들었다.

"제가 유럽을 여행해 보니 가장 인상적인 곳이 프라하였어요. 런던이나 파리는 포퓰라 뮤직이 판을 치는데 인구 100만의 작은 도시 프라하 거리에는 아직도 고전음악이 흐르고 있는 거예요. 또 1불 50센트만 내면 오페라를 구경할 수 있고요. 작은 나라 체코에서 12명의 노벨수상자가 탄생한 건 우연이 아닌 것 같아요. 고전음악인 가곡이나 심포니는 지성과 심성을 발달시키고 유행가는 퇴폐적인 관능을 발달시키는 것 같아요. 엄마 아빠가 목련화를 보고 나면 아마 우리 집 문화수준이 많이 업그레이드될걸요."

그렇게 해서 우리부부는 목련화를 보러 가기로 했다.

가곡을 좋아하는 나야 천만다행 이었지만 아내에게 여간 미안한 게 아니었다. 겉으로는 괜찮은 척 했지만 풀이 죽어있었다. 그런데 이미자 쇼가 있는 13일 아침 느닷없이 전화벨이 울렸다.

"목사님의 칼럼을 재미있게 읽어오고 있는 신문독자입니다. '목련화와 동백아가씨'를 읽었어요. 목련화를 들으러 엄정행 음악회에 가기로 했다는 이야기를 듣고 서운해 하실 사모님 생각에 가슴이 좀 아팠어요. 그래서 오늘밤 이미자 쇼에 제가 표 두 장을 준비했습니다. 사모님과 함께 동백아가씨를 들으러 오세요."

하늘이 무심치 않아 이런 일도 있구나! 가보니 이미자와 악수를 나눌 수 있는 300불짜리 특석이었다. 이렇게 해서 우리부부는 목련화와 동백꽃을 번갈아 구경 할 수 있었다. 그게 2004년의 일.

(2004년)

한국식 애비와 미국식 아들

　한국에서 초등학교를 다닐 때 데리고 온 아들 녀석이 이제는 20대의 헌헌장부가 됐다. 몽고의 징기스칸이 중국대륙을 정복하듯 내 아들 녀석이 자랑스러운 대한남아로 미대륙을 휘젓고 다니게 하고 싶었다. 그러려면 강인한 동양의 도덕으로 무장해야지. 그래서 나는 틈만 나면 아들에게 삼강오륜을 이야기해줬다.
　군위신강君爲臣綱, 부위자강父爲子綱, 부위부강夫爲婦綱 이니 삼강이요 군신유의君臣有義, 부자유친父子有親, 부부유별夫婦有別, 장유유서長幼有序, 붕우유신朋友有信하여 오륜이다. 삼강오륜의 근본은 국가에 대한 충성심과 부모에 대한 효성심이다. 그래서 충효의 유명한 모델인 계백장군과 화랑소년 관창 애기를 단골로 들려줬다.
　멸망해가는 백제 사직을 죽음으로 막아보기 위해 5천 결사대를 이끌고 황산벌로 진군하던 계백장군은 먼저 사랑하는 처자식들의 목을 베었다. 적의 포로가 되어 수치를 당하느니 차라리 사랑하는 아버지의 칼에 죽어 깨끗한 이름을 보존하려는 계백장군의 이야기에 우리 해범이는 눈물을 흘렸다.
　계백장군의 5천 결사대에 네 번이나 패한 신라의 품일장군은 열여섯 살의 외아들 화랑소년 관창을 선봉으로 내보낸다. 용전분투 끝에 포로가 된 관창은 계백장군의 호의로 신라 진중으로 무사히 돌아왔으나 아버지 품일 장군은
　"살아 돌아온 너는 내 아들이 아니다!"
라고 매정하게 쫓아버린다. 죽기를 각오하고 다시 백제 진중으로 쳐들어간 관창은 또다시 사로잡혀 백제 군사들은 관창의 목을 베어서 말안장에 매달아 돌려보낸다. 품일 장군은 죽어 돌아와 피가

뚝뚝 떨어지는 자식의 목을 껴안고 눈물을 흘리며 칭찬한다.
"장하도다 내 아들아!"
이를 본 신라군은 크게 감동하여 목숨을 걸고 총공격하여 백제군을 무찌르고 승리한다.
애기를 듣던 해범이는 구슬 같은 눈물을 뚝뚝 떨어뜨리는 것이었다. 나는 속으로 아주 흡족했다. 목숨을 내놓은 계백장군과 화랑소년 관창의 충효심에 내 아들 해범이가 감동의 눈물을 흘리는구나!
"장하도다 내 아들아!"
나는 갑자기 내 아들이 소년 관창처럼 장해보였고 나 스스로는 계백 장군이라도 된 기분이 들었다. 그런데 주먹으로 눈물을 훔쳐내던 해범이가 별안간 뜻밖의 말을 해대는 것이었다.
"아빠, 백제의 계백장군이 참 나빠요. 어차피 나라가 망할 거라면 결사대를 끌고 가서 죽을게 뭐예요. 그건 쓸데없는 자살일 뿐이에요. 아내와 자식을 사랑한다면, 나라가 망하기 전에 얼른 처자식들을 이끌고 산으로 도망쳐서라도 가족을 살려내야지요. 살리기는커녕 제 칼로 처자식들을 죽이는 법이 어디 있어요? 신라의 품일장군은 더 나빠요. 적진으로 쳐들어갔던 아들 관창이 포로가 되어 살아 돌아왔으면 귀여운 내 아들아, 네가 용케 살아 돌아왔구나! 반갑게 환영해 줄 일이지요. 북한에 포로 됐다가 석방돼 돌아온 푸에블로호의 부커함장을 영웅으로 환영하는 미국시민들처럼 말예요. 살아 돌아온 자식을 죽음의 땅으로 내쫓아버려 죽게 만들고 멀쩡한 자식 죽어서 목이 잘려 돌아오매 '장하도다 내 아들아' 했다니 그런 몹쓸 아빠가 어디 있어요?"
비분강개하는 아들의 항의에 나는 어이가 없었다. 한국식 애비와 미국식 아들 사이에는 건널 수 없는 엄청난 해석의 차이가 있는 걸 발견했기 때문이다.

한국인은 옛 부터 명예와 지조를 생명보다 귀하게 여기고 결과보다 동기를 중하게 생각했다. 수양대군은 찬란한 업적을 쌓은 위대한 임금이다. 그런데 왕위에 오르기까지의 동기와 과정이 불순했기에 후세인들에게 두고두고 욕을 얻어먹고 있다. 무능해도 좋으니 지붕이 구멍 난 삼 칸 방에서 우산으로 비를 받쳐가면서 청렴하게 살아주는 꼬장꼬장한 정승을 명재상으로 추앙하는 게 한국인의 정서이다. 그래서 대통령 후보 경선에서도 아름드리 느티나무처럼 통이 큰 이수성씨보다는 대쪽같이 깐깐하게 바짝 마른 이회창씨가 후보로 지명됐는지도 모른다. 그러나 공리주의가 판을 치는 서구사회는 이와 정 반대다.

마키아벨리즘이라는 권모술수를 탁월한 정치능력으로 인정해 준다. 능력 있고 결과만 좋으면 만사 오케이다. 클린턴은 천하 바람둥이라 과거 그의 팬티를 벗겼다는 여자들이 줄지어 나타나고 매스컴이 떠들어대도 경제를 부흥시킨 대통령이라고 인기 상승리에 재선까지 당선됐다. 한국도 경제대국으로 세계화의 물결을 타다보니 가치관이 서구화 돼가고 있다고 한다. 그러나 인간은 빵만으로 살 수 없다. 빵과 돈을 제일 가치로 할 때 인간은 부패하고 사회는 몰락한다.

지금 북한의 비극은 빵이 없는 굶주림의 비극이지만 아메리카의 비극은 빵이 너무 많은 정신적 궁핍의 비극이다. 버터와 빵을 먹어 뚱보로 살쪄가는 우리 자녀들에게 우리 조상들의 아름다운 충효사상을 자꾸만 얘기해 주는 건 다이어트만큼이나 중요한 일이다.

(1997년)